역자 서문

　요즘 아시아뿐 아니라 전 세계에서 일반적인 문화, 젊은이 문화, 시대의 문화, 유행 문화라고 한다면 대중문화(pop culture)로 통용된다. 미디어 환경의 변화 탓/덕분이 크다고 할 수 있는데, 그만큼 문화라는 것이 시간적인 세로축보다 공간적인 가로축을 중심으로 공유를 전제로 하는 성격을 띠게 된 것을 의미한다. 또 이는 글로벌화의 현황이자 동시에 코로나19가 가속시킨 측면임을 부정할 수 없다.

　본 시리즈는 소비되고 망각되기 바쁜 뉴 미디어를 기반으로 순식간에 전 세계에서 맹위를 떨치는 소비 중심의 대중문화를, 일본이라는 창을 통해 문화사, 재난, 신체, 캐릭터, 전쟁이라는 다섯 테마로 나누어 학술적으로 정리한 것이다. 원서는 인문학 기반 일본 관련 최대 연구 기관인 국제일본문화연구센터(이하, 일문연)가 2016년부터 2021년까지 5년 동안 착수한 대중문화연구 프로젝트의 성과이다. 일본 문화를 국제적이자 통시적으로 고찰하여 대중문화의 큰 흐름을 주도하는 일본의 새로운 상과 문화적 특징을 파악하기 위한 목적에서 기획되어 KADOKAWA가 간행한 다섯 권의 연구서이다. 이를 고려대학교 글로벌일본연구원(이하, 본 연구원)이 팀을 구성하여 번역하였으며 일본대중문화 총서 5~9권으로 간행하게 되었다.

　2020년과 2021년, 즉 코로나19가 세계를 강타했던 그 시기에 잇따라 결실을 본 이 시리즈가, 2023년 본 연구팀의 번역 과정을 거쳐 2024년 초두에 한국에 소개된 데에는 몇 가지 중요한 과정이 있었다. 우선, 최근 한 세기 동안 세계에 유래가 없었던 팬데믹을 경유하는 동안 각종 매스 미디어와 소셜 미디어, OTT 등의 발달과 더불어 전 세계가 공유하게 된 대중문화의 유동성을 고려하면, 학술적 성과라고 할지라도 신속한 해석과 소개가 필요하다고 판단했다.

이후 본 연구팀의 번역 문의에 일문연이 전폭적으로 부응하였고, 번역의 가장 큰 난관인 도합 47명에 이르는 각 권의 편저자들 및 대형 출판사 KADOKAWA와의 교섭에 나서 주었다. 그 과정에서 일문연의 교직원들로부터 수고로운 연락과 공지, 번역 및 자료 게재 허가 등 일일이 열거하기 어려운 다대한 행정적 지원을 받게 되었다. 돌이켜보면 일본의 대중문화를 일본 내에서 해명하려는 이 시리즈가 바다를 건너 현재 대중문화의 큰 물결, 그야말로 K-wave를 활발히 만들고 있는 한국에서 한일 연구자들의 관심, 신뢰, 협력을 통해 완역되어 간행된 것이라 하겠다.

일본 대중문화의 폭과 저변이 상당히 넓다는 것은 주지의 사실인데, 본 시리즈는 이를 다섯 테마로 나누어 그 연원을 추적하고 일본적인 문화의 특성을 탐색하고 있다. 일문연 대중문화연구 프로젝트로 기획된 시리즈 다섯 권의 개요는 다음과 같다.

먼저 『일본대중문화사』는 만화 원작자로도 유명한 일문연의 오쓰카 에이지 교수가 대중문화연구 프로젝트를 발안하여 착수한 첫 번째 서적으로, 본 연구원의 엄인경 교수와 일본 대중문화를 전공하는 고려대 박사과정 하성호 씨가 공역하였다. 고대로부터 현대에 이르기까지 대중 또한 작자로서 문화를 만들어 왔다는 것이 이 연구의 근간이 되는 입장인데, 이 책은 다종다양한 문화가 지금까지 어떻게 만들어지고 계승되며 갱신되어 왔는지 천착한다. 각 시대마다 존재했던 '장(場)' 혹은 '미디어'와의 연결에 착목하여 장르를 횡단하면서 이를 통사로 읽어 나가는 의욕적인 작업이라 하겠다. 지금까지의 문화사를 쇄신하여 다가올 사회와 문화의 양태를 고찰하는 연구 프로젝트로서, 시간과 영역을 넘나드는 '2차 창작'이라는 행위의 성쇠를 흥미진진하게 그리고 있다.

두 번째 『재난의 대중문화-자연재해·역병·괴이』는 일문연 전 소장인 고마쓰 가즈히코 명예교수의 편저로, 고려대 류정훈 연구교수와 가천대 이가현 연구교수가 공역하였다. 고대부터 현대에 이르기까지 대중 또한 창작의 주체였음에 초점을 맞추어 지진, 화재, 역병 등 다양한 집단적 경험을 통해 공포와 슬픔을 극복하기 위해 사람들이 만들어 낸 것을 탐색한다. 이처럼 재앙과 구원의 상상력을 힌트로 민중의 심성에 접근하는 본서는 아마비에, 메기 그림 등 사람들은 무엇을 그렸고, 무엇을 바랐는지, 일본의 역사를 되돌아보며 자연재해가 가져온 재앙과 재난에 대해 사람들이 어떻게 대응해 왔는지 살펴본다.

세 번째 『신체의 대중문화-그리다·입다·노래하다』에서는 '신체(몸)'가 중심 주제로, 일문연 야스이 마나미 교수와 에르난데스 알바로 연구원이 대표 편저하였고, 본 연구원 정병호 원장과 충남대 이상혁 연구교수가 공역하였다. 신체는 단순히 우리의 몸이라는 의미를 넘어 그 자체가 세계와의 관계 방식이자 욕망이 기입되는 장소이기도 하다. 대중문화라는 미디어에 나타나는 성(性), 두려움, 소망과 욕망을 통해 이 장소로서의 신체를 살펴봄으로써 우리의 몸에 기입되는 세계와의 관계 방식 및 욕망이 어떻게 구성되고 있는지 엿볼 수 있다.

　네 번째 『캐릭터의 대중문화-전승·예능·세계』는 일문연의 아라키 히로시 교수와 교토예술대학의 마에카와 시오리 교수, 교토첨단과학대학의 기바 다카토시 교수가 편저하였고, 본 연구원 김효순 교수와 엄인경 교수가 공역하였다. 본서는 고대부터 현대에 이르는 다양한 문화 사상(事象)을 '캐릭터'와 '세계'라는 키워드를 중심으로 고찰한 것으로, 대중문화에 있어 '캐릭터'란 무엇인지를 규정하고, 그것이 미인, 전승세계, 회화 및 예능 분야에서 어떤 양상을 보여 왔는지, 그리고 그것이 현대 대중문화에 어떻게 투영되었는지를 분석하고 있다.

　마지막 다섯 번째 『전시하의 대중문화-통제·확장·동아시아』는 일문연 류지엔후이 교수와 이시카와 하지메 연구원이 편저하고, 고려대 일어일문학과 유재진 교수와 남유민 연구교수가 공역하였다. 본서는 전시하 '일본 제국' 일대 지역의 대중문화를 다루는데, 문학, 광고, 건축, 만화, 영화, 패션, 스포츠 등의 장르가 일본을 넘어 '외지'에서 전개된 양상을 통해 제국주의 지배의 실태와 의미를 밝히고 있다. 이를 일본 식민지 대중문화 연구 영역으로 편입하려는 이 책의 시도는 일본 역사와 문화 총체를 파악하여 보다 나은 미래로 나아가기 위한 것이다.

　번역 과정에서는 일본 문학과 문화를 전공으로 한 번역팀 입장에서 내용의 재미와 각성을 크게 얻을 수 있었던 것과는 전혀 별개로 두 가지 거대한 난관이 있었다. 먼저 내용적으로는 일본 특유의 전통적 대중문화의 흐름을 다루는 관계상 전근대의 다양한 문화 현상과 인물, 작품이 현대의 수많은 대중문화의 캐릭터 및 작품, 현상 속에서 끝도 없이 등장하는 것을 어떻게 처리해야 할지 고민이 많았다. 하지만 학술적으로 철저히 추적한다는 원서의 취지를 살려, 가독성에는 다소 방해가 되지만 역자들의 각주가 많을 수밖에 없었던 것을 미리 말해둔다. 거듭 이야기하지만 이와 별도로 그야말로 종횡무진 자유자재로 신화에서부터 대중문화적 요소를 다루고 연결하는 일본 연구자들 각 저자들에게는 일일이 고개 숙여 경의를 표하고 싶은 만큼 감탄하며 흥미롭게 공부할 수 있는 번역 작업이었다.

아울러 형식적 측면에서도 난관이 있었는데, 대중문화라는 분야의 특성상 원서에는 독자의 이해를 돕는 이미지가 상당히 많았다는 면이다. 이는 300장이 넘는 방대한 양의 이미지들을 각 이미지 소장처로부터 일일이 사용 허가를 받아야 하는 것을 의미했고, 상당히 지난한 과정이었다. 다행히 일문연이 소장한 그림들에 대해서는 일괄 허가를 받아 수월하게 진행할 수 있었으며, 대부분 개별 저자들로부터 세세한 이미지 사용 허가의 안내를 받을 수 있어서 생각보다는 많은 이미지들을 수록할 수 있었다. 이를 정리하고 도와준 일문연의 사카 지히로 연구원과 학술적 사용임을 감안하여 무료 사용을 허락해 준 수십 곳의 일본 소장처에 깊이 감사한다.

마지막으로 역자 서문의 자리를 빌려 이 책이 번역 간행되는 데 도움을 주신 분들께 감사의 말씀을 드리는 바이다. 우선 집필자들에게 한국어 번역의 취지를 전달하고 이를 진행할 수 있도록 도움을 주신 일문연의 대표 편자들 고마쓰 가즈히코 전 소장, 야스이 마나미 교수, 아라키 히로시 교수, 류지엔후이 교수, 오쓰카 에이지 교수께 감사드린다. 또한 저작권 과정에서 문제가 없도록 계약서와 법률관계 등을 꼼꼼히 살피고 조정해 준 일문연의 국제연구추진계와 다키이 가즈히로 교수, 출판사 KADOKAWA, 무엇보다 일문연과 본 연구원의 기관 대 기관의 연구 교류 작업으로 본 번역 작업을 추진할 수 있도록 각종 의결 과정에서 큰 힘을 실어주신 이노우에 쇼이치 소장님, 마쓰다 도시히코 부소장님께도 심심한 감사 인사를 드린다.

　또한 무엇보다 이 총서의 번역 과정을 함께 해 주시면서 방향 제언과 행정적으로 전폭적 지원을 해 주신 본 연구원의 정병호 원장님, 번역 워크숍 진행과 제반 연락에 동분서주했던 이상혁 선생을 비롯한 번역 팀 연구자 동료들에게 박수를 보낸다. 그리고 오랫동안 본 연구원과 호흡을 맞추어 총서 작업을 함께 해 준 보고사의 사장님, 편집장님을 비롯한 편집부 모든 담당자들의 수고에 진심으로 감사드린다. 끝으로, 일본대중문화 총서 작업에 찬동하여 출판비 지원을 결정해 준 공익재단법인 간사이·오사카21세기협회에 마음으로부터 깊은 감사를 전하는 바, 이 출판 지원이 없었더라면 아무리 중요하고 관심 있는 테마일지언정 본 번역서 시리즈 완간에는 감히 도전하기 어려웠을 것이다.

　유행을 따라잡기 바쁜 것과, 어떻게 볼 것인지의 관점을 갖고 넓은 시야로 세상을 보려고 노력한다는 것은 너무도 다른 차원의 의식이자 행위라 할 수 있다. 본 시리즈의 간행이 애니메이션이나 다양한 캐릭터로 대표되는 일본의 대중문화에 대한 이해뿐 아니라, 한일 대중문화의 교류와 이해, 동아시아의 대중문화 교류사 등 보다 거시적인 연구에 학술적 자극이 될 수 있기를 바라 마지않는다.

2024년 1월 초
교토 서쪽 일문연 연구실에서
엄인경 씀

목차

제3부 신체에 회귀하다

일러두기

1. 이 책은 『身体の大衆文化―描く·着る·歌う』(KADOKAWA, 2021)의 한국어 번역서이다.

2. 일본의 지명 및 인명과 같은 고유명사의 표기는 국립국어원이 제정하고 교육부가 고시한 외래어 표기법에 따랐다. 다만, 이미 한국에서 번역, 유통되고 있는 작품이나 대중문화 콘텐츠는 한국 내에서 소개된 제목의 표기를 따랐다.

3. 단행본, 잡지명, 신문명 등은 『 』로, 논문, 기사 등은 「 」로, 강조, 간접 인용은 ' ', 직접 인용이나 ' ' 내의 인용은 " "로, 그 외의 예술 작품 및 대중문화 콘텐츠의 제목이나 행사명은 〈 〉로 표시하였다.

4. 원어나 한자가 필요한 경우 ( )로 병기하였으며, ( ) 안에 다시 병기가 필요한 경우는 [ ] 안에 넣었다.

5. 본문 중의 각주는 모두 역자들에 의한 것이며, 원저자의 주는 각 장의 뒷부분에 제시하였다.

6. 본문 중의 그림은 소장처로부터 역서 사용에 허가를 받은 것으로, 소장처 등을 그림 캡션에 표기하였다.

7. 원 저자주는 내용이 있을 경우 우리말로 옮겼으며, 문헌의 서지사항만이 제시된 경우에는 원어 그대로 표기하였다.

신체와 미디어를 둘러싼 대중문화론

야스이 마나미(安井眞奈美)·에르난데스 알바로(エルナンデス·アルバロ)

1. 신체와 미디어

대중문화와 신체

우리들은 매일 신체를 사용하여 일체의 사물을 포착하고 있다. 현대에야말로 시각에 의한 정보가 압도적으로 우위를 차지하고 있지만, 전에는 반드시 그렇지 않았다. 손발을 사용하고 신체를 움직여, 오감 —— 시각, 청각, 후각, 촉각, 미각이라는 신체감각을 구사하여 신변의 세계를 파악하려고 하였다. 도무지 오감으로 완전히 해결되지 않는 '제6감'도 크게 활용하여, 보이지 않은 것을 감지하거나 그림을 그리거나 노래하거나 춤추거나 몸치장하거나 하며 스스로를 표현해왔다. 또한 신체를 사용함과 동시에 그 연장선상에서 다양한 도구와 기술도 진화시켜 왔던 것이다. 이들 도구와 기술이야말로 신체와 세계를 매개하는 미디어라고 할 수 있다.

이 책에서는 사람들이 신체를 사용하여 어떻게 신변의 세계에 대해 표현해 왔는지, '대중문화'의 관점에서 분명히 하고자 한다.

이 시리즈에 앞서 간행된 『일본대중문화사(日本大衆文化史)』에 제시되어 있듯이, 무언가를 말하는 즉 '발언(發言)'하는 것은 전문가와 작가라는 고유명을 가진 자만의 특권이 아니라, '대중'도 또한 '발언'하는 주체로서 문화를 만드는 일에 깊이 관여해 왔다. 여기에서 '대중'은 '무리로서의 작자'로 포착할 수 있다.[*1]

또한 본 시리즈 제6권 『재난의 대중문화 - 천재·역병·괴이(禍いの大衆文化──天災·疫病·怪異)』에서는 '무리'로서의 대중문화의 '작자'와, '무리'로서의 대중문화의 '향수자'는 협동·공범관계에 있으며, 이 관계를 지탱하고 있는 것은 쾌락이나 카타르시스 등의 다양한 '욕망'이라고 보고 있다. 그리고 '무리'로서의 '작자'와 '향수자'는 같은 '욕망'에 지배당하고 있다는 점에서 깊게 결부되어 있으며, 그 양자를 매개한 것이 매스미디어 즉 대량으로 정보(문화표상)를 보내는 매체였다고 보고 있다.[*2]

미디어는 신체의 확장

이러한 점들에 입각하여 이 책에서 대중문화를 분석하는 시점을 제시해 두고 싶다.

우선, '대중문화'를 논함에 즈음하여 신체를 보다 커다란 문맥에서 포착하려는 점을 강조하고 싶다. 도구나 기술은 넓은 의미에서 '신체'로 간주할 수 있다. 이러한 생각은 인간의 제 기관의 능력을 확대하고 또한 대체하는 기술에 주목한 마샬 맥루한(Herbert Marshall McLuhan)의 문명론으로 이어진다.[*3] 그는 미디어는 인간 신체의 확장이라고 선언하고, 미디어의 변화가 우리와 세계의 관계 방식을 바꾸고 사람들의 세계관도 바꾸어 가는, 즉 신체와 미디어, 그리고 사람들의 세계관은 분리할 수 없는 관계에 있다고 주장하였다. 이와 같이 포착함으로써 우리들은 태어날 때부터 가지고 있는 신체의 제약에서 해방되어, 도구와 기술이라는 미디어에 의해 '신체'의 가능성을 확대하는 것이 가능하다고 할 수 있다.

이러한 시점에서 현대의 '대중문화'에 시선을 돌리면, 예를 들면 SNS는 우리와 세계의 관계 방식을 바꾸고 신체의 새로운 가능성을 실현한다는 점에서 압도적인 영향력이 있음은 재차 지적할 필요도 없을 것이다.

우리들은 현재 신형 코로나바이러스 감염증(COVID-19)에 의한 팬데믹의 한가운데에 있어서 행동의 제약을 받으면서도, 텔레워크(telework) 등을 구사하며 사회활동을 유지하고 있다. 점차 미디어에 신체를 맡기지 않으면 안 되는 상황에 있으며 미디어와 신체의 관계, 또한 신체 그 자체를 고쳐 생각할 필요가 시급하다고 할 수 있다.

2. 신체를 둘러싼 불안과 디지털 플랫폼

불안의 폴리틱스

현재의 코로나 재앙에서 긴급사태 선언 등이 내려져 사회·경제활동이 축소되는 가운데, 구조조정이나 도산이 발생하고 또한 의료가 핍박받는 등, 신체를 둘러싼 불안은 날마다 증대하고 있다. 게다가 사회에 내재하고 있던 경제 격차나, 젠더에 의한 불평등이 한층 명확해지고 있다. 본 시리즈 제2권에서는, 일본의 근세시대에 자연이 가져온 재앙·재해에 대해 사람들이 어떻게 대응해 왔는지를 구체적으로 밝히고 있다.

현재의 신체를 둘러싼 '불안'을 다시 생각해 보면, 지금부터 약 30년 전에 이미 브라이언 터너(Bryan Turner)가 지적하고 있던 '불안의 폴리틱(politics of anxiety)'[*4]이 떠오른다. 터너에 따르면, 1980년대에는 환경파괴, 화학전쟁, HIV와 AIDS에 의한 에피데믹, 또한 저출산 등에 의한 공포와 불안이 사회에 확산하여 이것들이 신체를 둘러싼 정책의 입안과 시행, 의료기술에 대한 지원의 계기가 되기도 하였다.

이러한 '불안의 폴리틱스'는 우리들이 어떻게 신체를 상상하는가, 즉 어떠한 기술을 사용하여 사회와 세계와의 연결을 상상하는가라고 하는, 대중문화에서 신체의 논점과 중첩할 수 있다. 여기에서 강조되어야 할 점은 이것은 '생명이 있는 신체'를 둘러싼 불안이라는 점이다. 그리고 중요한 것은 '생명이 있는 신체'와 무언가의 목적을 달성하기 위한 '도구로서의 신체'라는 긴장관계가 다시 부각된다는 점이다. 이것은 예를 들면 유럽 대중문화의 표현 형성에 널리 영향을 준 낭만주의나 후기의 바로크 문화가 19세기 말에 기계와 신체를 둘러싼 불안과 당시의 산업주의에 대한 위기감과 관련되어 있었다고 하는 터너의 지적과 중첩된다.[*5]

터너가 유럽의 바로크문화와 현대(포스트모던) 정신성의 유사성을 시사하면서 신체를 논하였듯이, 여기에서는 근세에서 근현대에 걸친 일본의 대중문화를, 현대사회에 다대한 영향력을 가지는 '디지털 플랫폼'이라는 미디어 기술의 개념을 이용해 논의해 간다. 이와 같은 분석은 일반적이지 않다고 생각할지도 모르지만, 시점을 바꿈으로써 상상력의 가능성은 확대되어 갈 것이라고 생각한다.

디지털 플랫폼

디지털 플랫폼이란, 트위터와 페이스북 등의 SNS나, Zoom, Meet, Teams 등 IT 기업이 제공하는 Web 회의 서비스에 의한 연결의 기술을 포함해, 유저의 네트워크를 토대로 컨텐츠나 서비스를 제공하는 것으로 현재 수많은 분야에서 이용되고 있다. 2006년 YouTube의 대히트로부터 급격하게 인구에 회자되어 일상생활의 모든 장면에 침투해 왔지만, 현재 '플랫폼'이라고까지 불리는 사회적 상황을 누구나 정확하게 이해하고 있는 것은 아니다.[6] 그러나 디지털 플랫폼의 인기는 대중문화에서 '신체를 둘러싼 불안'이 기술을 통해 증대하고 있는 측면이 있음을 우리에게 상기시켜 준다.

디지털 플랫폼이라고 불리는 서비스와 이들 서비스를 지탱하는 IT 기업은 코로나 재앙에서 현저하게 확대되었다. 그리고 거대화한 플랫폼 서비스는 이제 퍼블릭한 '교류의 장(연결이나 커뮤니케이션의 장)'을 대신하고 있는 중이다. 그런 의미에서 디지털 플랫폼이란 '소셜 디스턴스'를 유지한 채로 노동, 교육과 오락을 가능하게 하는 매체 기술(미디어)이라고 할 수 있다.

디지털 플랫폼에서는, 예를 들면 커뮤니케이션의 상대를 모르더라도 또한 신용하지 않아도 안전하게 소통이 가능하다. 이 때의 '신용'은 상대가 아니라 매체 제공자에 의해 보장되며 디지털 플랫폼을 통해 다른 사람과 안전하고 원활하게 연결될 수 있다고 간주된다. 덧붙여서, 타자와 직접 '연결하는' 것에 대한 불안이나 불신감이 디지털 플랫폼의 확대를 지탱해 왔다고 하는 생각도 있다.[7]

타자와의 연결

타자와 '연결되고 싶다'라는 욕망이 인간관계 그 자체를 두려워하고 있는, 또한 '타자를 신용하지 않는다'고 하는 점과 연관되는 최근 20년 정도의 경향[*8]과, 현재의 팬데믹이 불러일으킨 감염 리스크로 인한 '타자의 신체에 대한 불안'은 중첩되는 것으로 생각된다. 정부와 사회로부터의 사회적 거리의 요청과 디지털 플랫폼의 기술은 일종의 안전장치로 받아들여져 언제라도 절단할 수 있는 연결이라는 방식의 일반화를 가속시켰다. 즉, 디지털 플랫폼이라는 미디어에는 '연결'이라는 '속박'으로부터 언제든지 자유로워질 수 있는 신체의 본연의 자세, 결국 이 경우는 가상의 신체가 요구되고 있다고 말할 수 있다.

앞서 언급했듯이 '신체를 둘러싼 불안'에는 '타자'와 연결되는 것 그 자체를 '위험'으로 간주하는 것도 포함될지도 모른다. 그 '위험'으로부터 해방시켜 주는 미디어(디지털 플랫폼)에 우리들이 요구하고 있는 것은 대체 무엇일까. 이러한 시점에서 이 책의 장(章) 구성방식을 설명하고 싶다.

3. 신체를 둘러싼 '자유'와 대중문화

두 가지 움직임

상기 내용을 바탕으로 대중문화를 논하는 시점을 정리해 두고 싶다. 우선 대중문화의 역사에서 신체를 둘러싸고 확인할 수 있는 두 가지 움직임에 주목한다. 첫째, 기술과 미디어의 표현을 매개로 하여 신체를 둘러싼 새로운 가능성을 개척하려고 하는 움직임이다. 이 움직임은 항상 유한한 신체를 뛰어넘으려고 하는 것이기 때문에, 여기에서는 '신체로부터(의) 자유를 구하는' 움직임으로서 취급한다. 또 하나는 신체의 유한성 그 자체를 기반으로 한 움직임이다. 이것은 '태어나'고 그리고 '죽는' 신체이며, '유한한 생명'이라는 조건을 바탕으로 한 신체를 둘러싼 움직임이라고 할 수 있다. 여기에서는 '신체를 통해 자유를 찾는' 움직임으로 취급한다. 신체와 미디어라는 시점에서 보면 대중문화는 항상 이 두 가지 방향성으로 가동되고 있다고 생각된다.

이들 대중문화의 역사에서, 신체를 둘러싼 두 가지 움직임, 즉 '신체로부터(의) 자유를 구하는' 움직임과, '신체를 통해 자유를 구하는' 움직임에 대조하여 본서를 '신체를 표현하다', '신체를 대체하다', '신체에 회귀하다'의 3부로 나누었다.

제1부 '신체를 표현하다'는, '신체로부터(의) 자유를 구하는' 움직임의 특징을 나타내는 장으로 이루어진다. 이것들은 '표현'이라는 말을 빌려 신체의 새로운 가능성을 상상하는 측면을 강조하고 있으며, 이러한 대중문화 본연의 상태는 '신체로부터 벗어나다'라는 표현으로 대체할 수도 있다. 제2부 '신체를 대체하다'에는, 제1부와 제3부의 경계적인 위치 부여의 내용을 담았다. 제3부 '신체에 회귀하다'는 '신체를 통해서 자유를 구하는' 장을 수록하고 있으며, '신체화해 가는 표현'이라고도 말할 수 있을 것이다. 경계적인 특징을 나타내는 제2부를 둔 것은, 신체로부터 벗어나 재차 회귀해 나가는 움직임을 보다 명확하게 나타내고 싶었기 때문이다. 다음으로 각 장을 개관해 가자.

4. 신체에서 벗어나다·신체로 회귀하다

신체를 표현하다

제1부 '신체를 표현하다'에는 대중문화의 역사 속에서 도구나 기술 등을 이용해 신체 그 자체를 대상화해 나가는 과정을 다룬 논고를 모았다.

제1장(기마타 사토시[木股知史])은, 메이지(明治) 후기부터 다이쇼(大正) 전기에 걸쳐 많은 화상(畫像)을 포함한 '삽화책'이 집중적으로 간행된 사실에 주목하여 근대의 지각지(知覺知) 본연의 상태를 검토하고 있다. 근세에서는 한 장의 판목(版木)에 문자와 화상을 일체화해 제판(製版)하는 목판이 발달하고 있었지만, 근대의 활판 인쇄에서는 그림과 문자의 인쇄는 별도의 공정으로 이루어졌다. 손작업이 살아있는 목판이나 석판의 표현, 즉 '판(版)의 표현'에 담긴 제작자의 신체성은 기계화에 의한 대량 인쇄에 의해 상실되어 복제된 도상(圖像)과 기호로 바뀌어 간다. 이와 같이 제작자의 신체성이 상실되는 배경에는 활판 인쇄를 기반으로 하는 인쇄 기술의 근대화라는 미디어의 문제가 크게 영향을 미치고 있었다. 신체와 미디어의 관계가 기술의 진화에 의해 크게 변용하는 모습이 그림의 인쇄를 통해 밝혀진다.

제2장(야마모토 유카리[山本ゆかり])은, 춘화를 다루어 제작자가 아니라 춘화를 즐기는 독자의 신체성, 춘화를 둘러싼 사람들의 신체감각 본연의 자세를 탐색한다. 에도기에는 호색(好色)스러운 사물은 개방적인 공기 속에서 남녀노소에 의해 받아들여지고 있었다. 근세에 춘화는 남녀의 성교를 그린, 가장 신체에 밀착한 표현의 하나였다고 말할 수 있다. 그러나 메이지 초기에 정부의 방침으로 문명의 후진성을 나타내

는 것으로 배제되자 춘화를 숨어서 들여다보는 등 대상과의 거리가
존재하게 된다. 이것은 대상이 오락이 되어 갈 때의 과정과도 중첩된
다. 즉, 섹스를 체험으로서가 아니라, 보는 물건으로서 즐긴다고 하는
시각 문화의 오락이 확대해 가는 과정으로 춘화를 위치시킬 수 있다.

현재 일본에서 춘화의 전람회를 개최하는 일이 어려운 것은 춘화가
수치로 여겨진 메이지 이후의 감각이나 저항감, 촌탁(忖度)에 근거하
는 자기 규제가 작동하고 있기 때문이라고 한다. 이와 동시에 현대에
서는 춘화에 대한 새로운 흥미와 가치를 발견하는 감각이 혼재해 있다
고 야마모토는 분석하고 있다.

이와 같은 구도가, 제3장(기바 다카토시[木場貴俊])이 다루는 근세의
'무서운 것 보고 싶음'의 문화에도 볼 수 있다. 기바는 에도시대 중기
이후 전란이 없는 평화로운 환경이 오히려 사람들에게 공포를 맛보고
싶다는 충동을 싹트게 한 것은 아닐까라고 분석한다. 기바가 주목하는
것은 에도 중기 이후 사람들이 흥미에 이끌린 처참한 시각 문화이며
구체적으로는 책형(磔刑)이나 시추히키마와시(市中引廻し)[1]라는 공개
처형이다. 기바는 구경하러 나가는 사람들의 심성에는, 자신들과 극
형이 주어지는 죄인과는 다른 존재라고 하는 일선이 그어져 있었다는
점을 지적한다. 책형 등의 끔찍한 형을, 스스로는 관계하지 않고 멀리
서 본다고 하는 구도가 여기에도 존재하고 있다. 안전한 장소에서 처
참한 무서움을 즐긴다――이 구도는 연극이나 도깨비 집 같은 허구의
세계에도 확산해 간다. 이러한 '무서운 것 보고 싶음'의 문화는 현대에

---

1) 에도시대 일본의 형벌 중 하나로 사형수를 말에 태워 죄상을 쓴 팻말을 앞세워 처형장까
   지 공개적으로 연행해 갔던 제도.

도 계속되고 있으며, 기바에 따르면 예를 들어 그것은 '공포 만화'로서
독자적인 괴기·공포의 표현을 만들어낸 우메즈 가즈오(楳図かずお)[2]
의 작품 등에서 볼 수 있다고 한다.

　신체감각과 무서움의 표현을 생각하는데 있어서, 제4장(이토 료헤이
[伊藤龍平]의 논점은 중요하다. 이토에 의하면 현대 대중문화의 '요괴'
는 '기묘한 모습을 한 인간이 아닌 캐릭터'로서 시각적인 표현에 의해
포착되고 있다. 그 원천이 된 것은 『화도 백귀야행(画図百鬼夜行)』(1776
년)을 그린 토리야마 세키엔(鳥山石燕, 1712~1788) 등, 에도 화가들의
요괴화이며, 또한 민속학의 보고서 등에 실리는 민간전승 속의 요괴였
다. 게다가 요괴가 대중문화 속에서 통속적인 '요괴'가 되는데 중요한
역할을 한 것이 만화가 미즈키 시게루(水木しげる, 1922~2015)이다. 에
도의 화가 세키엔이 '상상화'의 요괴를 그린 것에 대해, 미즈키는 청각
의 중요성을 역설하면서 요괴를 시각적으로 포착하여 '요괴'를 낳았는
데, 그 특징은 '눈에 보이는 않는 소리를 그리는' 것이었다. 이러한
대중문화 속의 '요괴'는 '무서운 것 보고 싶음'에서 한 걸음 나아가 사
람들의 신체에서 벗어난 곳에서 시각표현의 대중문화로 개화하였다.
과거의 민간전승 요괴는 누구에게나 보이고 들리는 것이었지만, 현대
의 창작 작품에서는 '요괴'가 보이지 않고 들리지 않는 것이 전제가
되고 있다고 한다. 이 이토의 지적도 미디어와 신체의 관계를 생각하
는데 흥미롭다.

---

[2] 우메즈 가즈오(楳図かずお, 1936~): 일본 만화가, 탤런트, 작사·작곡가. 1955년에 대
　　본(貸本) 만화가로서 데뷔하였으며 공포물, SF, 개그물, 시대극 등 다기에 걸친 창작을
　　하였는데 일본만화사에서 공포 만화의 제1인자로 일컬어진다.

신체를 대체하다

제1부에서는 근세에 성립하고 있던 다양한 표현이 신체를 대상화하면서, 근대를 통해서 변용해 가는 모습을 구체적으로 추적하였다. 제2부 '신체를 대체하다'는, 신체로부터 벗어나서(제1부) 다시 신체로 돌아가는(제3부) 그 과도기를 구체적으로 나타낸 2개의 장으로 이루어진다.

제5장(요코타 나오미[橫田尚美])는, 신체에 가장 깊게 관여해 왔다고 생각되는 복장이 점차 우리의 신체로부터 벗어나는 현상을 풍부한 사례로부터 분명히 밝히고 있다. 요코타는 기성복이 침투한 1960~70년대 이전에는, '패션(유행)'과는 다른 가치관에 의한 의생활이 있었던 점을 개관하여, 예를 들면 작업의 흔적이 남고 기움 등의 메인터넌스가 항상 행해지고 있었던 과거의 작업복에 주목한다. 한편, 현대와 같이 현물을 확인하지 않고 인터넷 통신 판매로 옷을 구입하거나, 모양과 색 무늬에만 관심을 가지고 소재에는 무관심하거나 자신의 신체 사이즈를 모르고 속옷을 입거나 하는 일상적인 현상이 잇달아 소개된다. 생활을 영위하는데 있어서 빼놓을 수 없는 복장이, 아이러니하게도 현실의 신체로부터는 떨어져 나가는 상황이 부상한다. 요코타는 학교의 제복에 드디어 여자 슬랙스가 도입된 것에 대해, 성차를 없애는 것 이상으로 유니버설 패션적인 의미를 가지는 변경으로서 파악한다. 이러한 현상은 바로 대중문화의 두 가지 움직임 가운데 '신체로부터(의) 자유를 구하는' 움직임이 패션의 세계에서도 일어나고 있음을 보여주고 있으며, 신체를 대체해 가는 과정이라고 간주할 수 있다.

제6장(에르난데스 알바로)이 다루는 코스프레란 만화, 애니메이션이나 게임의 등장인물인 캐릭터로 완전히 변모하여 몸치장을 하는 '흉내' 놀이이다. 놀이 공간으로서 코스플레이어들의 커뮤니티와 네트워크

가 형성되어 있으며, 이것들은 닫힌 공간이다. 에르난데스에 따르면 코스프레의 매력 중 하나는 생활의 현실적인 영역으로부터도, 자신의 신체 그리고 스스로의 정체성으로부터도 거리를 취해 캐릭터로 변모하여 다른 코스플레이어들과 놀 수 있다는 점에 있다고 한다. 본서의 시점으로 끌어 맞추면, 스스로의 신체를 떠나 스스로의 신체를 대체해 가는 대중문화의 과도기적 행위라고 파악할 수 있다. 그러면 신체를 대체한 뒤에는 도대체 무엇이 상상되고 있는 것일까. 에르난데스의 논고는 거기까지 언급하고 있지 않았지만, 커뮤니티 속에서 '흉내' 놀이를 한 끝에, 어쩌면 닫힌 커뮤니티 밖의 세계에서도 새로운 신체를 수반한 새로운 아이덴티티를 손에 넣는다. 즉 '신체로 회귀한다'는 가능성이 기다리고 있을지도 모른다.

신체로 회귀하다

이러한 상황을 염두에 두고 제3부 '신체로 회귀하다'의 각 장을 소개하면서, 대체한 신체의 앞에 있는 착지점의 가능성을 탐색해 간다.

제7장(야스이 마나미[安井眞奈美])는 사람들이 신사(神社)와 절에서 작은 판화인 에마(絵馬)[3]에 소원을 의탁하여 경내에 매달았던 습속을 거론하며, 손 그림으로 에마를 '만드는' 것을 가능하게 한 '장치'에 주목한다. 또한 에마를 통해 사람들의 커뮤니케이션도 분석한다. 근세로부터 근대, 현대에 걸쳐서, 그림에 재능이 있는 사람도 없는 사람도 손 그림으로 에마에 소원을 계속 표현할 수 있었던 것은 이미 있는

---

3) 발원(發願)을 할 때나, 소원이 이루어진 감사의 예로서 말 대신에 신사(神社)나 절에 봉납하는 말 그림 액자를 가리킴.

에마의 화재(畵材)를 모방하거나 일부를 보충해 그리는 것만으로 좋았
거나, 대중이 만드는 것에 관계할 수 있는 '장치'가 준비되어 있었기
때문이다. 이것은 현재의 애니메이션 캐릭터를 에마에 그려 작품의
무대가 된 '성지'와 그 인근의 신사와 불각에 봉납하는 '이타에마(痛絵
馬)'에도 통하는 점이다. SNS 등을 통한 커뮤니케이션이 가능해진 현
대에, 굳이 신사 불각을 방문하여 에마를 손 그림으로 그려 매단다고
하는, 품이 들어간 신체를 수반하는 실천에 오히려 희소가치가 있으며
매력이라고도 말할 수 있다.

　제8장(기노시타 도모타케[木下知威])은 근대의 휠체어 탄생을 역사적
으로 논한 장이다. 근세의 보조구로서의 '이자리구루마(いざり車)'가
근대의 다양한 기술 진보와 함께 변용해 가는 과정이 상세하게 논해진
다. 근세의 문예 작품에서는 '이자리구루마'가 다양한 표현에 의해 그
려져 온 것도 분명해진다. 반대로 현대의 휠체어는 신체의 보조구라기
보다는 신체의 연장으로서 계속 진화하고 있다. 미디어에 있어서 표현
과 신체의 관계를 근거로 하면 휠체어는 장애를 생각하거나 가시화하
는 것에 크게 공헌한 미디어라고 말할 수 있다. 또한 본 장으로부터는
장애가 있는 신체를 다시 생각할 계기를 얻을 수도 있을 것이다. 신체
는 미디어(기술과 도구)에 의해 확장된다고 파악하면, 도대체 어디까지
의 신체의 한계를 '장애'로 간주할 것인지 차별받아 온 '장애가 있는
신체'라고 하는 포착 방법 자체를 재고하지 않을 수 없기 때문이다.

　제9장(와지마 유스케[輪島裕介])는 레코드에 취입된 일본제의 가요를
'레코드 가요'라고 포착하여 근대 일본의 대중음악 역사를 신체를 수
반하는 실천에 주목해 상세하게 추적한다. 와지마가 지적하는 것은,
일본에서는 레코드 음악을 '음악 그 자체'로 간주하는 경향, 혹은 생연

주를 레코드음악의 재현으로 간주하는 경향이 한층 강하다고 하는 점이다. 와지마는 '외국자본계열 레코드 회사에 의한 레코드 가요의 성립'의 의의와 영향력의 크기를 비판적으로 검토하는 가운데 일단 실연(實演)의 맥락과 단절된 '목소리만의 노래'가 재차 신체적 실천과 결부되는 과정을 분명히 밝힌다. 예를 들면, 쇼와 초기에 유행한 '도쿄온도(東京音頭)'가 레코드에 맞추어 성루 주위를 춤추는 본오도리(盆踊り)의 형태를 만들어낸 것. 텔레비전이라는 미디어의 등장에 의해 가수의 신체를 수반한 실천이 방송된 것. 가라오케는 음반과 같은 반주로 마이크를 들고 혼자 노래하고 싶다는 대중의 욕망을 이루어주고 신체를 수반한 음악 실천으로 인기를 끈 것 등이다. 대중음악의 역사에서 녹음기술에서 분리된 신체는 재차 신체를 수반하는 실천, 즉 신체로 회귀하는 과정이 분명해진다. 이 장을 통해 텔레비전이라는 새로운 미디어 기술의 등장과 참가하는 청중, 예를 들면 아이돌 문화에 있어서 '신체로의 회귀'라는 관계도 재검토할 수 있을 것이다.

제10장(에르난도 디 알반)은 일본의 대중문화의 대표로 여겨지는 만화·애니메이션을 퀴어론에 의해 분석하여 신체에 견고하게 결부되어 온 아이덴티티를 부수려고 한다. 퀴어론이란 LGBT, 성 마이너리티에 해당하는 사람들의 경험에 관한 연구로부터, 사회가 상정하고 있는 '보통의 생활 방식'의 가치관을 해체시키고 사회의 룰이 만들어지는 메카니즘을 비평하여 '상정 외의 생활방식'을 논하는 분야이다. 에르난도 디 알반은 일본의 서브컬쳐의 '퀴어한 표현'에서 가장 중요한 요소는 젠더와 섹슈얼리티의 스테레오타입(고정관념)을 무너뜨리기 위한 '신체'라고 지적한다.

서(序)의 테마인 미디어와 신체에 근거한다면, 만화의 퀴어론을 가능하게 하기 위해서는 스테레오타입화되어 버리는 캐릭터의 '몸'으로부터 한 번 벗어나 그 '주체성'의 표현 자체를 고찰할 필요가 있다는 에르난도 디 알반의 지적은 중요하다. 이 점은 신체로부터 벗어나 다시 신체로 회귀한다고 하는, 대중문화에 관한 본서의 분석 시점과 중첩된다. 그리고 재차 신체에 회귀했을 때, 신체를 수반한 새로운 아이덴티티의 다양한 착지점——'퀴어한 몸과 그곳에서 태어나는 주체성'의 다양한 선택지가 시사된다. 퀴어 만화가 여성이나 LGBT인 사람들의 사회와의 알력에서 태어난 표현이기 때문에 그것들을 지탱해 온 사회운동과는 분리 할 수 없다는 지적은 사회를 바꾸는 미디어 표현의 중요한 논점과 연결되어 있다. 이 장은 미래에 열린 대중문화의 가능성에 대한 힌트를 부여해 줄 것이다.

5. '신체의 불안'의 해소를 향해: 앞으로의 전개

현대 미디어와 신체의 관계

지금까지, 제1절에서 확인한 '디지털 플랫폼'을 키워드로, 신체와 미디어의 관계에 착목하면서 근세부터 근대, 그리고 현대에 이르는 일본의 대중문화를 논해 왔다. 거론하였던 대중문화의 영역은 제한적인 것일지는 모르지만 현대의 디지털 플랫폼이라는 새로운 논의와 그 구조가 이미 과거 일본의 대중문화에서 미디어와 신체의 변용에서 찾아낼 수 있음이 명백해졌다. 즉, 우리들의 표현방법이나 상상세계의 틀이 변화하는 가운데, 미디어에 '신체'가 어떻게 관련되어 왔는지를 구체적으로 해명할 수 있었다고 할 수 있다. 다시 정리하면 넓은 의미에서의 신체란 우리가 사용하는 도구와 기술도 포함되어 있으며, 그렇기 때문에 '신체의 불안'도 도구와 기술의 진화에 수반하여 증대해 가게 된 것이다. 여기서 분명히 밝힌 것은 문화의 창조적인 행위, 신체와 기술의 관계, 새로운 미디어의 형성을 생각하는 선상에서 커다란 도움이 된다고 할 수 있을 것이다.

처음에 '신체를 둘러싼 불안'의 고양에 대해 다루었지만, 이것은 현재의 코로나 재난에서 더한층 많은 사람들이 인식하게 되었다. 앞으로 이러한 '신체를 둘러싼 불안'에 우리들은 어떻게 접해 나가면 좋은 것일까.

첫째로, 본서에서의 논의를 근거로 하여 현대의 미디어와 신체의 관계를 재차 고찰하는 것을 들고 싶다. 우리는 Google 등의 IT 기업이 제공하는 디지털 플랫폼 없이 현재의 생활을 유지하는 일은 이제 곤란해졌다. 이 때 장점과 단점을 파악해 두는 것은 중요하다. 플랫폼을 이용하는 최대의 장점은 편리함이며 단점은 관리되고 있는 것, 개인정보 등이 파악되고 있는 것이다.

이러한 단점은 예를 들어 우리들이 미디어 리터러시를 향상시킴으로써 개선해 갈 수 있다고 말할 수 있을까. 유감스럽게도 대답은 '아니오'이다. 왜냐하면 우리들은 글로벌 사회에서 이 거대한 플랫폼이 이익을 창출하는 구조에 부지불식간에 받아들여져 버리고 있기 때문이다. 또, 우리들이 생활의 편리함과 교환하여, 예를 들면 개인정보 모두를 기업 등의 제3자에게 맡기고 관리·감시되는 위험성도 있다. 당연하지만, 자신의 신체를 통해 스스로 결정하는, 스스로 선택하는 일의 반복이 보다 한층 중요해졌다고 할 수 있을 것이다.

둘째, 제3부에서 제시한 '신체로 회귀한다'라고 하는 점이다. 지금까지 미디어와 신체와의 관계로부터 대중문화를 살펴보는 가운데 '신체를 표현한다', '신체를 대체한다', 그리고 재차 '신체로 회귀한다'라는 가능성을 보였다. 그 과도기 상태로서 코스프레에서 요구된 자신이 아닌 캐릭터의 의상을 걸치고 다른 정체성을 즐기는 사례를 들었다.

여기에서는 정체성을 '목숨이 있는 신체'라는 관점에서 살펴본다. '생명 있는 신체'란 상상하는 신체, 표현하는 신체, 사회활동에 참여하는 신체 등을 포함한 새로운 정체성을 획득하여 살아가는 신체이다. 이것은 제10장에서 에르난도 디 알반이 '퀴어한 신체의 가능성'에서 논한 것과 공명하고 있다. 이야기로서의 정체성뿐만 아니라, 우리가 재차 자기 자신의 신체를 마주보고 스스로 납득한 뒤, 신체를 수반한 정체성을 대체하고 갱신하여 간다는 것이다. 지금까지 기존의 남자와 여자라는 구분에 머무르지 않고 퀴어한 신체를 표현으로서 뿐만 아니라 사회에 살아가는 스스로의 신체로서 획득해 가게 된다.

미래에 대한 상상력을 향해

현재 우리들은 신체와 미디어의 관계를 다시 만들어가는 상황에 접어들고 있다. 이것은 모두에 제시한 '신체의 불안'에 대치하는 것으로도 이어진다. 어쩌면 '신체의 불안'에 의해 멈추어 서거나 사고를 멈추거나 하는 일도 있을지 모른다. 그러나 '신체의 불안'을 상대화함으로써 한 걸음 전진하여 미래로 나아가는 상상력을 키우기 위해 과거를 되돌아보고 그곳에서 배워 나가겠다는 시점을 중시하고 싶다.

게다가, 일본이라고 하는 장소에서 생각하는 점의 유효성에 대해서도 지적해 두고 싶다. 본서에서는 일본의 대중문화를 다양한 시점에서 검토해 왔지만, 결코 '일본'에 닫혀 버리는 것은 아니다. 현대의 글로벌 사회에서 각각의 사회가 국경을 넘어 세계의 움직임에 어떻게 대응하려고 하는지를 생각해 나가고 싶다. 즉, '일본'을 다종다양한 과제를 생각해 가는 열린 필드로서 포착하여 현대의 글로벌 사회에서 신체와 미디어의 관계를 논해 가는 것이다.

　이 서(序)에서는 대중문화를 넓은 의미에서의 '신체'라는 시점에서 현대 미디어론에서 사용되고 있는 '디지털 플랫폼'이라는 말을 이용해 포착해 왔다. 그리고 각 장에 의해 일본의 근세부터 근대의 대중문화에서도 미디어와 신체와 같은 관계를 전망할 수 있다. 앞으로 대중문화가 어떻게 변용해 나가는지, 또 세계의 대중문화와 어떻게 서로 관련되어 있는지를 밝히는 것이 다음 과제가 된다. 그것들을 생각하는 데에도 본서는 다양한 단서를 제공할 수 있다고 할 수 있을 것이다.

원저자 주

*1　大塚英志, 「序 日本大衆文化史は可能なのか」, 日文研大衆文化研究プロジェクト編, 『日本大衆文化史』, KADOKAWA, 2020, p.14.

*2　小松和彦, 「序 疫病と天災をめぐる大衆文化論の試み」, 小松和彦編, 『禍いの大衆文化-天災·疫病·怪異』, KADOKAWA, 2021, pp.8~9.

*3　McLuhan, Marshall., Understanding Media: The Extensions of Man(Gingko Press., 1964/2013), pp.45~52. マーシャル·マクルーハン『メディア論-人間の拡張の諸相』, 栗原裕·河本仲聖訳, みすず書房, 1987, pp.43~49.

*4　Turner, Bryan., "Recent developments in the theory of the body," in M. Featherstone, M. Hepworth, B. S. Turner, eds., The body: Social process and cultural theory. (Sage Publications, 1991), pp.1~35.

*5　바로크에 관해서는 Turner, B. 전게 주 4, pp.24~30. 낭만주의에 관해서는 예들 들면 알랭 투렌(Alain Touraine)이 참고가 된다. Touraine, Alain. Critique of Modernity (Wiley-Blackwell, 1995).

*6　플랫폼의 역사적인 연구에 관해서는 일본의 디지털 문화가 플랫폼의 전개에 공헌한

것을 연구한 마크 스타인버그(Marc Steinberg)의 책은 특히 흥미가 깊다.
Steinberg, Marc. The Platform Economy: How Japan Transformed the Consumer Internet(University of Minnesota Press, 2019).

*7   エルナンデス・アルバロ, 「情報、趣味と表現活動-情報プラットフォームの社会学」, 油井清光・白鳥義彦・梅村麦生編, 『社会学』, 昭和堂, 2020, pp.167~178.

*8   일본의 경우, 이러한 상황은 오사와 마사치(大澤真幸)가 『불가능의 시대(不可能性の時代)』(岩波新書, 2008)에서 논하고 있다.

제1부

신체를 표현하다

제1장

근대의 삽화책

- 〈책의 그림〉과 〈판(版)의 표현〉 시점에서 -

기마타 사토시(木股知史)

1. 〈책의 그림〉과 근대

그림책과 삽화책

메이지 후기에서 다이쇼 전기에 걸쳐 문학과 미술 영역을 중심으로 하여 화상(画像)을 많이 삽입한 책이나 화상을 중심으로 한 책이 간행되었다. 이 시기는 목판이나 석판(石版), 사진 망판(網版), 콜로타이프, 삼색판 등 다양한 인쇄 수법이 병행하여 사용되고 있었다. 목판이나 석판과 같이 손작업이 관여하는 정도가 높은 기법과 기계인쇄 기술이 조합되어 기능하고 있었던 과도기였다.

서지학에서는 '그림책'이라는 말이 '기본적으로는 그림을 주체로 한 판본과 사본의 총칭'이며, '그림이 주체라는 의미에서는 그림만으로 구성한 것과 그림에 문장을 더한 것이 그에 해당하지만, 주체는 문장이고 그림이 곁들여진 것도 그림책으로 취급하는 경우도 있다'라고 일컬어지는 것처럼 총괄적인 용법을 마련하고 있다[*1]. 그렇기 때문에 그림을 주체로 한 것과 문장에 그림을 더한 것을 다루는 본장에서는 원래 '그림책'이라는 말을 사용해야 하지만, 근대에서는 '그림책'이라고 하면 아동용을 주로 가리켜 버린다. 그래서 그림이 주가 되어 있는 것도 포함해 '삽화책'이라는 호칭을 사용하기로 한다. '삽화책'이라는 말은 서지학에서는 '문장을 주체로 하여 권두에 머릿그림, 본문 중에 삽화 등의 그림을 수반한 판본·사본의 총칭'인데, '그림을 주체로 한 것은 이 범주에 포함하지 않는 경우가 많'지만, '구사조시(草双紙)[1]나 그림책과의 경계를 명확하게 하지 않고 삽화책이라는 어구를 사용하고 있는 예도 볼 수 있다.'고 한다.[2] 그림을 주체로 하고 있거나 문자와 함께 비교적 많은 화상을 포함한 책을 '삽화책'이라고 파악하고 싶다.

근세와 현대의 '책의 그림'

삽화책의 성황 배경에는 근세의 전통이 크게 작용하고 있었다. 오니시 히로시(大西廣), 오타 마사코(太田昌子)는 병풍 등의 '벽의 그림'이 서적 안의 '책의 그림'으로 변화한 게이초(慶長)에서 겐로쿠(元禄)[2]에 이르는 시기에 대해 다음과 같이 지적하고 있다[3].

출판문화의 흥륭과 더불어 '그림의 거처'에 미증유의 지각변동이 일어난다. 사람들이 의거해야 할 문화적 모델의 아카이브(공유의 자료고)

---

1) 에도시대 중기 이후에 유행한 대중적인 그림이 들어간 소설본의 총칭. 각 페이지에 삽화가 있으며 대부분 히라가나로 쓰였다. 책 표지의 색에 따라서 아카혼(赤本), 구로혼(黒本), 아오혼(青本), 기보시(黄表紙)라고 불렀으며 합권의 형태를 취한 장편을 고칸(合卷)이라고 칭하였다.

2) 고요제이(後陽成)천황과 고미즈노오(後水尾)천황의 재위 당시(1596~1615)의 연호와 히가시야마(東山)천황 시대(1688~1704)의 연호.

의 자리를, 이전의 병풍 그림을 대신하여 그림이 들어간 판본이 차지하게 된다. 사가본(嵯峨本)[3]에서 사이가쿠(西鶴)의 『호색일대남(好色一代男)』에 이르기까지, 게이초부터 덴와(天和)·겐로쿠에 이르기까지 최초의 백년 사이에 사회와 문화의 모든 영역에 퍼지는 커다란 하나의 네트워크가 만들어진다.

게이초에서 겐로쿠까지의 약 백년간에는 『이세이야기(伊勢物語)』에 그림을 더한 사가본, 유녀(遊女)의 평판기, 고와카(幸若)[4]·설교(説教) 고죠류리정본(古浄瑠璃正本), 명소 안내기(名所案内記), 『인륜훈몽도휘(人倫訓蒙図彙)』 등의 여성이나 아동의 계몽서, 화보나 그림본(絵手本)[5] 등 다양한 분야에서 많은 삽화책이 나왔다. 겐로쿠기부터 나타나는 화보, 그림책, 그림본은 이미지의 총람을 가능하게 하는 아카이브 기능을 구축했지만, "헤아릴 수 없는 광범위한 수의 사람들이, 출판에 의해 시작된 이 〈책의 그림〉이라는 미디어혁명에 의해 부단히 확대하는 상상의 사회공간을 공유할 수 있게 되었다"고 한다.[*4]

근세에 이러한 '책의 그림'의 기반 형성이 1910년대 메이지 후기부터 다이쇼 전반기에 걸쳐 일어난 삽화책의 융성에도 깊게 관련되어 있다. 활판 인쇄를 기반으로 하는 인쇄의 근대화가 진행되고 있는 가운데, 목판에 의한 화상을 포함하는 삽화책이 집중적으로 간행되었다.

---

3) 17세기 초에 걸쳐 교토의 사가(嵯峨)에서 혼아미 고미쓰(本阿弥光悦) 등이 간행한 판본인데 주로 나무활자를 사용하여 용지와 장정 등에 호화로운 미술적 의장을 고안하여 일본 출판사에서 가장 아름다운 책으로 알려져 있다. 현재 13점이 현존.
4) 일본 중세시대 때 유행하였던 춤으로 무사의 세계를 제재로 한 이야기를 노래한 고와카마이(幸若舞)를 가리킨다.
5) 그림을 그리는 법을 배우는데 사용하는 규범으로 사용되는 책.

활판 인쇄의 시대에 군이 전통적인 목판이 활용된 사실에, 사람들의 시각지(視覺知)에 대한 욕구와 '책의 그림'에 의한 이미지의 아카이브화라는 근세의 전통과 관련성이 있었음을 인정할 수 있다. 개별 책의 용도를 넘어서 목판화에 의해 공통의 시각지가 형성되었기 때문이다.

다만, 제판(製版)의 기술 기반은 크게 달라졌다. 근세에는 한 장의 판목에 문자와 화상이 일체화되어 제판되는 목판이 발달하였는데, 한 장의 판면에 그림과 문자를 공존시키고 있었다는 점에서 그림과 글의 융합과 접근에 적합한 방법이었다. 근대에서는 활판 인쇄와 화상 인쇄의 방법이 다르기 때문에, 제판의 일체화는 곤란하여 그림과 문자의 인쇄에는 각각 다른 공정이 필요했다. 컬러 인쇄의 수법으로서, 손작업이 살아있는 목판이나 석판의 〈판(版)의 표현〉은 깊이가 있는 시각성을 실현할 수 있었다. 다양한 기법이 병행하여 복잡한 시각효과를 거두었지만, 제판기술의 기계화 진행에 의해 손작업에 의한 기법은 도태되어 갔다.

될 수 있는 한, 기성의 장르 구분에 영향을 받지 않고, 〈책의 그림〉과 〈판의 표현〉이라는 시점에서 실제 그림이 들어간 서적에서 몇 가지 주제의 계열을 찾아내어 근대의 시각지의 바람직스런 방식에 대해 생각하고 싶다.

2. 삽화·컷 그림과 그 주변

삽화의 근대화

삽화는 신문, 잡지, 서적에 게재, 수록된 소설이나 이야기에 붙여진 그림이며, 컷 그림은 활판 인쇄의 판면의 여백을 메우기 위해서 잡지나 신문지상에 본문과 관련 없이 게재된 그림인데 모두 단색의 목판에 의한 것이 많았다.

서양 회화의 소양을 가진 화가에 의한 삽화 분야의 진입이 삽화의 근대화를 가져왔다. 다만, 새로운 풍조 속에서 근세의 그림기법이 부활하고 있는 경우도 볼 수 있다. 나토리 슌센(名取春仙)의 사례를 들어보자. 나토리 슌센은 도쿄미술학교(東京美術學校) 일본화선과(日本画選科)를 중퇴한 후, 권두그림이나 삽화 화가로서 활약하고 도쿄아사히신문사(東京朝日新聞社) 사회부에 들어가 연재소설의 삽화를 그렸다. 시마자키 도손(島崎藤村)의『봄(春)』, 나쓰메 소세키(夏目漱石)의『산시로(三四郎)』, 모리타 소헤이(森田草平)의『매연(煤煙)』, 후타바테이 시메이(二葉亭四迷)의『평범(平凡)』등, 메이지 후기의 중요한 소설의 연재 당시 삽화를 그렸다. 그 중에서도 모리타 소헤이의『매연』(『東京朝日新聞』, 1909년 1~5월)의 삽화는, 슌센의 양식이 완성된 시기의 것으로 깊은 풍미가 있는 것으로 완성하였다.『매연』은 작자 모리타 소헤이와 나중에 여성 해방을 목표로 하는 잡지『세이토(靑鞜)』[6]를 창간하는 히라쓰카 하루(平塚明, 라이초)의 연애를 바탕으로 하고 있다. 주인공 고지마 요키치(小島要吉)와 마나베 도모코(眞鍋朋子)가 고뇌하면서 도쿄의 거리를 돌아다니며, 마침내 시오바라(塩原) 온천에서 동반자살을 도모하려고 산에 들어갈 때까지 그려져 있다. 강한 자아를 가지고 남성에

6) 여성의 자각과 해방을 주장한 세이토샤(靑鞜社)의 여성문예잡지. 1911년에 창간하여 1916년 폐간되었었는데 처음에는 히라쓰카 라이초(平塚らいてう)가 편집을 담당하였고 나중에 이토 노에(伊藤野枝)가 계승하였다.

[그림 1] 모리타 소헤이(森田草平) 『매연(煤煙)』 삽화,
나토리 슌센(名取春仙) 그림,
『도쿄아사히신문(東京朝日新聞)』 1909년 3월 11일.

대항하는 새로운 여성, 고향의 집이나 가족과의 갈등에 시달리는 젊은 남성 문학자라는 특징 있는 캐릭터가 등장하여 도쿄의 도처가 무대로서 선정되어 있으며 기후(岐阜), 시오바라라고 하는 지방과의 대비도 제시되어 삽화에 의한 시각화의 소재에 부족함이 없었다.

'14의 9'삽화에서는 요키치가 인력거로 도모코를 돌아가게 한 후, '십자가두'의 도로에 멈추어 서있자 통소를 부는 걸인 노인을 만난다. 노인 등의 짐에는 판자조각이 묶여 있는데, 오다하라(小田原)에서 1890년에 19세의 딸이 집을 나가 행방불명이 되었기 때문에 여러 지방을 돌아다니며 찾고 있다고 기록되어 있었다. '인간의 강한 집착과 약한 힘을…'이라는 일절을 화면에 새겨 넣고, 사각형과 원의 둘레 속에 귀택하는 도모코와 노인을 구분해 그려 시간의 경과를 포함하는 두 장면을 그리는 고안을 하고 있다. 노인 의복의 흰 잔줄은 목판 특유의 돌조(突彫)에 의한 것으로 근세 목판의 초화(草画)적 표현과의 관련이 느껴진다(그림 1). 붓의 터치를 목판으로 재현한 흰 잔줄이 슌센 기법의 특징 중 하나이다.

『매연』의 단행본에는 신문 게재시의 삽화는 수록되어 있지 않다. 슌센은 컷 그림과 삽화를 집성한 화집 『데모화집(デモ画集)』(如山堂書店, 1910년 8월)을 간행하고 있다. 삽화 화가가 자작의 화집을 간행하는 사례는 드물다. 『데모화집』에서는 『봄』, 『산시로』, 『매연』 등 슌센 삽화의 대표작과 컷 그림이 담겨 있다. 삽화에는 활자로 초출된 소설의 일절이 곁들여져 있다. 이러한 그림과 활자의 조합은 이야기, 소설의 화보, 그림 이야기의 원형을 나타내고 있다. 『데모화집』에는 본문과 관련이 없는 컷 그림도 수록되어 있는데, 다케히사 유메지(竹久夢二)의 컷 그림집 간행으로부터 자극을 받았다고 생각된다.

『데모화집』에 써보낸 서문에서 모리타 소헤이는 슌센의 삽화에 대해 "물론 작자와 삽화와의 관계는 각본의 작자와 배우가 무대상의 표현이라는 정도는 아니지만, 화가가 나타내려고 하는 정조의 어느 정도는 작자도 거들어주고 있는 것이기 때문에, 때로는 외람스런 말이기는 하지만 자신이 그린 것처럼도 생각

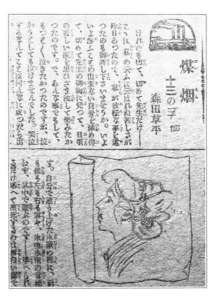

[그림 2] 모리타 소헤이(森田草平) 『매연(煤煙)』 삽화, 나토리 슌센(名取春仙) 그림, 『도쿄아사히신문(東京朝日新聞)』 1909년 2월 28일.

되었다"라고 말하고 있다.*⁵ 모리타가 슌센과 면
회했을 때, 슌센은 "대체 소설의 삽화라고 하는
것은 어떤가라고 하면 독자의 환상을 돕기보다,
도리어 그것을 파괴하는 결과가 되기 쉽다. 그러
니까 가능한 한 간단히 한 장의 느낌, 한 구의
인상을 포착하여 그리는 식으로 하고 있다"고 말
했다고 기술하였다.*⁶

　『데모화집』에는 신문, 잡지에 게재된 컷 그림
도 담겨 있다. 소설의 1장, 1구의 인상을 포착하
여 그리는 것이 삽화라면, 도시나 풍속의 인상을
포착하는 것이 컷 그림이라는 공통성이 슌센에
게는 인식되고 있었다. 체를 만드는 장인을 그리
는 컷 그림은 근세의 약화(略畫)를 연상시키는 터
치로 도시풍속의 스케치를 나타내고 있다(그림

[그림 3] 나토리 슌센(名取
春仙) 『데모화집(デモ画集)』,
컷 그림 〈체(篩)〉

3). 삽화, 컷 그림에서의 인상이나 정조의 표현
이라고 하는 요소는, 근대에 있어서의 〈책의 그림〉의 특성을 나타내고
있다. 화집을 보는 독자는 근대의 생활감각이 삽화나 컷 그림의 표현
에 내면화되어 있음을 확인하는 것이다.

컷 그림과 삽화의 연동

　삽화 화가 시대를 회상한 문장에서, 나토리 슌센은 1911년 전후의
삽화책, 화집의 성행을 지적함과 더불어 컷 그림과 삽화를 관련시켜
포착하고 있다.*⁷ 그것은 슌센이 삽화에도 그림으로서의 독립성이 있다
고 생각하고 있었기 때문이다. 아사히신문사 시대 자신의 삽화나 『국민

신문(国民新聞)』의 가와바타 류시(川端龍子), 『평민신문(平民新聞)』 등의
히라후쿠 햐쿠스이(平福百穂)의 삽화에 대해서, "이상은 우키요에 계열
이 아니며 순수한 서양화도 아니다. 본문의 단순한 설명이 아닌, 화운
(畵韻)과 풍격으로 신선한 맛과 기세를 가득채운 각각의 개성에 따라서
고안한 당년(當年)의 모더니즘이라 할 수 있다. 그렇기 때문에 그 작가들
과 비평가나 첨단을 사랑하는 사람들 사이에는 상당한 반향을 가지고
환영받았다."고 슌센은 말하였다.[*8] '당년의 모더니즘'이라는 말에는 삽
화계에 의도적으로 신풍을 불어넣었다는 자부심을 볼 수 있다.

　슌센은 이러한 삽화의 새로운 바람과 다케히사 유메지, 와타나베
요헤이(渡辺与平)의 컷 그림의 새로운 바람을 관련지우는 것으로 파악
하고 있다. 슌센은 "유메지, 요헤이, 그것은 달콤한 감상과 새로운 형
식에 따라 청년 자녀의 취향에 편승하여 인기를 얻고 있었다."고 지적
하며 "모두 독립된 컷 그림이며 일종의 서정적 시화"였다고 말하고
있다.[*9]

　컷 그림계의 총아가 된 유메지는 라쿠요도(洛陽堂)라는 출판사로부
터 최초의 컷 그림집『유메지화집 봄의 권(夢二画集 春の巻)』을 1909년
12월에 간행하였다. 이것이 독자들에게 받아들여졌기 때문에『유메지
화집 여름의 권(夏の巻)』(1910년 4월), 『유메지화집 꽃의 권(花の巻)』
(1910년 5월), 『유메지화집 여행의 권(旅の巻)』(1910년 7월), 『유메지화집
가을의 권(秋の巻)』(1910년 10월), 『유메지화집 겨울의 권(冬の巻)』(1910
년 11월) 등 같은 취향의 컷 그림집이 연이어 간행되었다. 유메지의
서정화가 숙성된 사례로서『유메지화집 꽃의 권(花の巻)』에서 여행지
에 있는 여성상을 그린 목판화를 한 장 게재해 둔다(그림 4).

　와타나베 요헤이는 교토시립 미술공예학교(美術工芸学校)를 졸업 후

상경하여 화가를 목표로 하면서 『호토토기스(ホトトギス)』, 『일본(日本)』에 컷 그림을 기고하였다. 1910년 11월에 『어린이 그림이야기(コドモ絵ばなし)』(岡村書店, 1914년 2월), 12월에 『요헤이화집(ヨヘイ画集)』(文栄閣書店·春秋社書店, 1910년 12월)을 간행하였다.

[그림 4] 다케히사 유메지(竹久夢二) 『유메지화집(夢二画集) 꽃의 권(花の巻)』으로부터

유메지, 요헤이라는 인기 작가의 등장으로 컷 그림은 '서정적 시화'로서 인기를 얻었지만, 슌센은 그 전사(前史)가 있었던 것을 놓치지 않고, "초화(草画), 장화(装畫)[7], 만화(漫画, 지금 말하는 그것과는 조금 기분이 다르다)라고 칭하였던 컷 그림은, 이 두 사람보다 이전에 오가와 우센(小川芋銭), 고스기 호안(小杉放庵), 유키 소메이(結城素明), 이시이 하쿠테이(石井柏亭)·이시이 쓰루조(石井鶴三) 형제, 모리타 쓰네토모(森田恒友), 야마모토 가나에(山本鼎) 그 외 다수 동료들"이 있었는데 "오타 사부로의 화집도 다소 센티멘털한 제재의 것은 상당한 팬을 가졌으며 젊은 날의 야마무라 고카(山村耕花), 고야마 에이타쓰 등이 이미 새로운 삽화를 시도하고 있었다"고 말하고 있다.[*10]

'초화(草画)'란 근세기의 개념으로 약필에 의한 경쾌한 터치의 그림을 가리키며, '만화'는 마음이 가는 대로 즉흥적으로 그려진 그림을 가리킨다. 여기서 말하는 '만화'에는 골계미나 풍자적 요소는 반드시

---

7) 책의 장정으로서 배치된 그림.

포함되어 있지 않다. 오가와 우센은 하이가(俳画)[8]의 근대화를 도모하
였고, 고스기 호안은 약필에 의한 목판의 컷 그림을 독자적으로 '목판
만화'라고 불렀다.[*11] 유키 소메이, 이시이 하쿠테이는 『명성(明星)』에
서 활약하였고 하쿠테이의 동생 이시이 쓰루조는 다이쇼기에 독자적
인 삽화 세계를 개척하였다. 모리타 쓰네토모, 야마모토 가나에는 잡
지 『호슨(方寸)』의 동인이며, 목판, 석판의 새로운 표현을 모색하고
있었다. 오타 사부로(太田三郎)는 소품화집 『움돋이(蘖)』(精美堂 · 博文
館, 1911년 6월)로 연필 데생의 선이나 색판과 색지를 부분적으로 사용한
컬러인쇄의 가능성을 널리 시도하고 있었다. 『화초그림이야기(草花絵
物語)』(精美堂 · 博文館, 1911년 2월)에서는 색채가 풍부한 그림 이야기를
표현하고 있다. 오타 사부로는 이 시기의 컷 그림, 스케치 화집이 독자
의 시각적 욕구를 만족시키는 것임을 인쇄의 색채효과나 참신한 도안
에 의해 제시하고 있다는 점에서 높이 평가할 수 있다. 야마무라 고카
는 누마다 류호(沼田笠峰)의 글에 그림을 맞춘 서정적인 컷 그림집 『그
림 양산(絵日傘)』(金盛堂, 1911년 3월)을 간행하였고, 고야마 에이타쓰는
무사 그림을 가장 잘 그리는 화가로서 활약하게 되었다.

    삽화와 컷 그림은 각각 그 기원이 다르지만 활판의 시대에 목판을
재인식시키고 그것들을 모은 화집이 독자들에게 수용되어 이를 계기
로 하여 다양한 삽화책의 발간이 시도되기에 이르렀다.

---

8) 일본화 중에서 하이카이 정취가 있는 약필의 담채화 또는 묵화인데 주로 하이쿠(俳句)와
   일체가 되어 제시하였다.

3. 소설의 화상(画像)화와 인쇄기법

『금색야차(金色夜叉)』의 화상화

화집 간행의 큰 파도가 생겨난 메이지 말에 두 권의『금색야차』[9]의 화보, 그림 두루마리가 나타났다. 오타 사부로·가와바타 류시·나토리 슌센의『금색야차 화보(画譜)』상권(精美堂発行, 博文館発売, 1911년 12월) 과 가부라키 기요카타(鏑木清方)의『금색야차 그림 두루마리(絵巻)』(春陽堂, 1912년 1월)이다. 『금색야차 화보』의 하권이 간행되지 않은 것은 상권간행 후 곧바로『금색야차 그림 두루마리』가 상재된 것이 그 원인이라고 생각된다. 두 서적 모두 오자키 고요(尾崎紅葉)의 본문을 초출(抄出)하고 거기에 그림을 조합하고 있다. 오른쪽 페이지에 초출 본문, 왼쪽 페이지에 그림이 배치되는 것이 기본 구성이다. 화보라는 말은 서지학에서는 '통상 에도시대 중기 이후 특정 화가나 유파, 혹은 일정한 분류에 따라서 편찬한 회화를 수집, 또는 화법(畫法)을 도해(圖解)한 판본을 가리키는 경우가 많다'라고 한다.[*12] 『금색야차 화보』상권에서는 그림을 주체로 하여 소설을 그림 이야기처럼 시각화하는 것을 '화보'라고 파악하고 있다.

고요의 소설『금색야차』는『요미우리신문(読売新聞)』에 1897년부터 1902년에 걸쳐 단속적으로 게재되었다. 연재시에 삽화가 들어간 것은

9) 오자키 고요(尾崎紅葉)의 소설로서 1897~1902년 사이에 계속하여 발표되었고 1903년에는 기발표의 마지막 3장분을 「신속 금색야차(新続金色夜叉)」라고 제명하여『신소설(新小説)』에 재게하였으나 중절. 금전을 위해 약혼자인 시기사와 미야(鴫沢宮)가 자산가인 도미야마 다다쓰구(富山唯継)와 결혼하는 것을 안 하자마 간이치(間貫一)가 고리대금업자가 되어 복수한다는 이야기이다. 당시 신파극으로 최고 인기를 구가하였으며 영화, 유행가 등으로도 큰 인기를 얻었다.

「속속 금색 야차(續々金色夜叉)」7~13(1900년 12월 4일~1901년 4월 8일) 뿐이며, 화가는 가지타 한고(梶田半古)였다. 단행본은『금색야차 전편 (前篇)』(1898년 7월),『금색야차 중편(中篇)』(1899년 1월),『금색야차 후편 (後篇)』(1900년 1월),『금색야차 속편(續篇)』(1902년 4월),『속속(續続) 금 색야차』(1903년 6월, 1905년 7월 제7판부터「신속(新続) 금색야차」를 추보) 5권이 슌요도(春陽堂)에서 간행되었다. 속편까지의 4권에는 권두그림 이 붙어 있었지만 삽화는 없었다. 고요의 질병에 의한 사망에 의해 미완으로 끝났지만 연극화도 이루어져 메이지 말에는 메이지 문학의 대표작으로서 대중에게 침투하고 있었다. 작자 고요는 삽화를 불필요 하다고 여기고 있었지만, 연극화나 다른 작자에 의한 속편의 간행에 의해 이야기의 시각화에 대한 관객, 독자들의 욕구는 높아지고 있었다.

　『금색야차』의 주요한 스토리는 다음과 같다. 일찍 부모님을 잃은 주인공 하자마 간이치(間貫一)는 아버지에게 은의(恩義)가 있는 시기사 와 류조(鴫沢隆三)의 집에 맡겨졌다. 시기사와의 딸 미야(宮)는 하자마 간이치를 좋게 생각하고 있었지만, 카루타(カルタ)모임에 참가한 것이 계기가 되어 부호 도미야마 다다쓰구(富山唯継)가 첫눈에 반하였다. 자산가 도미야마를 선택한 미야에게 하자마 간이치는 고리대금업자 가 되어 복수한다. 도미야마를 선택한 미야의 동기는 명확하지 않지 만, 결혼 후 미야는 깊게 후회한다.

『금색야차 화보』 상권

　간행이 조금 앞서 있던『금색야차 화보』상권부터 검토해 보자. 우 선, 오타 사부로는『움돋이(蘗)』등의 소품 스케치집을 내고 있으며 화상의 출판에 풍부한 경험이 있었다. 표지에는 금련화라고 생각되는 꽃이 그려져 있다. 오타의 그림은 연필 데생의 터치와 과감한 약필이 특징이며 컬러 인쇄판의 표현에 뛰어났다. 가와바타 류시도『만화 도쿄일기(漫画東京日記)』(新潮社, 1911년 7월)를 상재하고 있으며, 신문, 잡지의 삽화, 컷 그림에서 활약하고 있었다. 나토리 슌센은 앞서 보았듯이 삽화의 혁신자이며 목판의 다양한 표현 효과를 시행, 실천함과 더불어 근세의 초화(草画)[10]로 이어지는 경쾌한 터치를 특색으로 하고 있었다. 세 사람이 서문을 쓰고 있지만 모두 거리를 두고『금색야차』를 바라보고 있다.

　오타는 1884년생, 가와바타는 1885년생, 나토리는 1886년생으로『금색야차』가 신문 연재되어 있을 때는 10대 중반이다. 오타는 ‘14, 15살 무렵’에 읽었다고 말하며 등장인물들은 “모두 이미 자신과 친한 사람이 아니다”라고 말하고 있지만, 오히려 거리가 있는 곳에 자신의

[그림 5] 『금색야차 화보(金色夜叉画譜)』 상권 삽화로부터.
오타 사부로(太田三郎画) 그림

---

10) 수묵화나 담채화에서 약필(略筆)의 회화를 가리키는데 주로 남화(南画)에 많았다.

"구사조시(草双紙)를 좋아하는" 마음이 일어나 "거의 골동적인 흥미"에서 그려보았다고 한다.[13] 가와바타는 이번에 처음 읽었다고 하며 "개념적인 인상밖에 받을 수 없었다"라고 솔직히 고백하고 있다.[14] 슌센은 소설의 등장 인물과 자신들 사이에는 "메이지 30년과 40년이라는 차이 정도의 격차는 감정에도 있다."라고 말하고 그 10년 차이의 고증에 노고가 있었음을 고백하고 있다.[15] 그러나 그러한 세대의 거리가 이야기에 대담한 화상(畫像)을 공명시키는 시도를 가능하게 만드는 측면이 있다. 예를 들어, 오타는 연극화에 의해 잘 알려지게 된 아타미(熱海) 해안에서의 이별 장면인 "내년의 이달 오늘 밤이 되면, 내 눈물로 반드시 달을 흐리게 해 보일테니까"라고 하는 미야에 대한 간이치의 원망하는 말에, 검은 달에 뱀이 휘감은 화상을 대고 있다(그림 5). 소설의 장면을 사실적으로 설명하지 않는 우의적인 표현이다.

컬러 인쇄 목판의 표현도 고안되어 있었다. 타인의 아내가 되기 전의 미야에 대한 미련을 끊지 못해 '마도(魔道)'에 떨어져 "있는 곳은 항상 삭풍이 돌아 백일(白日)을 볼 수 없고, 가고 가더라도 무명장야(無明長夜) 지금에 이르기까지 1460일"이라는 상황에 있는 간이치의 모습을, 가와바타 류시는 다색 목판에 의해 참신한 이미지로 완성하고 있다(그림 6). 귀신과 같은 야차(夜叉)의 팔에 벌거벗은 몸의 하자마 간이치가 안겨 있다. 금전의 망자(亡者)가 되어 마도에 떨어진 간

[그림 6] 『금색야차 화보(金色夜叉画譜)』 상권 삽화로부터. 가와바타 류시(川端龍子) 그림, 다색 목판(多色木版).

이치가 表現되어 있지만 또 다른 의미도 암시하고 있다. 야차의 모델로 여겨지고 있는 금강야차(金剛夜叉) 명왕(明王)은 수호신이며, '마도'에 떨어진 간이치의 행동에는 주관적인 것이지만 어쩔 수 없는 올바름이 관여하고 있는 것도 암시되고 있어서 그림에 의한 독자적인 작품 해석이 제시되어 있다.

『금색야차 그림 두루마리』

『금색야차 그림 두루마리』는 속표지에 고요산진(紅葉山人) 원저, 가부라키 기요카타(鏑木清方) 그림이라고 적혀 있으며, 초출한 원문에 기요카타가 단독으로 그림을 붙인 것을 알 수 있다. 표지에는 고요의 호와 연관지어 겐지코(源氏香)의 '모미지노가(紅葉賀)'의 권을 나타내는 그림을 곁들이고 있다. 『금색야차 화보』 상권과 비교하면 『금색야차 그림 두루마리』 쪽은 삽화나 니시키에(錦絵)의 전통을 근거로 하여 사실적인 표현을 중시하면서 이야기를 그림으로 그리는 새로운 수법을 확립하려고 하였다고 할 수 있을 것이다.

기요카타는 『야마토신문(やまと新聞)』을 창립한 조노 사이기쿠(条野採菊)의 3남으로서 1878년에 태어났다. 화가로서는 미즈노 도시카타(水野年方)의 가르침을 받고 아버지의 권유도 있어서 10대 중반부터 컷 그림이나 삽화를 그리기 시작해 권두그림 작자로서도 활약한다. 메이지 30년대 중반부터는 전통적인 일본화, 즉 전람회에 출품하는 본격적인 회화에 기요카타는 힘을 쏟지만, 삽화, 권두그림을 완전히 단념한 것은 아니었다. 기요카타는 단행본 『금색 야차 속편』에 미야의 수사(水死) 장면을 그린 권두그림을 담고 있다. 기요카타는 『금색야차』에는 "10장 정도 아름다운 그림이 될거라고 생각하는 바"가 있어

[그림 7] 『금색야차 그림 두루마리(金色夜叉絵巻)』
권두화, 가부라키 기요카타(鏑木淸方) 그림,
니시무라 구마키치(西村熊吉) 판본, 다색 목판.

[그림 8] 『금색야차 그림
두루마리』 권두화의 확대도

'화보'를 그려보고 싶다는 희망을 적고 있다.[*16]

1927년 기요카타는 이즈미 교카(泉鏡花)의 『주문장(註文帳)』을 바탕으로 13장의 연작을 제작하여 향토회전에 출품하였다. 이야기를 반지판(半紙判)의 종이에 연작하여 그것을 판화 등의 판식(版式)에 의해 복제해 사람들이 근처에서 감상할 수 있는 것을 기요카타는 '탁상 예술'이라고 부르고 있었다.[*17] 『금색야차 그림 두루마리』는 책의 형태를 취한, 그림에 의한 이야기의 재현이라는 면에서는 탁상 예술의 선구 형태를 제시하였다고 생각해도 좋을 것이다.

『금색야차 그림 두루마리』에서는 단색 목판, 다색 목판, 다색 석판이 중시되고 있다. 권두그림의 다색 목판은 니시키에의 전통에 서서 남편을 내보낸 후 고뇌하며 침대에 몸을 던지는 미야를 포착하고 있다(그림 7). 인쇄는 당시 명수라고 불린 니시무라 구마키치(西村熊吉)가 담당하였다. 하오리(羽織)의 미묘한 색의 변화, 귀밑머리가 입술에 걸리는 등의 표현은 훌륭하다. 귀밑머리 부분의 확대도를 보면 조각의 정밀도를 확인할 수 있다(그림 8).

미야 비교

『금색야차 화보』 상권의 카르타 모임에서 미야를 포착한 오타 사부로의 다색 목판과 비교하면, 기요카타의 권두 그림에는 전통적 감각을 의식하고 있었던 것을 이해할 수 있을 것이다. 오타의 미야 이미지는 즉흥적인 데생의 터치를 살린 모더니즘을 느끼게 한다(그림 9). 대담하게도 여주인공의 얼굴 부분에 연필 선(線) 같은 터치의 그림자 라인을 넣고 있다. 기모노의 색채도 윤곽에서 불거져 나온다. 색판을 거듭한 후에 마지막으로 윤곽선의 주판(主版)을 두고 있다. 얼굴 부분의 확대도를 보면 판(版)의 겹침과 압력에 의해 태어난 불규칙한 문양을 확인할 수 있다(그림 10).

[그림 9] 『금색야차 화보(金色夜叉画譜)』 [그림 10] 『금색야차 화보(金色夜叉画譜)』
상권 삽화로부터. 오타 사부로   상권 삽화 확대도
(太田三郎画) 그림, 다색 목판.

전통과 모더니즘이라고 하는 감각의 차이는 있지만, 색채 표현의 미디어로서 목판화가 달갑게 받아들여진 것은 복수의 판에 의한 색채가 인쇄의 압력으로 거듭 이루어지고 다층적인 깊이가 표현되기 때문이었다. 새로운 기법인 삼색판(三色版)은 삼원색을 도트로 분해해 그것을 배합하는 것으로 색채를 표현했지만, 촉감이 있는 깊이를 표현할 수 없었던 것이다. 목판화에서는 완전히 기계화되면 잃어버리는 이러한 손작업의 요소가 독자의 시각적 욕구를 채우고 있어서 그것은 근세로부터의 전통으로 이어지고 있었다.

다만, 기요카타는 기술적으로 완성된 분업체제가 확립된 목판화보다 화가가 원화(原畵)를 그릴 수 있는 석판에 가능성을 발견하고 있었다. 다색인쇄 기법으로 보급된 석판은 지방을 흡수하는 석판석과 지방과 수분의 반발작용을 이용한 평판(平版) 인쇄기법으로 석판석 대신 금속이 사용되기도 했다. 석판에서는 화가가 원화를 직접 그릴 수 있어 그것을 바탕으로 장인이 복수의 판을 작성해 정밀도가 높은 컬러인쇄가 제작되었다. 부호인 도미야마 다다쓰구에게 발탁된 후, 간이치가 돌아오기를 기다리는 미야가 생각에 잠기고 있다(그림 11). 오른쪽 페이지의 초출 본문의 일절을 인용하면, "우젠(友禪) 모양이 있는 자색 치리멘(縮緬)[11]의 장식용 깃에 숨겨진 그녀의 가슴을 생각하라. 그 가슴 속에 그는 지금 어떠한 것을 생각하는지를 생각하라. 그녀는 밉지 않은 사람이 돌아오기를 몹시도 기다리고 있었다."라고 되어 있다. 벽의 그림자에 대해서는 "배후의 벽에 비치는 검은 그림자마저 향이 넘쳐나는 듯하다."라고 되어 있어서 미야가 아름다운 것은 말할 필요도 없지

---

11) 표면에 섬세한 오글쪼글한 주름이 있는 견직물.

[그림 11] 『금색야차 그림 두루마리
(金色夜叉絵巻)』 삽화, 가부라키
기요카타(鏑木清方) 그림, 다색석판(多色石版)

[그림 12] 『금색야차 그림 두루마리
(金色夜叉絵巻)』 삽화 확대도

만 그 그림자조차 품위있고 곱다고 표현하고 있다.

그러나 기요카타의 그림에서는 그림자가 실재의 미야를 부추기는 유혹자인 듯 한데 도야마일까 간이치일까라고 하는 미야의 내면 갈등이 가시화되고 있다. 아타미의 해안에서 도야마와의 결혼을 결정한 미야를 '간부(姦婦)'라고 간이치는 욕하는데, 그러한 후속하는 이야기의 전개를 미리 가져와 독자에게 제시하고 있다고 이해할 수 있다.

니시무라 기요카즈(西村清和)는 서양의 미술로부터 배운 기요카타 등의 일본화나 삽화의 모티프와 구도는, "19세기 후반의 유럽의 소설 삽화, 특히 라파엘 전파에 전형적으로 보이는 〈몰입〉의 모티브"나 '내성(内省)의 시선'을 나타내고 있어서 '〈더불어 있는〉 시점'을 가능하게 하고 있다고 지적하고 있다.[*18] 판을 거듭하는 목판이나 석판의 깊이가 있는 표현이 그러한 '내성'의 표현을 기술적으로 지탱하고 있었다. 아미후세(網伏世)라는 지문(地紋) 필름을 통해 전사(轉寫)된 석판의 화상은 확대하면 문양을 확인할 수 있다(그림 12).

　이야기의 인물의 화상화는 젠더에 관한 시대의 코드를 부각시킬 수 있다. 내성(內省)을 보여주는 기요카타의 권두그림 속 미야도, 모더니즘의 세례를 받은 오타의 미야도 여성의 우수를 암시적으로 표현하고 있다. 작품 세계와 더불어 있는 공감적 시점에서 그려진 미야의 화상은 컨텍스트에서 스며나오는 영역이며 시대의 코드에 포박되어 살고 있는 여성의 우울을 대상화하고 있는 것이다.

인쇄 견본첩으로서의 기능

　콜로타이프는 사진제판의 기법으로, 젤라틴 등을 유리판에 부착시켜 그 위에 사진 네거티브를 인화하면, 연속계조(連続階調, 그러데이션)를 재현할 수 있었다. 『금색야차 그림 두루마리』의 간이치 친구로 영락한 아라오 조스케(荒尾譲介)가 미야에게 충고를 주는 장면은 콜로타이프 인쇄로 묵화 같은 감촉을 표현하고 있다(그림 13).

　일반적인 컷 그림의 조각에 성이 차지 않았던 기요카타는, 단색 목판 조각의 정도(精度)를 올려 중간 색조를 표현할 수 있는 고안을 하였다. 좌

[그림 13] 『금색야차 그림 두루마리(金色夜叉絵巻)』 삽화, 가부라키 기요카타(鏑木清方) 그림, 콜로타이프

[그림 14] 『금색야차 그림 두루마리(金色夜叉繪卷)』 삽화,
가부라키 기요카타(鏑木淸方) 그림, 단색 목판.

우 양페이지를 사용한 아타미 해안 장면의 표현에서는 활자도 도입한
깊이가 있는 화면을 단색 목판으로 실현하고 있다.(그림 14). 구사조시
(草双紙)의 기억이 재현된 판면(版面)이라고 해도 좋을 것이다.

　『금색야차 화보』 상권, 『금색야차 그림 두루마리』는 모두 인쇄 견
본첩(見本帖)처럼 다채로운 기법을 사용하고 있다. 다색 목판, 다색 석
판, 콜로타입, 삼색판, 사진판은 이 두 저작 공통의 기법이다. 이 밖에
『금색야차 그림 두루마리』에는 단색 목판이 있으며 『금색야차 화보』
상권에만 사용되고 있는 것이 아연 볼록판이다. 얇은 아연판에 사진제
판을 입혀 질산으로 부식시켜 판을 만드는 방법인데, 원화(原畫)의 축
소가 가능하여 섬세한 선의 표현이 가능해졌다. 예를 들면 세 명의
장사에게 습격당하는 하자마 간이치를 그리는 오타 사부로의 그림은
목판의 조각에서는 재현하기 어려운 교차하는 가는 선을 아연 볼록판

으로 표현하고 있다(그림 15).

『금색야차 화보』는 1엔 20전, 『금색야차 그림 두루마리』는 1엔 30전이었다. 동년대의 국판(菊判) 소설의 가격을 조사하면, 나쓰메 소세키의 『문(門)』(春陽堂, 1911년 1월)이 1엔 30전, 나가쓰카 다카시(長塚節)의 『흙(土)』(春陽堂, 1912년 5월)이 1엔 10전이다. 물론 페이지 수는 소설 쪽이 두 배 이상이지만 독자의 손이 닿지

[그림 15] 『금색야차 화보(金色夜叉画譜)』 상권 삽화, 오타 사부로(太田三郎画) 그림, 아연철판(亜鉛凸版)

않는 가격은 아니었다. 『금색야차 그림 두루마리』는 재판(再版)이 확인되었다.

4. 삽화책의 제상

컷 그림집, 스케치집, 삽화집

1911년 전후의 '화집(畫集) 전성기'에는, 근세로부터의 전통을 혁신한 삽화나 활판 인쇄에 의해 생기는 공백을 메우는 컷 그림이 삽화책 성행의 중심에 있으면서 다방면에 걸친 전개를 보였다. 그 모든 양상을 영역마다 총람하는 일은 어렵지만 예비적인 겨냥도를 제시해 두고 싶다. 다만, 미술관련 화집, 삽화가 들어간 교과서나 이공계의 실용적인 책은 여기에서는 다루지 않는 것으로 한다.

우선 유메지의 컷 그림집이나 슌센의 『데모화집(デモ画集)』 등 컷

그림, 삽화, 스케치를 정리해 간행한 것이 있다. 잡지나 신문지상에 게재된 컷 그림이나 삽화를 서적으로 만든 빠른 사례는, 잡지『명성(明星)』게재의 도판, 판화를 정리한 2권의『명성화집(明星画譜)』(東京新詩社, 1901년 12월, 1905년 12월)에서 볼 수 있다. 첫 번째는 단색 목판의 삽화와 사진망판의 서양화를, 두 번째는 12장의 다색 목판화를 수록하고 있다. 라쿠요도(洛陽堂)가 유메지의 컷 그림집을 간행하기 시작하는 것이 1909년이다. 유메지에 선행하는 오가와 우센(小川芋銭)과 오스기 호안(小杉放庵)의 시도는 근세의 초화(草画), 만화의 전통을 근거로 하고 있다. 복제에 의한 화상의 전달이 목판에 의해 이루어진 것은 근세 그림책의 전통을 재현하는 동기를 나타내고 있다. 또 독자의 측에 서면 유메지의 컷 그림집이나 슌센의 삽화집에서 볼 수 있는 근대의 새로운 감각의 표현이 받아들여졌다고 하는 점이다.

이것들은 일단 잡지, 신문상에 게재된 화상을 집성한 것인데, 예를 들면『스케치화집(スケッチ画集)』(博文館·日本葉書会, 1907년 5월),『스케치화집 제2집』(博文館·精美堂, 1910년 5월)에는, 직업이나 극장, 미술학교의 모델실, 지방 풍경, 도시 풍경 등의 제상이 포착되어 있어서 근대 일본을 시각적으로 포착한 도상(圖像)의 아카이브화라는 기능을 가지고 있었다. 또한 유메지와 요헤이의 컷 그림집은 서정화로서의 흐름을 만들었다. 이 화집은 독자에 대해 그림본, 즉 그림을 배울 때의 교과서적인 역할도 담당하고 있었다. 오사카에서 활약한 우자키 스미카즈(宇崎純一)의『스미카즈화의 그림본(スミカズ画ノ手本)』(家村文翫堂, 1919년 9월)은, 신변의 사물, 풍경, 인물 등의 그림을 담담하게 늘어놓고 있을 뿐이지만 근대 생활의 카탈로그로서도 조망할 수 있다.

하이가(俳画), 만화

근세의 전통으로 이어지는 것으로서는 근대의 하이가집이 있는데, 오가와 우센의 『구사노시루만화(草汁漫画)』(日高有倫堂, 1908년 6월)는 하이가를 중심으로 컷 그림을 정리한 것이다. 그 밖에, 나카무라 후세쓰(中村不折) 그림, 가와히가시 헤키고토(河東碧梧桐) 구(句) 『하이가법(俳画法)』(光華堂, 1909년 6월), 나카무라 후세쓰의 『후세쓰 하이가(不折俳画)』(光華堂, 상: 1910년 3월, 하: 1910년 4월)가 있다. 이들은 다색인쇄 목판화와 구(句)의 말과 그림의 색다른 울림에 그 특징이 있으며, 후자의 요소는 다케히사 유메지에 자극을 주었다.

만화라는 단어는 처음에는 근세의 약필화, 초화를 가리키고 있었다. 오스기 호안은 『만화일년(漫画一年)』(左久良書, 1907년 1월), 『만화천지(漫画天地)』(左久良書房, 1908년 1월)에서는, 이미 발표된 컷 그림에 문학자로부터 문자를 추가해 받아 그림과 문장을 조합하는 스타일을 만들었다.

1912년에 도쿄아사히신문사(東京朝日新聞社)에 입사한 후의 작품을 정리한 오카모토 잇페이(岡本一平)의 『탐방화취(探訪画趣)』(磯部甲陽堂, 1914년 6월)에서는, 그림에 문장에 의한 해설을 붙인 스타일이 확립되었다. 오카모토는 서문에서 '신문의 삽화'라는 말을 사용하고 있다. '삽화'에는 시사세상(時事世相)을 포착한 것이라는 의미가 생겨났다. 컷 그림집에 있었던 근대 생활 카탈로그로서의 성격이 한층 자각된 형태가 '신문의 삽화'에는 있다. 잡지나 신문에 게재된 만화를 정리한 것으로는, 이자와 덴요(飯沢天羊)의 『매도만화(罵倒漫画)』(日高有倫堂, 1910년 8월), 핫토리 료에이(服部亮英)의 『만화만문 두더지(漫画漫文 もぐらもち)』(紅玉堂書店, 1925년 3월) 등이 간행되고 있다. '만화'라는 단어에 시사풍자와 골계미가 더하게 되었다.

국내외의 기행

컷 그림의 일부는 여행의 기록으로서도 기능하고 있었다. 오스기 호안의 『시흥화취(詩興画趣)』(彩雲閣, 1907년 6월), 『만화와 기행(漫画と紀行)』(博文館, 1909년 5월)은, 컷 그림과 함께 단색 목판의 그림이 들어간 기행을 수록하고 있다. 기행이라는 분야에서는 여행의 풍경을 그린 그림을 포함한 수많은 삽화책을 발견할 수 있다. 다색 목판이나 다색 석판, 삼색판을 사용한 기행으로서는 가나오 분엔도(金尾文淵堂)의 『도읍지 구경(畿内見物)』의 시리즈(『야마토의 권(大和の巻)』 1911년 2월, 『교토의 권(京都の巻)』 1911년 2월, 『오사카의 권(大阪の巻)』 1912년 7월)가 문학자의 기행문과 화가의 그림을 아울러 수록하고 있다. 이러한 다색 목판, 다색 석판을 사용한 기행은 그림엽서나 수채화의 유행을 배경으로 다수 간행되었다.

예를 들면, 고바야시 가네키치(小林鐘吉)의 『그림 행각(画行脚)』(彩雲閣, 1908년 5월)은 사생 여행의 스케치와 기행문을 모은 것이다. 고바야시는 '스케치 화가'의 독자를 향한 안내로 삼고 싶다고 범례에 기술하고 있어서, 기행문은 문장에 의한 사생을 나타낸 것이라고 말하고 있다. 다색 목

[그림 16] 『그림 행각(画行脚)』 삽화, 고바야시 가네키치(小林鐘吉) 그림, 다색 목판.

판의 기계화를 도모하여 미묘한 색채의 변화가 표현되고 있다(그림 16). 이와키리 신이치로(岩切信一郎)는 메이지 30년대에 목판 원판으로부터 종이형 납판, 전주판(電鑄版) 등 복제를 만드는 '복제판(Duplicate plate)'이 사용된 것을 지적하고, 색칠에 대해서는 색판(色版)을 복제해 석판 잉크로 기계 인쇄하여 윤곽선의 판(版)을 겹쳐 인쇄하는 방법에 대해서도 언급하고 있다.[19]

해외 기행의 사례도 있다. 유학 자금을 얻기 위해 컷 그림집『구니스케 화집(邦助画集)』(画報社, 1911년 1월)을 간행한 하시모토 구시스케(橋本邦助)는 1910년부터 다음 해에 걸친 프랑스 유학의 기록인『파리 그림일기(巴里絵日記)』(博文館, 1912년 7월)를 간행하였다. 일기와 스케치는 각각 책을 2분하는 분량인데, 독자는 그림과 문장으로 파리 풍속을 시각적으로 추체험할 수 있다.

소설, 고전의 화상화와 금속판으로의 이행

소설을 시각화하려는 시도는 앞에서 언급한『금색야차화보』상권, 『금색야차 그림 두루마리』외에, 나카자와 히로미쓰(中沢弘光)의『불여귀 화보(不如帰画譜)』(左久良書房, 1911년 1월), 기쿠치 유호(菊池幽芳)의 소설 삽화를 정리한 가부라키 기요타마(鏑木清方)의『유리코 화집(百合子画集)』(金尾文淵堂, 상: 1914년 1월, 하: 1914년 5월) 등이 있다. 이들은 당시의 인쇄 기술을 구사하여 아름다운 화상을 많이 게재하고 있어서 아트북의 측면이 있었다. 오스기 호안의『신역 그림책 수호전(新訳絵本水滸伝)』(左久良書房, 1911년 3월), 『신역 그림책 서유기(新訳絵本西遊記)』(左久良書房, 1910년 1월), 나토리 슌센이 풍부한 삽화를 담당한 시부카와 겐지(渋川玄耳)의『고지키 그림이야기 일본의 신(古事記絵はなし日本の神

樣)』(有楽社, 1911년 2월) 등 고전 작품의 시각화도 이루어지고 있었다. 또한 요사노 아키코(与謝野晶子)의 번역에 의해 가나오분엔도에서 1912년부터 1913년에 걸쳐 간행된 4권의『신역 겐지모노가타리(新訳源氏物語)』(상, 중, 하의 1, 하의 2)에는 나카자와 히로미쓰에 의한 다색 목판의 권두화와 삽화가 다수 게재되었다. 이들은 삽화의 자립이라는 측면이 있어서 시각적으로 이야기를 향수할 가능성을 나타내고 있었다. 단색 화상의 인쇄기법으로서는, 목판에서 금속판(아연 볼록판)으로 이행이 보였다. 국반절판(菊半截判)의『유메지 화집(夢二画集)』(三英堂書店, 1914년 1월)은 사진제판으로 원도판을 축소하여 금속판으로 만든 것인데, 목판 선의 좋은 예리함은 잃었다. 그러나 오오타 사부로가 시도한 것처럼 금속판은 목판에서는 불가능한 세밀한 표현을 가능하게 하였다. 아트북의 측면을 가진 다니자키 준이치로(谷崎潤一郎)의『인어의 한탄 마술사(人魚の嘆き魔術師)』(春陽堂, 1919년 8월)에서 미즈시마 니오우(水島爾保布)의 삽화는 렌출판사의 영역 제2판인 오스카 와일드『살로메』(1907년)의 비어즐리 삽화에서 보이는 금속판에 의한 정치한 선묘(線描)에서 배우고 있다. 스스로 '서정판화'라고 부른 삽화를 집성한 후키야 고지(蕗谷虹児)의『나의 화집(私の画集)』(交蘭社, 1925년 2월)은 금속판의 세밀한 묘사에 의한 표현이 소녀문화로서 대중적으로 폭넓게 수용되었음을 보여주고 있다. 〈공(鞠)〉이라는 작품의 보풀이 이는 윤

[그림 17] 후키야 고지(蕗谷虹児) 〈공(鞠)〉,
『나의 화집(私の画集)』, 아연철판

곽선은 분명히 금속판에 의해 촉각적 시각의 효과를 개척한 비어즐리의
영향을 보여주고 있다(그림 17).

손작업의 시대애서 표상과 기호의 시대로

목판, 석판을 핵으로 한 1910년대의 〈책의 그림〉의 문화는 사진제
판, 오프셋 인쇄, 그라비아인쇄의 진전에 의해 어쩔 수 없이 전환하지
않을 수 없었다. 유의하고 싶은 것은 오래된 기술이 새로운 기술에
패배했다고 하는 단순한 역학이 작동하였던 것은 아니라는 점이다.
다색 목판의 기계인쇄에서는 롤러가 사용되었고, 석판 인쇄의 기계화
는 윤전식 인쇄의 진화를 가져왔으며 오프셋 인쇄의 실용화로 이어진
것이다.

일본에서 오프셋 인쇄기의 개발은 1906년부터 1909년경의 일로,
목판이나 석판의 아름다운 서적이 만들어진 시대와 중첩된다. 오프셋
이란 판면으로부터 일단 고무피막의 블랭킷에 잉크를 전사(轉寫)하고,
그로부터 다시 지면에 인쇄를 실시하는 것을 가리킨다. 압력이 일정하
고 뒷면이 비치는 일도 없으며 균일하고 고속으로 대량 인쇄가 가능하
게 되었다. 당시 컬러인쇄는 다색 목판이나 다색 석판이 이용되었지
만, 조각이나 인쇄, 묘화(描畵)나 판의 분색(分色)에 숙련된 손작업이
불가피하고 아름다운 대신에 제판에 품이 들며 인쇄 부수에는 한계가
있었다. 이 한계를 뛰어넘는 기술은 오프셋 인쇄였다. 1930년대에는
포스터, 광고 전단지, 잡지 표지, 그림책 등 다양한 매체의 컬러인쇄를
오프셋이 담당하게 되었다.

판화가, 장정가로서 활약한 온지 고시로(恩地孝四郎)가 편집한『서창
(書窓)』이라는 잡지가 있다. 애서가(愛書家)를 위해『서창』이라는 잡지

그 자체가 아트로서 남을 것을 예상해 만
들어졌다. 제2권 5호(アオイ書房, 1936년
2월)는 '인쇄연구 특집'이며, 그라비아나
오프셋 등 인쇄 기술에 대한 다양한 논고
가 수록되어 있다(그림 18). 아름다운 잡
지를 목표로 한 『서창』은 5호 이후, 권두
화의 목판화를 제외하고 본문, 삽화 도판
모두 오프셋 인쇄에 의해 만들어지고 있
다. 활자조판을 백지에 인쇄한 후 그것을
사진제판하여 인쇄하는 것이다.*20 『서
창』의 인쇄면은 아름답지만 아우라가 없

[그림 18] 「인쇄연구 특집(印刷研究
特集)」, 『서창(書窓)』 제2권 제5호

는 균질함을 나타내고 있다.*21 또한 권두화의 목판화는 인쇄(print)로부
터 이탈하여 아트의 영역으로 이행하였다.

사진제판의 진화와 오프셋 인쇄나 그라비아 인쇄의 진화는 목판이
나 석판에 남아 있던 〈판(版)의 표현〉에서 수작업의 관여를 소멸시켰
다. 사진제판의 고도화에 의해 화상 모사의 정밀도는 향상되었지만
표현성 관여의 여지는 거의 없어졌다. 판면이 균일화했기 때문에 목판
이나 석판에 있던 고유한 감촉은 잃어버린 것이다.

이것을 〈책의 그림〉의 문화라는 관점에서 생각하면, 〈판의 표현〉에
담긴 제작자의 신체성의 투영을 독자가 향수하고 있었던 화상이 기계
화, 균일화된 대량인쇄의 실현에 의해, 신체성으로부터 분리된 표상
과 기호의 대역(帶域)으로 이행해 갔음을 나타내고 있다. 화상인쇄는
신체성이 연장된 제작자의 각인이라는 아우라를 잃고 복제된 표상과
기호의 바다를 표류하는데, 그곳에는 권력과 관리의 그림자가 짙게

깔리게 되었다.

원저자 주

*1 湯浅淑子, 「絵本」(『日本古典籍書誌学辞典』, 岩波書店, 1999).

*2 湯浅淑子, 「絵入り本」(『日本古典籍書誌学辞典』, 岩波書店, 1999).

*3 大西廣, 太田昌子, 「絵の居場所11 出版メディアの時代の絵の居場所」(『朝日百科・日本の国宝別冊 国宝と歴史の旅11』, 朝日新聞社, 2001).

*4 大西廣, 「絵本、絵手本、画譜のアーカイヴ−図像の社会的な共有の在り方が変わっていった」(太田昌子編『絵本・絵手本シンポジウム報告書 江戸の出版文化から始まったイメージ革命』, 金沢芸術学研究会, 2007).

*5 森田草平, 「序」(名取春仙『デモ画集』, 如山堂書店, 1910).

*6 전게 주 5.

*7 名取春仙, 「私の純文芸挿画時代回顧」(『さしゑ 名作挿絵全集第3巻附録』第3号, 平凡社, 1935).

*8 전게 주 7.

*9 전게 주 7.

*10 전게 주 7.

*11 小杉未醒, 「自序」(『漫画天地』, 左久良書房, 1908).

*12 大久保純一, 「画譜」(『日本古典籍書誌学辞典』, 岩波書店, 1999).

*13 太田三郎, 「▲▲▲」(『金色夜叉画譜・上』, 博文館, 1911).

*14 川端龍子, 「○」(『金色夜叉画譜・上』, 博文館, 1911).

*15 名取春仙, 「金色夜叉画譜問答(序に代へて)」(『金色夜叉画譜・上』, 博文館, 1911).

*16 鏑木清方, 「小説の挿画」(『絵画叢誌』331号, 1915). 단 인용은『기부라키 기요타카 삽화도록 문예구락부편(1)[鏑木清方挿絵図録 文藝倶樂部編(一)]』(鎌倉市鏑木清方美術館・財団法人鎌倉市芸術文化振興財団編, 2003) 수록의 번각에 따랐다.

*17 鏑木清方, 「山の手の住居」(『続こしかたの記』, 中央公論美術出版, 1967).

*18 西村清和, 「第9章 明治期小説の「改良」と挿絵」(『イメージの修辞学』, 三元社, 2009).

*19 岩切信一郎, 「メディアとしての版画−近代版画揺籃期の考察」(木下直行編, 『講座日本美術史 第6巻 美術を支えるもの』, 東京大学出版会, 2005).

*20 椙江三郎, 「オフセット印刷の工程「書窓」の製版印刷を中心として」(『書窓』第2巻5号, 1936).

*21 발터 벤야민은 1936년에 쓴 「복제기술시대의 예술작품(複製技術の時代における芸術作品)」(『보들레르 외 5편(ボードレール 他五篇)』, 野村修編訳, 岩波文庫, 1994)에서, '1회만의 현상'을 '아우라'라고 부르고 "복제기술시대의 예술작품에서 사라져가는 것은 작품의 아우라이다"라고 지적하였다. 인쇄기술은 복제기술의 하나이며 아우라를 소멸시키지만, 벤야민은 목판이나 석판에는 '손'이 관련함을 지적하고 있다. 회화의 대량복제를 가능하게 한 석판은 곧 사진에 추월되었는데, 그러한 것을 벤야민은 "사진은 영상의 복제과정에서 예술가로서의 매우 중요한 책무로부터 처음으로 손을 해방시켰다"고 지적하고 있다. 목판, 석판에는 '손'이 관계된 아우라의 잔영이 있었지만 사진 복제에 의해 그것은 소멸한 것이다.

제2장

춘화를 둘러싼 신체성

- 즐기다, 숨기다, 휴식하다 -

야마모토 유카리(山本ゆかり)

1. 들어가기

춘화(春畵)를 둘러싼 사회 상황은, 헤이세이(平成)에 들어갈 무렵부터 커다란 변모를 이루어 왔다. 호사가가 가만히 감상·연구하는 대상이었던 춘화가 수정을 가하지 않고 출판되기에 이르렀고, 최근에는 춘화로 특화한 전람회가 개최(『춘화전』, 永靑文庫, 2015년)되었다. 최근의 동향을 되돌아보는 것만으로도 춘화를 둘러싼 사람들의 감각은 크게 바뀌어 왔다고 할 수 있다.

본 장에서는 현 상황의 전사(前史)에 해당하는 시대, 즉 근세·근대의 사람들이 춘화에 대해 어떠한 반응을 나타내고 있었는지에 착목하여, 춘화를 둘러싼 사람들의 신체감각의 존재방식을 살펴서 그 감성의 궤적의 일단을 포착해 보고 싶다. 제목에 '신체성'이라는 말을 사용하고 있지만, '신체'를 '마음'이나 '감정', '사고'를 포함한 사람의 총체로서 파악하여 춘화에 대한 신체를 수반한 사람들의 반응, 작용, 생각,

거동, 행동을 여기에서 검증해 나가고 싶다.

　이를 위한 수순으로서, 사람들이 춘화에 대해 어떻게 접해 왔는지를 기행문이나 문예, 증언, 기록, 또한 춘화 그 자체 속에서 탐사하여, 춘화를 둘러싼 신체성이 어떠한 것이었는지를 찾고 싶다. 구체적으로는 이하와 같은 관점에서 고찰을 해 나간다.

　제1절에서는 에도막부 말기와 메이지(明治)기에 일본에 온 외국인의 일본기행문 속에 춘화와 일본인에 관한 기재를 탐사한다. 제2절에서는 센류(川柳), 소설, 수필 등의 문예, 기록에 있는 춘화를 둘러싼 감각을 검증한다.

　이상의 대처로부터, 춘화를 즐기고, 숨기고, 휴식하는 등, 춘화를 둘러싼 사람들의 신체성을 부상시켜 다양하게 받아들이는 형태를 분명히 밝히고 싶다.

2. 외국인의 기행문으로 보는 춘화

삶 속의 춘화

　개국에 수반하여 에도막부 말기부터 메이지 무렵에 수많은 외국인이 일본에 왔다. 외국인에게 있어서 극동의 섬나라인 일본은 특이함으로 가득찬 나라였을 것이다. 정치, 사회, 문화, 자연, 생활, 일, 풍속습관 등의 세부 사항이 관찰의 대상이 되었고, 기행문을 저술하는 외국인도 적지 않았다.

　와타나베 교지(渡辺京二)는 저작『사라진 세상의 모습(逝きし世の面影)』에서 외국인이 저술한 기행문에서 에도막부 말기·메이지 초기의

일본의 모습을 드러나게 하여, 근대화 과정에서 일본이 완전히 버렸던 에도기 문명의 특성과 그 의미를 고찰하였다.[*1] 그 속에 '나체와 성'이라는 장을 설정하여 외국인의 시선이 포착한 춘화나 혼욕 등의 풍습에 초점을 맞추고 있다. 이 책의 안내를 받으면서 외국인의 기행문에서 춘화에 대한 일본인의 감각을 먼저 해독하고 싶다.

예를 들면 다음과 같은 기술이 있다. 영일수호통상조약을 체결하기 위해 1858년에 일본에 온 엘긴경(Earl of Elgin) 사절단의 일원 셰라드 오스본(Sherard Osborn, 1822~1875)은 에도(江戸)에 상륙한 당일, 막부 관리들이 경계하던 빈틈을 노려 점포 앞에서 팔린 춘화를 보았다.

> 경리(警吏)는 우리들의 예절 감각에 반하는 듯한 그림이 가게 앞에 놓여 있지는 않은지 날카롭게 사방을 살피고 있었으며, 그가 다가오면 그러한 그림은 마법처럼 사라진다. 그래도 그의 눈에 모든 것이 보이는 것은 아니기 때문에, 남녀나 아이들의 한가운데에 외설스럽기 짝이 없는 종류의 그림이나 모형이 알아차리지 못하고 매달려 있는 것을 보고 우리들은 기겁을 한다. 그들은 부끄러운 전시물을 의식하고 있지 않거나 그렇지 않으면 그것에 무관심한 것 같다.[*2]

음란한 그림과 입체물이 아이들의 눈에 닿는 곳에서 특별한 의식도 없이 판매되고 있었다. 막부 관리는 외국인의 눈에 닿지 않도록 신경질적으로 눈을 번뜩이고 있었다.

춘화의 기록은 다른 기행문에도 여러 개를 볼 수 있다. 1863년에 일본에 온 스위스인 아이메 홈베르 드로즈(Aimé Humbert-Droz, 1819~1900)는 일본·스위스 수호통상조약을 체결하기 위한 특명전권공사로서 약 10개월간 일본에 체재하였다. 일본의 국정을 연구·관찰한 기록

에는 에도 말기의 사회가 활사되어 있다. 그 중에 춘화나 음서 등을
언급하는 부분이 있다.

> 일본에서 경탄할 정도로 다수 출판되는 책 중에는 움직이기 어려울
> 정도로 영향력이 막대한 것이 있다. 그것은 능소(艶笑)[1]문학인데, 상품
> 으로서 공공연히 매매되어 불티나게 팔리고 있다(역주: '와라이에[笑い
> 絵]', '춘화' 등을 가리키는 것으로 보인다). 거기에는 모든 연령의 음탕
> 한 모습이 인간이 상상도 할 수 없는, 더할 나위 없이 고심참담하고
> 가장 공상적으로 그려져 있다. …… 서화골동가게도, 이 능소문학과 유
> 사한 물건을 진열해 파는 악풍에 물들어 있다. 그래서 유럽의 여성을
> 자기로 만든 식기나 차기(茶器), 상아의 조각, 아이의 단순한 완구를
> 사도록 그 가게에 안내하는 경우에는 지금 말한 물건을 진열해 놓은
> 선반에는 가까이 가지 않도록 미리 상인에게 엄중하게 알아듣도록 말
> 해 두지 않으면 안 된다.[*3]

오스본도 훔베르도, 춘화나 호색본, 호색한 물건이 공공연히 판매
되고 있었던 것을 곤혹스러워 하였다. 훔베르는 바로 뒤의 기술에서,
색채가 야한 양물상(陽物像)[2]이 가게의 장식 선반이나 찻집, 가정 안에
서도 행운을 불러오는 물건으로서 장식되어 있었다고 기록한다.

실제로 사람들이 춘화와 어떻게 접하고 있었는지를 엿볼 수 있는
흥미 깊은 기술도 있다. 1871년에 일본에 온 오스트리아·헝가리 제국
의 외교관 알렉산더 휴브너(Alexander Hübner)는 약 2개월 반 체류 중

---

1) 유머가 포함된 성풍속의 묘사.
2) 남근상을 가리킨다.

에 후지산(富士山)으로 가벼운 여행을 하였다. 그 도중에 오다와라(小田原)에 도착하자 큰 찻집에서는 환영하는 점심이 준비되어 있었다. 주민인 남자나 여자, 무수한 아이들이 외국인을 보러 다가온다. 이 식사 후의 여흥이 춘화 수용을 하는데 귀중한 정보를 전한다.

> 식사가 끝나자 한 남자가 아름답게 옻칠한 상자를 들고 나타났다. 그 상자 안은 네 개로 나누어져 있었으며, 각각의 칸막이에는 빨강, 파랑, 검정, 흰색의 모래가 들어가 있었다. 그 모래를 마치 농민들이 씨를 뿌리듯이 바닥에 뿌리며, 남자는 기묘한 장식 무늬나 꽃, 새를 그림과 동시에 색칠해 갔다. 그리고 마지막으로는 구경꾼들의 새된 웃음소리에 싸여 폼페이의 '비밀의 방'에도 필적하는 에로틱한 주제를 그리는 것이었다. 부인이나 소녀가 너무 좋아 기뻐 날뛰는 것을 보고 우리들은 일본 민중들의 도덕감은 색다르다고 하는 인상을 받았다.[*4]

에로틱한 그림을 많은 사람들이 웃으면서 보고 여성이나 소녀도 즐긴다. 에도기 일본에서는 개방적인 공기 속에서 호색스런 사물이 남녀노소에게 받아들여지고 있었다. 여러 외국인들이 이러한 상황에 놀라고 그 당혹감을 기행문에 기록하였다. 에도막부 말기부터 메이지 초기의 일본에 잔존하고 있었던 춘화 수용의 모습은 외국인의 눈에 지극히 기이한 것으로 비치고 있었다.

일본인의 누드 감각

춘화의 느긋하고 대범한 수용과 함께 외국인을 곤혹시킨 풍습으로 혼욕이 있다. 미국의 지질학자인 라파엘 펌펠리(Raphael W. Pumpelly, 1837~1923)는 1862년 광석조사를 위한 고용 외국인으로서 일본을 방문

하였다. 마을 안에 있는 공중욕탕은 눈을 끄는 시설이었다. '남탕',
'여탕'이라고 쓰여진 입구가 있어도 문턱을 넘으면 칸막이는 없어지고,
안에서는 남자, 여자, 아이들이 서로 씻겨주고 말과 웃음소리로 시끄
러웠다. 이 습관은 유럽인에게는 충격적인 것으로 보이지만, 일본인의
겸허함과 예의바름과는 완전하게 양립하는 것으로 보인다고 펌펠리는
지적하였다.

　에조(蝦夷)의 광산에 체재하고 있었을 때 그는 작은 온천장에 입욕
하러 나갔다. 동행한 관리와 욕실에 들어갔을 때 광산 책임자의 아내
가 가족과 목욕하고 있었다.

　　　내가 되돌아 갈 틈도 없이 부인은 목욕탕에서 올라왔다. 그녀는 품위
　　있게 욕탕에 들어가도록 권유하면서, 모두가 들어가기에는 좁기 때문
　　에 자신은 아이들과 다른 욕실에 갈 생각이라고 말했다. 모든 일이 그윽
　　하고 고상하게 진척되고 그녀 쪽에는 조금의 곤혹스러움도 없었기 때
　　문에, 나는 예절에 관한 선입관에 대해 어느 방향으로부터 다음의 쇼크
　　가 오는지 알 수 없어지기 시작했다.[*5]

　공중욕장과 혼욕의 풍습, 남녀 모두 나체를 부끄러워하지 않는 감
각에 외국인은 당황하고, 일본인의 예의 바름과의 공존에 도덕관념이
혼란하였다. 그 밖에도 정원 앞에서 목물하는 습관이나 문신을 한 신
체에 훈도시(褌)[3]만 걸치고 일하는 남자 등, 외국인은 일본인의 신체가
너무 개방적이라는 점에 놀랐다. 성이나 나체를 특히 은폐하지 않는

---

3) 남성의 음부를 가리기 위한 폭이 좁고 긴 천. 들보.

감각은 춘화가 와라이에라고도 칭해지며 활달한 발전을 이룬 에도문화의 기반을 고려하는데 시사적이다.

춘화를 부끄럽게 여겨 배제하다

그러나 이 느슨한 풍조는 개국과 더불어 일본의 수치라고 의식하게 되었다. 앞서 소개한 오스본의 기술에서는 그들을 수행하고 있던 막부 관리는 외국인의 눈에 춘화가 닿지 않도록 날카롭게 사방을 살폈으며 막부 관리의 주의를 받고 가게 측은 당황하며 춘화를 숨기고 있었다.

외국인의 눈을 의식하여, 1872년 4월에 도쿄부(東京府) 지사로부터 도쿄시민에 대해 맨몸으로의 왕래, 혼욕, 밖에서 보이는 공중목욕탕의 구조, 아부나에(危な絵)[4]를 포함한 춘화, 엔기(エンギ)[5]라고 불리는 양물상(아이용 장난감 포함)의 매매, 호리모노(彫り物, 문신)라고 불리는 신체에 대한 자수(문신)가 금지되었다.[*6]

금지사항은 죄다 기행문 속에서 외국인들이 곤혹스러워 하였던 사항과 중첩된다. 춘화는 문명의 후진성을 나타내는 것으로서 국가의 방침으로 배제되었다.[*7] 메이지 초기가 춘화 수용의 전환기가 되어 사람들의 춘화에 대한 감각에 변화가 일어난다. 다음으로 문예나 기록 속에서 볼 수 있는 춘화에 대한 감각을 살펴보고 싶다.

---

4) 우키요에서 일반적인 미인화와 춘화의 중간적인 그림으로 여성의 피부를 노출시킨 선정적인 그림을 가리킨다.
5) 재수나 운수의 뜻.

3. 문예·기록 속의 춘화

춘화를 감추다

기행문에 막부 관리의 눈으로부터 춘화를 감추는는 행위가 있었지만, 일본인 자신은 춘화를 어떻게 받아들이고 있었을까? 하나사키 카즈오(花咲一男)가 편한『센류춘화지(川柳春画誌)』는 춘화를 제재로 한 센류에 상세하다.[*8] 기행문에서는 일본인이 거리낌 없이 춘화를 향수하고 있었던 것처럼 보였지만 센류는 더 섬세한 마음 속을 비추어 낸다.

"깨끗한 마쿠라(枕)는 부모 앞에서 본다[*9]"와 같이, 춘화는 마쿠라에(枕絵)라고도 불렸기 때문에 세이쇼 나곤(清少納言)의『마쿠라노소시(枕草子)』의 뜻이 엇걸려 이야기되었다. "깨끗한 마쿠라", 즉『마쿠라노소시』는 부모 앞에서 당당히 볼 수 있지만 "깨끗하지 않은 마쿠라" 즉 마쿠라에는 그렇게 하지 않고 몰래 본다. 역시 에도시대라 하더라도 부모 앞에서 춘화를 감상하는 일은 꺼림칙한 일이었던 모양이다. "마쿠라에는 매일 두는 곳이 바뀐다[*10]"에서 읊어지고 있는 것은 꺼림칙함으로 인해 춘화를 두는 곳을 매일 바꾸는 마음이다. 집안 사람들에게 쉽게 들키지 않기 위한 은폐 공작이다.

"마쿠라에에 봉인하는 데 어울리는 아미타불[*11]"에서는, 집안 사람들에게 내용을 볼 수 없도록 춘화에 봉인을 하는 흥미로운 풍습을 읊고 있다. 개방적이라고 하면서도 실은 몰래 보는 것인 듯 한데, 센류에서는 숨기는 행위에 음습함은 감돌지 않는다. 골계스러움과 우스꽝스러움이 전해져 올 뿐이다. 봉인이라고 하는 것으로 말하자면, "손님이 붙어 띠를 푸는 마쿠라본(枕本)[*12]"은, 구매자·차입자가 붙어 처음으로

봉(封)이 뜯어지는 음서의 판매 형태를 전하고 있다.*13 훔쳐보지 않도
록, 춘화·음서는 봉인되어 있었다.

 "도련님에게 두루마리를 숨기는 폭서(曝書)*14"는, 폭서로 바깥 공기
에 쐬인 춘화 두루마리를 어린 자제의 눈에 닿지 않도록 숨기는 주위의
걱정을 읊고 있다. 숨겨져 있던 춘화가 폭서의 시기에 드러나는 등,
폭서와 관련되는 상황은 다른 센류에서도 읊어지고 있었다.

봄화를 찾아내다, 훔쳐보다

 예를 들면, '어지러진 무구(武具) 폭서하기 위해 내는 춘화*15'는 갑옷
과 투구를 넣어두는 궤 속에 숨기고 있었던 춘화가 폭서로 밖에 띄게
된 모습을 읊고 있다. 이것은 갑옷과 투구를 넣어두는 궤에 춘화를
넣어두면 싸움에 지지 않는다고 하는 속설에 유래하는 풍습으로 춘화
에는 주술적인 힘이 있다고 믿어지고 있었던 사실에 근거하고 있다.*16
"갑주(甲冑) 궤를 들여다보고 시녀 그런 기분이 생기다*17"에서는 갑옷
과 투구를 넣어두는 궤에 숨기고 있었던 춘화를 훔쳐본 시녀가 춘정(春
情)이 싹튼 것을 우스꽝스럽게 읊고 있다. "발소리가 나자 갑옷과 투구
아래에 넣는다"*18는 갑옷과 투구를 넣어두는 궤 속의 춘화를 훔쳐보고
있다가 남의 발소리를 알아차리고 당황하여 춘화를 갑옷과 투구 아래
에 감추는 행위를 읊고 있다.

 1909년에 발표된 모리 오가이(森鷗外, 1862~1922)의 자전적 소설『비
타 섹슈얼리스(ヰタ·セクスアリス)』에는 유소년기로 거슬러 올라가는
주인공의 성욕 역사가 말해지고 있다. 그곳에 갑옷과 투구를 넣어두는
궤 속에 음서를 발견하고 남몰래 보는 장면이 그려져 있다. 주인공은
자택의 창고에 넣어둔 갑옷과 투구 궤의 뚜껑을 무심히 열었다. 갑옷

위에는 컬러 인쇄된 한 권의 음서가 놓여 있었다. 남녀의 이상한 자세를 그린 그림이다. 호기심과 지식욕에 사로잡혀 반복하여 그 그림을 본다. 이것은 오가이가 10세인 1871년의 체험을 시사하는 것으로 생각된다[19].

숨기고, 숨겨져 있던 춘화를 찾아내어 그것을 훔쳐본다는 행위로부터, 춘화는 은밀한 존재이며 언제라도 모래로 그린 그림과 같이 백일하에서 감상되는 것은 아니었다고 하는 마음 속이 보인다.

춘화를 지참하다

오사카의 문인이자 조닌(町人) 학자인 기무라 겐카도(木村兼葭堂, 1736~1802)는 매일 방문자를 기록하고 있었다. 그 기록 『겐카도 일기(兼葭堂日記)』 중 1794년 7월 11일에 "에치젠(越前) 시마노 민부(嶋野民部) / 다케우치 마타사부로(竹内又三郎) 서한 / 당인(唐寅) 춘화 지참"이라는 기재가 있다.[20] 다케우치 마타사부로의 소개장과 당인의 춘화를 지참하여 에치젠의 시마노 민부가 겐카도를 방문했다는 기록이다.

이 때 가지고 들어온 춘화는 중국 명나라의 문인이자 화가인 당인(唐寅, 1470~1523)의 것이었다고 한다. 어떠한 춘화였을까.

중국에서 출판된 컬러 인쇄의 춘화 그림책 『풍류절창도(風流絶暢図)』는 '동해병학거사(東海病鶴居士)'가 적은 서문이 붙어 있다. 그곳에는 명대인 1606년의 봄, 친구가 휴대하여 온 '백호(伯庙) 선생 경춘도권(競春図巻)'의 24개 그림을 모두 직업적인 화가에게 베끼게 한 것, 시인 묵객(墨客)이 그림에 맞춘 시를 읊은 것, 제명을 「풍류절창(風流絶暢)」이라고 명명하여 조각하여 가을에 그 판화가 완성된 것 등이 기록되어 있다.[21] 원도(原圖)의 육필 춘화 「경춘도권」을 그린 '백호 선생'이란

'백호'를 자(字)로 하는 당인을 가리킨다.

중국에서 간행된 『풍류절창도(風流絶暢図)』는 일본으로 박재(舶載)되어 1686년 무렵에 화각본(和刻本)으로 간행되었다. 화가는 히시카와 모로노부(菱川師宣, ?~1694)로 여겨지며 중국본의 서문도 권두에 실려 있다. 화각본이 확산하는 가운데 원그림을 그린 당인이 춘화에도 뛰어난 화가라는 인식이 퍼졌을 것이다.

시마노 민부가 겐카도에 지참한 '당인춘화'란 이 중국본의 『풍류절창도』와 관련된 춘화가 아닐까라고 추측된다. 문인끼리의 교류의 장에서 중국의 춘화를 방문의 선물로서 가져오는 사례가 있었던 점을 보고해 두고 싶다. 그 경우 중국의 원파(院派)[6]로 분류되는 화가의 춘화라고 하는 고상함이 일종의 상표로서 기능하여 지참품에 적합한 화격(畫格)을 얻고 있었다고 추측된다.

춘화를 가지고 모이다

춘화나 호색스런 물건을 호사가가 가지고 모여 전람회가 개최되기도 하였다. 하야시 요시카즈(林美一)가 소개한 「유메노와타나시(夢のわた梨)」라고 이름 붙여진 자료는 1881년 봄에 열린 춘화를 감상하는 모임의 출품목록이다.[*22] 모임의 주최자로서 희작자(戱作者)·신문기자인 타카바타케 란센(高畠藍泉, 1838~1885)의 이름이 있으며, 서화(書畫) 감정가·소설가인 마에다 고세쓰(前田香雪, 1841~1916)가 목록에 서문을 썼다.

---

6) 중국 명나라 시대 중기의 화파인데 소주에서 활약한 주신(周臣), 당인(唐寅), 구영(仇英)이 이 화풍을 대표하고 있다.

출품수는 100점에 이르는 쟁쟁한 전람이었다. 춘화는 육필과 니시키에를 합친 다음과 같은 작품이 출품되었다. 그 일부를 기술해 둔다. [ ]내는 집필자가 보충하였다.

히시카와 모로노부(菱川師宣), 「유녀규중의 그림(遊女閨中之図)」(견본횡폭[絹本横幅]), 스즈키 하루노부(鈴木春信), 「가인미소년 달빛 아래 속삭임의 그림(佳人美少年月下私語之図)」(경본장폭[絹本長幅]), 우게안(사카이) 호이쓰(雨華庵[酒井]抱一), 「나체궁인의 그림(裸体宮人之図)」(색지[色紙]), 고토사(古土佐), 「고시바가키모본(小柴垣模本)」, 고토사, 「후쿠로호시모본(袋法師模本)」, 홋쿄(이소다) 고류사이(法橋[礒田]湖龍斎), 「시키도토리쿠미슈니반(色道取組十二番)」, 청인(清人) 세밀화, 「슌쇼히기즈(春宵秘戯図)」 제발[題跋]합작, 쇼사도(구보) 슌만(尚左堂[窪]俊満), 「뇨고가시마(女護島)」 쇼쿠산진(蜀山人) 서문, 도리이 기요나가(鳥居清長), 「색도 쥬니반(色道十二番)」, 기타가와 우타마로(喜多川歌麿), 「꽃향기(花の薫)」, 니시카와 스케노부(西川祐信), 「일청양국인 배우의 그림 잔결(日清両国人配遇之図残闕)」, 가쓰시카 호쿠사이(葛飾北斎), 「일부범오부도(一夫犯五婦図)」(견본[絹本]), 쓰키오카 요시토시(月岡芳年), 「방중오락의 그림(房中娯楽之図)」, 가쓰시카 호쿠가(葛飾北鵞), 「고양이교합의 그림(猫交合之図)」, 「다이가도 기가(大雅堂戯画)」 등.

그 외에 복수의 음서와 호색스런 반즈케(番付)[7], 쌍륙(雙六), 약본력(略本暦), 목조 곤세이다이묘진의 몸(木彫金精大明神之体, 양무상[陽物

---

[7] 스모에서 선수들의 순위를 기록한 표를 가리키는데 이를 모방하여 인명 따위를 차례로 기록한 표, 예능 프로그램이나 배우의 역할과 줄거리 등을 쓴 것을 가리킨다.

像]), 음양석(陰陽石)[8], 소메쓰케 술잔(染付杯), 대모갑(玳瑁甲)제의 하리카타(張形)[9], 가부토가타(兜形)[10], 요로이가타(鎧形)[11] 등이 출품된 듯하다. 중국 청나라의 호색소설 『육보단(肉蒲団)』의 중국 책도 가지고 모였다.

우키요에(浮世絵)의 춘화가 대부분인데 그 중에는 사카이 호이쓰(酒井抱一), 이케노 다이가(池大雅)나 중국의 춘화도 있으며 내용은 다기에 걸친다. 모임을 기념하기 위한 요리 목록도 첨부되어 있어서 춘화를 가지고 모인 호사가들의 친밀도를 전하고 있다.

앞에서 기술한 대로, 춘화의 매매는 1872년에는 단속 대상이 되었다. 이와 같은 모임도 남을 꺼리지 않고 개최하기는 어렵게 되었지만, 패거리 내에 한정된 공개 장소에서 감상을 즐기고 있었다.

그 밖에도 1881년 봄에 개최된 합환회(合歡會)에서는 같은 해 8월에 아사쿠사구장(浅草区長)이 된 마치다 곤료(町田今亮, ?~1889), 의사인 이와세 겐사쿠(磐瀬玄策, 생몰년 미상)가 중심이 되어 마치다 저택에서 오후 2시경부터 감상회가 열렸다. 방문자에게는 오코치 데루나(大河内輝声, 고즈케노쿠니 다카사키번[上野国高崎藩]의 마지막 번주, 1848~1882)를 비롯한 명사가 한곳에 모였다. 장식을 한 다다미 객실에 양탄자가 깔리고 마치다, 이와세, 오코치 등 참가 각인이 가져온 봄화·음서 일품 180점 여가 진열되었다. 모임은 성황을 거두고 술잔을 섞어 담소하

---

8) 남녀의 음부를 닮은 돌.
9) 물소 뿔이나 대모갑 등으로 만든 음경 모양의 여성용 자위(自慰)기구.
10) 대모갑이나 물소 뿔 등으로 만든 투구모양의 여성용 자위기구.
11) 무사가 갑옷을 몸에 걸치듯이 남성기에 씌워 사용하는 도구로서 여성기에 보다 강한 자극을 주기 위해 사용.

며 지나가는 봄을 아쉬워했다고 한다.[*23]

춘화가 공적으로 단속이 이루어진 한편, 명사가 춘화를 가지고 모여 감상을 즐긴다. 이러한 사례는 메이지유신 후에 한정된 것은 아니었다. 히젠히라도(肥前平戶) 번주인 마쓰라 세이잔(松浦静山, 1760~1841)의 수필『갓시야화(甲子夜話)』권47(1824년 집필)에는 춘화를 둘러싼 무가(武家)들의 일화가 기록되어 있다.

> 매년 초봄에는 그 해 달의 대소를 자획으로 조정하며 가지고 노는 일이 내가 어렸을 무렵부터 다소 있었지만 점차 증가하여 나중에는 모두가 그림이 되어 대소의 문자는 겨우 의복의 무늬, 꽃나무 가지 사이 등에 띄엄띄엄 흩뜨려 썼다. 게다가 요즘에는 더 한층 번성하여 수를 놓은 비단도 미치지 못할 모양으로 인쇄해 내었다. 늦겨울 초봄에는 저택 안도 꺼리지 않고 귀천(貴賤) 모두 가슴에 품고 사람들은 서로 교환하였다. 가장 심한 것은 춘화이다. 이 또한 세상의 변고를 보는 것 같다.[*24]

"달의 대소를 자획으로 조정하여"라고 하는 것은, 1개월이 30일 있는 큰 달과, 29일의 작은 달로 이루어진 음력 달의 배열을, 문자와 그림의 인쇄물로 한 것을 가리킨다. 현재의 양력과 달리 크고 작은 달의 배열은 매년 바뀌었기 때문에 그 배열을 기록한 '대소(大小)'(그림 달력)가 생활에 필요하였다.

세이잔의 어린 시절인 1760년대부터 음력을 디자인하여 놀이가 행해지다 점차 그림이 중심이 되어 크고 작은 달의 표기는 띄엄띄엄 흩뜨려 쓰이는 정도가 되었다. 근년에는 인쇄물에 기교가 더해져 연말연시에 에도성에 올라온 사람들은 에도성 귀인의 저택 내에서도 기탄없이 그림 달력을 가지고 모여 교환하였다. 춘화의 그림 달력 교환이 가장 활발하였다는 내용이다[25].

춘화가 그림 달력으로 만들어져 다이묘(大名)·하타모토(旗本)[12] 등 무가 사이에서 애완되고 있었다고 한다. 특히 분카(文化, 1804~1818)부터 덴포(天保, 1830~1844)기에 만들어진 16절판(약 9.5×12.5센티)의 춘화 달력이 대량으로 현존하는 것으로 보고되어 있다[26]. 춘화는 에도시대에 공적으로는 금지되어 1722년, 1790년, 1841년의 적발로 단속 대상이 되었다. 그러한 상황에서 장군의 거주지인 에도성에서 작은 춘화의 그림 달력이 교환되고 있었다. 신분과 격식에서 엄격하게 서열이 규정되어 있었던 무가 사회에서 귀천을 뛰어넘은 춘화의 교환은, 겉과 속, 본심과 명분이 균형을 이루는 가운데 억제된 본심을 치유하였던 것일까.

또한 『갓시야화』 속편 권21에는 다음과 같은 기재도 있다.

> 사와다 도요(沢田東洋)가 말한 것은, 어떤 사람이 소라이(徂徠)선생에게 춘화의 제문(題文)을 요청하였더니 곧 현지우현 중묘지문(玄之又玄 衆妙之門)이라고 제목 붙였다고 한다.[27]

어떤 사람이 유학자 오규 소라이(荻生徂徠, 1666~1728)에게 춘화의 제문을 요청하였다. 소라이는 요망에 부응하여 『노자(老子)』 권두의 한 구절 '현지우현 중묘지문(玄之又玄 衆妙之門)'이라고 제목을 붙였다.

---

12) 에도시대 장군 직속 무사로서 직접 장군을 만날 수 있는 녹봉 만 석 미만 500석 이상의 무사.

고문사학(古文辭學)파의 개조 소라이와 춘화, 게다가 춘화와 『노자』와 의 연관을 상기시키는 흥미깊은 일화이다[*28].

옛날 헤이안시대 중기, 36가선(歌仙)의 한사람인 오나카토미노 요시 노부(大中臣能宣, 921~991)가 다지마노카미 요리치카(但馬守爲親)가 가 지고 있던 병풍에 "남녀 괘씸한 것이 그려진" 그림, 즉 춘화가 그려져 있는 것을 보고, "떳떳하지 못한 마음은 차치하고, 허물없이 몸을 내맡 기는구나"라는 노래를 읊었다[*29]. 다지마노카미 요리치카란 986년에 다지마노카미에 임관된 미나모토노 요리치카(源爲親)를 말한다.

춘화가 교우 매체로서 명사들 사이에서 공유되어 가는 것을 볼 수 있다.

춘화로 휴식하다

왜 명사들은 춘화를 공유하였는가? 공적인 입장이나 긴장되는 일 사이의 자그마한 휴식이었는가?

야마토코리야마번(大和郡山藩)의 가로(家老)이자 여러 가지 예능에 능통한 문인 야나기사와 기엔(柳沢淇園, 1704~1758)이 21세 때인 1724 년경에 저술한 수필 『독침(ひとりね)』에 이하의 기술이 있다.

　　에마쿠라로서, 네야노에가오(閨の笑貝)·우타타네(うたゝね)·에이가 마쿠라(栄花枕)·마메에몬고니치 인요이로아소비(豆右衛門後日 女男 色遊), 시구레마도(しぐれまど)·교쇼쿠토코단기(好色床談儀) 등은 언 제 보아도 세련된 점이 있다. 모두 이러한 종류도 책상 사이의 물건이 다. 책을 [읽고], 공부 등을 하다 기력이 다했을 때에 읽어야 한다. 마음 을 요양해서 좋다[*30].

춘화는 언제 봐도 물리지 않는 취향이 있어서 춘화를 서재에 갖추고 면학에 지쳐 지루했을 때에 그것을 읽으면, 마음을 치유해 주어 좋은 것이라고 그 효용을 말하고 있다. 춘화를 애호하고 휴식을 취하고 기분전환으로서 접하는 태도이다.

또 다음과 같은 예도 있다. 1859년에 일본에 온 미국인 상인 프랜시스 홀(Francis Hall, 1822~1902)은 기행문 속에서 같은 해 11월 28일 일본인의 가정에서 춘화를 본 일을 기록하고 있다.

> 먼저, 집의 보물을 보고 나서 다음으로 집 주인이 정중하게 서랍에서 '매우 귀중한 것'이라고 말하면서 꺼내어온 것은 3,4장의 음란한 그림인데, 그것들을 나에게 건네주었다. 부인도 가까이 서 있었으며 두 사람의 모습에서 이런 그림을 보이는 것이, 혹은 이런 그림 자체가 신중하지 못하는 태도라고 조금도 생각하지 않은 것은 분명하였다. 그들은 그 그림을 볼 가치가 있는 진정한 일품(逸品)으로서 보여주었던 것이며, 또한 매우 소중하게 보관하고 있었던 것이다.[31]

집의 보물을 본 후에 주인이 손님에게 정중하게 춘화를 보여주었다. 무언가에 집중하여 생긴 피로, 여기에서는 보물 감상의 피로를 푸는 배려로서 춘화가 제공되었다고 해석할 수 있는 것은 아닐까. 봄화를 보고 긴장을 푸는 관습이 전부터 있었고, 주인이나 부인은 극히 자연스럽게 그 관습을 따랐던 것인가. 원문에 따르면 그 후, 백탕(白湯)이나 과일, 차가운 고구마 대접을 받았기 때문에 춘화도 리프레쉬먼트의 일환으로 자리매김하고 있었던 듯하다.

춘화로 배우다, 춘정(春情)을 높이다

다양하게 춘화를 받아들이는 방식을 검증해 왔지만, 물론 춘화의 기본은 사적인 공간에서 남몰래 보는 것이었음에 틀림이 없다. '마쿠라에는 생각건대 아들이 비장(祕藏)해 둔 서적으로*32'라고 말하고 있듯이 숨겨진 것이며, 사람의 성에 뿌리를 둔 춘의를 만족시키기 위해 제공되고 있었다고 보는 것은 당연하다. 타이몬 스크리치(Timon Screech)는 춘화를 에도 섹슈얼리티의 문맥 속에서 포착하여, '춘화를 포르노그래피라고 부른다'라고 하는 시점을 제시하였다*33. 성 충동을 불러일으켜 욕구를 달래고 채운다. 그것은 춘화의 본의(本意)일 것이다.

한편 다양한 자료가 비추어내는 것은 춘화가 본의를 내포하면서도 그때그때의 국면에서 작용하는 낌새의 다채로움이다.

교토의 화가인 요시다 한베에(吉田半兵衛, ?~1693경)의 음서 『호색 꽃핀 억새(好色花すすき)』(1681년 판행의 『겐지오이로아소비(源氏御色遊)』의 개제본. 1705년 판행)의 발문에 다음과 같은 기술이 있다.

> 그 마쿠라에는 시집갈 때 제일의 도구이다. 남자라도 가지지 않고 견딜 수 없는 것이다. 그 이유를 찾건대, 사람의 마음을 즐겁게 하는 까닭이라든가 라고 한다. 무사의 갑옷이나 투구를 넣어두는 궤에 넣어두는 것도 이러한 이유일 것이다*34.

춘화는 시집갈 때의 중요한 도구인데 그 이유는 마음을 기쁘게 하기 때문이라고 한다. 그렇다면 시집을 갈 때에는 어떤 용도로 사용되었을까. 오사카의 화가인 쓰키오카 셋테이(月岡雪鼎, 1726?~1786)의 음서 『곤레이비지부쿠로(婚礼秘事袋)』의 '색도(色道) 교육방식의 사항'의 항목에서 혼례를 앞둔 딸에 대한 성생활의 가르침이 쓰여 있다*35. 거기에서는 약혼 예물 교환 후 혼례까지의 사이에, 성교에 익숙한 여자를 딸에게 붙여 호색본·소지(双紙)류를 준비하여 침실에서의 제반 사항을 배우게 하면 결혼 초야의 동침부터 걱정없이 성교에 임할 수 있다고 기술되어 있다. 모리 오가이(森鷗外)의『비타 섹슈얼리스』에도 성교육의 개시 시기를 언급하는 가운데, "혼례 전에 그림을 보인다는 이야기는 우리나라에도 있는데…"라며, 부모가 아이에게 춘화를 보이며 신혼의 성생활에 대비한 것이 서술되어 있다[36].

춘화가 많이 소장된 국제일본문화연구센터(国際日本文化研究センター)에서는 춘화 연구를 담당한 하야카와 몬타(早川聞多) 명예교수 앞으로, 각지의 고령여성으로부터 시집갈 때에 받은 춘화를 기증하고 싶다는 편지가 당도하였다고 한다[37]. 1945년 무렵까지는 그와 같은 풍습이 남아 있었던 것 같다.

잠자리의 법식을 공부하고 침실에서 화목하게 지내며 춘의를 고양한다. 우타가와 구니사다(歌川国貞)의 음서『이마요산타이시(今樣三體志)』(1829년)에는 첩 집에서 남편이 지내는 장면이 있다. 써넣어진 글이나 연애편지를 읽으면, 남편이 사온『이마요산타이시』를 둘이서 읽으면서 첩이 "그림은 잘 그려졌네요.""뭔가 어이없는 것만 쓰여 있군요." 따위를 말하고 있다. 한편 남편은 첩에게 시시덕거리면서 "그림보다 책 쪽이 좋아. 잠시 입맞춤 하자.""읽을수록 흥취가 더해지는군", "참을 수 없어, 참을 수 없어" 등이라고 춘의의 고양을 완전히 감출 수 없었다(그림 1). 이와 같이 사적인 공간에서 춘화가 읽히고 친밀한 분위기 만들기에 활용되었던 것이다.

여성이 춘화를 본다는 점에 관해『비타 섹슈얼리스』속에 메이지 초기 무렵의 춘화 수용의 모습을 전하는 장면이 있다. 주인공이 6살이

[그림 1] 우타가와 구니사다(歌川国貞) 『이마요산타이시(今樣三體志)』
중권(中巻)(국제일본문화연구센터(国際日本(文化研究センター) 소장)

었을 때, 근처에 있는 이웃집에 놀러갔는데 여성 둘이서 컬러인쇄의 음서를 바라보고 있었다. 놀리며 주인공에게 음서를 보이고 여성들은 웃었다[38]. 아직 에도의 기풍이 남아있었을 무렵, 춘화는 얼굴을 붉히면서 남몰래 여성도 보는 것이었다.

춘화를 그리다

화가는 춘화를 그릴 때, 어떠한 생각으로 그리고 있었던 것일까? 센류(川柳)에는 "가끔은 보지 말고 그려요 라는 화가의 아내[39]" 등, 마쿠라에 화가의 아내가 춘화의 모델을 했다고 여겨지는 구가 복수 존재하는데 그러한 일상이 있었던 것일까.

춘화는 공적으로 금지된 제작물이었기 때문에 판권장이 없고 화가명도 없으며, 있었다고 해도 은호(隱號)로 그림 속에 작게 기록되는 정도였다. 하지만 공공연하지 못한 그림이라고 해서 화가는 적당히

한 것이 아니라, 정식의 그림 이상으로 기교를 다한 양질의 작품을 제작하였다. 에도기 화가의 기상이 춘화에 담겨 있다고 해도 과언이 아니다. 그러한 춘화를 그리는 화가의 마음속을 느끼는 바가 있다.

셋테이는 음서뿐만 아니라 육필의 호화로운 춘화도 제작하였다. 그 권두의 제목에는 춘화를 그릴 때의 마음가짐이 적혀 있다. 현대문에 요약하면 다음과 같은 내용이다.

> 어떤 사람이 "당신이 가장 자신 있어 하는 춘화는 천하고 추한 것이다. 그 기반을 알고 있는 것인가"라고 나(셋테이)에게 간언하였다. 이에 대해 나는 "춘화의 역사는 서한(西漢)에서 시작되어 육조·당·송에 번성하였다. 중국에서는 주방(周昉), 이당(李唐) 등 귀공자가 춘화를 그렸다. 일본에서는 겐지모노가타리가 춘정의 이야기이다. 또한 스미요시 게이온(住吉慶恩)이 제작한 춘화 간죠노마키(灌頂卷)(「오시바가키조시[小柴垣草紙]」)의 설명문은 고시라카와법황(後白河法皇)에 의한 신한(宸翰)이다. 이것으로부터 춘화의 고상한 역사를 볼 수 있다. 게다가 국사에서는 음양교회(陰陽交會)의 시작을 말하고 있다. 이를 가리켜 당신은 더럽혀진 역사라고 하겠는가?"라고 말하였다. …… 게다가 당·송 이후의 춘화를 언급한 서적을 모아 기록해 제시하였다. 대부분의 사람들의 조롱을 물리칠 뿐만 아니라, 이후 시대에 나의 춘화를 보는 사람들에게 내 기분을 알려주고 싶다[40].

춘화는 천하고 추한 것으로 여겨져 그것을 그리는 화가를 내려다보았다. 셋테이는 자존심을 지키기 위해 춘화의 내력에 권위가 있다고 주장하였다. 제목 뒤에는 권위를 뒷받침하는 '인증서목'으로서 춘화를 언급하고 있는 11종의 한적(고증수필[考証随筆] 등)과 4종의 일본서(겐지모노가타리 등)의 제목이 열거되었다[41].

그러나 셋테이가 아무리 정통성을 주장하더라도 대다수의 인식은 변하지 않았고, 1872년에 춘화는 문명의 후진성을 나타내는 것으로 금지되었다. 천하다고 여기는 감각은 근대에 들어가면 더욱 비참하고 영락한 신세의 상징으로 춘화를 위치지어 간다.

예를 들면 시대는 비약하지만 다자이 오사무(太宰治)의 『인간실격(人間失格)』(1948년)에서는 만화를 그리는 주인공 남자가 자포자기해 가는 가운데, 춘화의 복제를 그리는 장면이 있다. "아침부터 소주를 마시고 치아가 너덜너덜 빠지며, 만화도 거의 외설적인 그림에 가까운 것을 그리게 되었습니다. 아니, 분명히 말합니다. 자신은 그 무렵부터 춘화의 카피를 하여 밀매하였습니다. 소주를 살 돈을 원했던 것입니다[*42]"라고, 춘화를 그리는 것이 조락(凋落)과 퇴폐의 동의어로서 다루어져 갔다.

춘화로 장식하다

근대문학 중에서 관견하는 바에 의하면 춘화는 음지의 존재로서 나타난다. 나가이 가후(永井荷風)의 『강동쪽의 기담(濹東綺譚)』(1936년 탈고)에서는 주인공 남자가 사창가인 다마노이(玉の井)의 창부 오유키(お雪)의 집을 방문하였을 때의 정경묘사에 춘화가 나타난다.

    2층의 맹장지에 반지(半紙)를 네 장 정도의 크기로 자른 종이에 복각한 우키요에(浮世絵)의 미인화가 섞어 붙여져 있다. 그 중에는 우타마로(歌麻呂)[13)]의 전복 잡이, 도요노부(豊信)[14)]의 입욕(入浴)미녀 등, 내가 이전에 잡지 고노하나(此花)의 삽화에서 본 기억이 있는 것도 있었다. 호쿠사이(北齋)[15)]의 3권본, 후쿠토쿠와고진(福徳和合人) 중에서 남자의 모습을 없애고 여자 쪽만 남긴 것도 있길래 나는 자세하게 그 책에 대해 설명하였다[*43].

　호쿠사이의 3권본이란 음서인 『만푸쿠와고진(万福和合神)』을 가리키는데 '후쿠토쿠와고진(福德和合神)'이라고 발문에 있는 것을 모방하였을 것이다. 사창가의 방 안에는 작은 판형으로 복제된 '아부나에(あぶな絵)'(미인의 살결을 밖으로 드러내는 등의 외설스런 우키요에)가 섞여 붙여져 있고 게다가 호쿠사이의 음서를 가공한 것도 그곳에 있었다. 사창가의 방이라고 하는 성교를 위한 공간에 춘화가 붙어있었다. 실제로 대합의 밀실을 춘화로 장식하는 일이 있었던 것 같다.

　기타하라 하쿠슈(北原白秋)의 시집 『도쿄경물시 및 그 외(東京景物詩及其他)』의 '신생(新生)'(1911년)이라는 시에, "오래된 흙벽으로 만든 광의 밀실에는 / 빈틈없이 칠한 나상(裸像)이 있다, 망상과 죄악과 / 모두 진황색이다. ──"라고 하는 일절이 있다. 하쿠슈(白秋)가 셋방을 얻은 여관 일실은 오래된 흙벽으로 만든 광의 2층에 있으며, 원래는 대합다실(待合茶屋, 남녀가 밀회하는데 이용한 대실)이었다. 실내에는 벽 일면에 춘화가 그려져 있었다[*44]. 춘화가 성교 장소의 장식으로 된 것은 일반 사회로부터의 격절(隔絶), 폐쇄성, 성교에 대한 탐닉이라는 의미부여가 상기된다.

─────────

13) 에도 후기 기타가와파의 시조에 해당하는 우키요에 화가인 기타가와 우타마로(喜多川歌麿, 1753~1806)를 가리킨다.
14) 에도 중기의 우키요에 화가인 이시카와 도요노부(石川豊信, 1711~1785)를 가리킨다.
15) 에도 중후기의 우키요에 화가인 가쓰시카 호쿠사이(葛飾北斎, 1760~1849)를 가리킨다.

춘화로 도망치다

근대가 되면 에도를 멀게 느끼면서도, 또 별다른 취향으로 춘화에 마음을 두는 생각이 나타난다. 나가이 가후(永井荷風)의 소설 『불꽃(花火)』(1919년)에서는 1911년의 사건으로서 주인공(가후)이 게이오(慶應) 대학으로 향하는 통근 도중에, 요츠야(四谷) 거리에서 죄수 마차가 히비야(日比谷)의 재판소로 달려가는 것을 조우하는 장면이 있다. 마차에는 대역(大逆)사건으로 재판을 받는 고토쿠 슈스이(幸德秋水)를 비롯한 사상범이 타고 있었다. 가후는 다음과 같이 생각하였다.

　　나는 문학자인 이상 이 사상문제에 대해서 침묵하고 있어서는 안 된다. …… 그러나 나는 세상의 문학자와 더불어 아무것도 말하지 않았다. 나는 왠지 양심의 고통에 견딜 수 없을 것 같은 느낌이 들었다. 나는 스스로 문학자인 사실에 대해 심한 수치심을 느꼈다. 그 이래로 나는 자신의 예술의 품위를 에도 작가들이 하였던 정도까지 끌어내리는 것보다 좋은 방법은 없다고 생각하였다. 그 무렵부터 나는 담배갑을 차고 우키요에(浮世繪)[16]를 모으고 샤미센을 켜기 시작했다. 나는 에도 말의 희작자(戲作者)[17]와 우키요에 화가가 우라가(浦賀)[18]에 서양 함선이 출현하든 사쿠라다고몬(櫻田御門) 문에서 다이로(大老)[19]가 암살당하든 그런 일은 하민(下民)이 관여할 일이 아니다──아니, 이러쿵저러쿵 아뢰는 것은 도리어 황송한 일이라고 그냥 넘기고 음서와 춘화를 그리

---

16) 에도시대에 성행한 서민적인 풍속화.
17) 희작(戲作)을 업으로 삼는 에도후기의 통속소설가의 총칭.
18) 가나가와현(神奈川県) 요코스가(橫須賀)시 동부의 지명인데 1853년 미국 페리제독이 이끄는 함선의 내항으로 유명.
19) 에도성의 성곽문인 사쿠라다문에서 1860년 3월에 천황의 허락 없이 서양과 가조약을 조인한 다이로(大老) 이이 나오스케(井伊直弼)가 암살을 당한 사건을 가리킨다.

고 있었던 그 순간의 속마음을 어이없어 하기보다는 오히려 존경하려
고 마음먹었던 것이다[*45].

유명한 단락이지만, 신시대를 맞이하려고 하는 막부 말엽 동란기에
희작자나 우키요에 화가가 역사의 물결침은 아랑곳하지 않고 춘화 제
작에 매진하고 있었던 심정에 자신을 중첩시켰다. 이 때 가후에게 있
어서의 춘화는, 굳이 정치·사회 문제에 대한 정면적 비평으로부터 도
망쳐 자신의 모습을 초라하게 바꾸는 경우의 표상이었다. 춘화에 부치
는 사람의 생각은 상황에 따라 시대에 따라 자유자재로 색조나 음영의
표정이 바뀌어 갔다.

4. 마치며

춘화를 둘러싼 신체감각의 제상을 거론하고 그 단편을 이어가듯이
감성의 형태를 덧그려 왔다. 근세의 자료가 비추는 것은 외국인의 눈
에 비친 느긋하고 대범함, 센류에 있는 것 같은 밝음이나 골계, 떳떳지
못함도 느끼면서 웃음이나 부끄러움과 함께 일반의 사람들에게 받아
들여지고 있었던 춘화의 모습이다. 또 여성도 감상자였음을 여러 종류
의 자료가 전하고 있었다. 명사 사이에서는 춘화가 교우 매체로 여겨
지고, 억제된 진심의 마음을 위로하는 존재이기도 하였던 듯하다.
한편 근대 이후 춘화를 부끄러워하는 개념이 확산함과 더불어 춘화
의 존재감에서 밝음과 활달함이 사라지고 음란함과 그늘이 생기는 것
을 금할 수 없었다.

　이것은 쇼와 전후(戰後)시대를 살아온 집필자의 신체감각이지만, 춘화를 음란하고 부끄러운 그림이라고 은폐하는 감각이 쇼와 말기 무렵까지는 계승되고 있던 것처럼 느끼고 있다. 춘화를 부끄럽다고 여기는 메이지기의 가치관이 무의식 속에 계승되고 있었을 것이라고 짐작된다. 일반적인 우키요에의 화집에 춘화는 게재되는 일 없이, 마치 '없었던 것'으로서 세상으로부터 존재가 지워지고 있었다라고 하는 것이 실감이다.

　그러면 현재의 신체감각은 어느 지점에 있는지를 마지막으로 생각해보고 싶다. '들어가며'에서 말했듯이, 되돌아보면 춘화는 오랫동안 일반인의 눈에 접하는 것이 아니고, 재야의 연구자·호사가가 조용히 감상·연구하는 대상이었다. 그러나 1988년에 『예술신초(芸術新潮)』가 무수정의 춘화를 게재한 것을 시작으로 춘화의 향수가 일반 미술 애호가로 퍼지기 시작하였다. 헤이세이(平成)시대로 들어가 아카데믹한 연구대상으로 됨과 더불어, 아름다운 컬러 인쇄의 춘화본이 다수 출판되었다[*46].

　최근에는 대영박물관에서 춘화의 특별전 「Shunga: Sex and Pleasure in Japanese Art —— 춘화: 일본 미술에 있어서의 성과 즐거움」(2013년)이 개최되어 국내외에서 주목을 끌었다. 게다가 일본 국내에서 춘화를 테마로 한 최초의 전람회 '춘화전'이 에이세이문고(永青文庫, 2015년)와 호소미미술관(細見美術館, 2016년)에서 개최되었다. 전시회는 모두 남녀노소가 행렬을 만들 정도의 대성황이었는데 에이세이문고에는 3개월 전시기간 중에 21만 명의 방문자가 있었다. 필자도 춘화에 관한 강좌를 담당하였지만, 전람회의 감상이나 강좌의 참가는 특히 여성이 적극적이었던 인상이 있다. 음란하고 기피해야 할 것이라

고 하는 감각으로부터 문화 중 하나라고 인지하는 감각으로 받아들이
는데 변화가 생기고 있는 것은 확실하다.

　한편 대영박물관의 춘화전은 일본에서의 순회가 계획되었지만, 20
개 이상의 기관으로부터 승낙을 거절당해 실현할 수 없었다고 들었다.
일반적인 인지의 확산에 비해 공적인 기관에서의 전면적인 수용에 이
르지 못하였다. 개최 이야기가 결정되려고 하였지만, 마지막의 마지
막에 톱의 판단으로 춘화와 같은 것을 전시하는 일은 어떠한 것일까라
고, 파약(破約)이 되는 미술관·박물관이 계속하여 나타났기 때문이라
고 한다. 일본 사회의 자기규제와 촌탁(忖度)의 구조를 지적하는 목소
리도 있다[47]. 춘화를 부끄러워하는 메이지 이래의 감각과 저항감, 촌
탁에 근거하는 자기규제, 춘화에 대한 새로운 흥미나 가치를 발견하는
감각, 그것들이 혼재하고 있는 것이 현상(現狀)이라고 할 수 있다.

　공립관·사립관 모두 전람회의 일부로서 연령 제한의 전시실이 설
치되어 있는 것이 최첨단 춘화의 공개상황이다. 춘화가 외설물의 영역
을 벗어나 역사적인 문물이 되고 있다――그 도상(途上)의 시대를 살
고 있다, 라고 말할 수 있을지도 모른다.

원저자 주

*1　渡辺京二, 『逝きし世の面影』(平凡社, 2005年初版·2007年14刷参照).

*2　Sherard Osborn, A Cruise in Japanese Waters (Edinburgh and London, 1859)
　　p.151. 전게 주 1, p.34.

*3　エメェ·アンベール, 『続·絵で見る幕末日本』(講談社, 2006年初版·2016年8刷参照),
　　pp.221~222.

*4　アレクサンダー·F·V·ヒューブナー, 『オーストリア外交官の明治維新――世界周遊記
　　〈日本篇〉』(新人物往来社, 1988), p.31.

*5 レフェイアエル・パンペリー『パンペリー日本踏査紀行』(『新異国叢書』 2-6, 雄松堂書店, 1982), p.97.

*6 『明治文化史』 3, 教育道徳(原書房, 1981), p.503.

*7 정부에 의한 춘화 단속은, 石上阿希, 「明治から昭和初期の春画と取締り」(『日本の春画・艶本研究』, 平凡社, 2015)에 상세하다.

*8 花咲一男, 『川柳春画誌』(太平書屋, 2003). 이 책의 센류(川柳)는 본서를 참조하였다.

*9 『誹風柳多留』 44編17丁(1808).

*10 『川柳評万句合』 智一(1762).

*11 『折句大全』 61丁(1803).

*12 『梅柳』 15編30丁, 미견(未見).

*13 전게 주 8, pp.90~92.

*14 『誹風柳多留』 155編30丁(1838~1840).

*15 『小倉山』 16丁(1723).

*16 전게 주 8, 「具足櫃の春画」, 山本ゆかり『春画を旅する』(柏書房, 2015), pp.95~97.

*17 『紀玉川』 4編65丁(1825).

*18 『誹風柳多留』 51編6丁(1811).

*19 森鷗外, 『ヰタ・セクスアリス』(新潮社, 1949年初版・2011年86刷改版参照), pp.20~21, p.135.

*20 水田紀久・野口隆・有坂道子編著, 『完本 兼葭堂日記』(藝華書院, 2009), p.365.

*21 リチャード・レイン, 「師宣と明朝の名作艶本『風流絶暢図』原寸複刻」(『季刊浮世絵』 64, 画文堂, 1976), R・H・ファン・フーリック『古代中国の性生活』(せりか書房, 1988年初版・1989年版参照), pp.418~419.

*22 林美一, 「夢のわた梨」(『会本研究』 11, 未刊江戸文学刊行会, 1981).

*23 林美一, 「合歓会出品目録」(『会本研究』 13, 未刊江戸文学刊行会, 1982).

*24 松浦静山, 『甲子夜話』 3(平凡社東洋文庫, 1984), p.248.

*25 石上阿希, 「大名たちが正月祝いに贈った初暦」(『別冊太陽 春画』, 平凡社, 2006), ティモシー・クラーク「増衣帖」解説(『大英博物館 春画』, 小学館, 2015), p.307 등에 언급되었다.

*26 浅野秀剛, 「春画の＝大小＝暦の流行」(『別冊太陽 錦絵春画』, 平凡社, 2015年).

*27 松浦静山, 『甲子夜話続篇』 2(平凡社東洋文庫, 1982), p.119.

*28 早川聞多, 「浮世絵春画と道教」(『道教と東アジア文化』国際シンポジウム報告書13, 国際日本文化研究センター, 2000).

*29 『能宣集』 5(『新編国歌大観』 3, 角川書店, 1985), p.128.

*30　柳沢淇園, 『ひとりね』(『近世随想集』日本古典文学大系96, 岩波書店, 1965), p.57.

*31　アンドリュー・ガーストル, 「国際春画研究プロジェクト紹介」(『浮世絵芸術』160, 国際浮世絵学会, 2010), F.G. Notehelfer, ed., Japan through American Eyes: The Journal of Francis Hall Kanagawa and Yokohama 1859-1866 (Princeton University Press, 1992), p.82.

*32　『誹風柳多留』36編43丁(1807).

*33　タイモン・スクリーチ, 『春画─片手で読む江戸の絵』(講談社, 1998), p.8.

*34　リチャード・レイン, 『元禄のエロス』別冊(画文堂, 1979), p.33, アンドリュー・ガーストル『江戸をんなの春画本』(平凡社, 2011), pp.22〜23.

*35　月岡雪鼎, 『婚礼秘事袋』(太平書屋, 2009), pp.30〜31, pp.160〜161, 전게 주 34, ガーストル著書, 「春画ともじりの機能──『婚礼罌粟袋』対『婚礼秘事袋』」.

*36　전게 주 19, p.13.

*37　전게 주 34, ガーストル著書, pp.23〜24.

*38　전게 주 19, pp.15〜16.

*39　『ことたま柳』上之巻十1丁(1861[文久元]年).

*40　月岡雪鼎, 「春宵秘戯図」題辞, 가장 만년(1786)무렵의 작인가. 개인소장.
「或規余曰, 子之技雖戀也, 抑其所長陋醜, 不知其拠否, 余曰, 春画昉於西漢, 盛于6朝唐宋, 周景元, 李唐, 貴公子而手写春宵秘戯図, 吾邦紫氏源語有香王画春情之語, 亦言春画住吉所作, 称灌頂巻者, 其詞酒, 保元帝御製宸翰也, 因茲可観其来尚焉, 吾国史, 審述陰陽交会之始, 君子言則指為礒史乎 …… 於是集録唐宋以降諸家説, 以示其人, 不啻敢大方之嘲, 欲使後之観余画者知余意云」.

*41　山本ゆかり, 「月岡雪鼎試論──古典をめぐる絵画制作の再検討」(『美術史』155, 美術史学会, 2003), 山本ゆかり『上方風俗画の研究』(藝華書院, 2010) 제9장에 재록.

*42　太宰治, 『人間失格』(新潮社, 1952年初版・1999年141刷参照), pp.119〜120.

*43　永井荷風, 『濹東綺譚』(新潮社, 1951年初版・2005年78刷参照), pp.39〜40.

*44　北原白秋, 『東京景物詩及其他』중에서 「新生」(『明治文学全集』74, 筑摩書房, 1966).

*45　永井荷風, 『花火』(『花火・来訪者』, 岩波書店, 2019).

*46　山本ゆかり, 「春画研究の歴史と展望」(『美術フォーラム21』34, 2016).

*47　文化記録映画, 「春画と日本人」パンフレット(ヴィジュアルフォークロア, 2019), p.5.

제3장

'무서운 것 보고 싶음'의 근세문화사

기바 다카토시(木場貴俊)

1. 들어가며

'무서운 것 보고 싶음(こわいもの見たさ, こわいもの見たし)'이라는 말이 있다. "무서운 것은 호기심에 이끌려 도리어 보고 싶은 것"(『일본국어대사전(日本国語大辞典)』)인데, '가시코이모노미타시(畏い物見たし)'[1](寛斎『尾張俗諺』「京師通諺」, 1749년 성립[*1])나 '고와이모노와미타시키키타시(剛ひものは見たし聞きたし)'[2](松葉軒東井編,『譬喩尽』 5권, 1786년 서[序][*2]) 등, 18세기 후기 무렵에 보이기 시작한 속담인 듯하다.

애초 '코와이(こわい)'란, "강한 상대나 위해를 끼칠 수 있는 듯한 것, 정체를 알 수 없는 것, 위험한 장소 등에 대해서 몸을 멀리하고 싶어지는 느낌이다. 몸에 위험이 느껴져 섬뜩하다, 두려운" 것(『일본국어대사전』). 사람들은 왜 무서운 것을 보고 싶어지고 ── 이끌리는 것

---

1) 두려운 것을 보고 싶다는 의미.
2) 무서운 것을 보고 싶고 듣고 싶다는 의미.

인가. 에도시대 중기는 시마바라·아마쿠사 잇키(島原·天草一揆)[3]의 진압(1638년) 이후 국내외에서 살벌한 전란이 없는 평화로운 상황이 백년 이상 지속되고 있었다. 역병이나 자연재해를 제외하면, 범죄에 휘말리지 않는 한 사람들은 두려운 일을 겪을 일은 없었다. 이런 평화로운 환경이 도리어 사람들에게 (안전한) 공포를 맛보고 싶다는 충동을 싹트게 한 것은 아닐까.

본장에서는 에도 중기 이후를 중심으로 당시의 도시 문화에 있어서 '무서운 것 보고 싶음'을 생각해 가도록 한다. '보고 싶음'이라고 되어 있듯이 시각적인 공포를 주로 다룸으로써, 당시 사람들의 심성의 일단을 검토해 보고 싶다.

2. 무참한 죽음을 보다

무참한 죽음을 그린 하오리(羽織)

먼저, 한 하오리를 봐 주었으면 한다. 표면만을 보면, 여름용 무늬가 달린 하오리인 것 같지만, 뒤집으면 책형(磔刑)에 처해진 사체, 액사(縊死)한 사체, 까마귀에 살점을 쪼아 먹히고 있는 들판의 사체, 방금 자른 목을 물고 있는 개 등 처참한 그림이 나타난다. 한편 양소매에는 가스등, 인력거, 양장의 남녀 등 '문명개화'를 상징하는 도쿄의 실루엣

---

3) 1637년부터 다음 해에 걸쳐 규슈(九州)의 시마바라와 아마쿠사(天草)에서 일어난 키리시탄(キリシタン) 신도를 중심으로 한 농민 봉기. 막부의 금교정책과 영주들의 가혹한 학정에 대해 약 4만 명의 농민과 낭인들이 하라성(原城)에서 강력하게 저항하였는데 4개월 후에 막부군에 의해 함락하였다.

이 그려져 있다.

이것은 「처형장자리 묘화 하오리(処刑場跡描絵羽織)[*3]」로 불리고 있으며, 도안의 작자는 가와나베 교사이(河鍋暁斎, 1831~1889)이다. 1871년 이후에 발주를 받고 작성한 것으로 교사이 자신 또한 9살 때 칸다가와 (神田川) 강에서 방금 잘려진 목을 주워 사생한 일화가 전해지고 있다. 그 일화를 증명하듯이 박진력(迫眞力) 있게 완성되어 있다.

그러나 화가인 교사이나 처참한 그림 이상으로 이 그림을 발주한 의뢰인에게 강하게 이끌린다. 왜 이러한 죽음의 장면을 원했는지(교사이로부터 받은 제안이라고 하는 가능성도 있지만, 그것을 의뢰자가 납득한 것이 된다), 그 심성에 대해 생각해 가고 싶다.

형장 풍경

「처형장자리 묘화 하오리」를 보고 있으면, 네덜란드 상관(商館)에 근무한 독일인 의사 엥겔베르트 켐퍼(Engelbert Kämpfer)가 귀국 후에 저술한 『일본지(日本誌)』(1727년 간행)의, 에도참부(江戶参府)[4]의 일절이 상기된다.

시나가와 바로 앞에 형장이 있었는데, 차마 볼 수 없는 무서운 광경이 눈에 들어왔다. 그곳에는 인간의 목과 흩어진 지체(肢體)가 죽은 가축의 섞은 고기에 섞여 굴러다니고 있었다. 커다란 마른 개 한 마리가 썩은 인간의 시체를 후비고 돌아다니며 걸근걸근 마구 먹어대고 그 외에 몇 마리 들개와 까마귀가 나머지를 먹으려고 그 주변을 서성거리고

---

4) 에도시대 나가사키(長崎)에 있었던 네덜란드상관 관장이 무역면허의 답례로 에도에 가서 장군을 배알하고 헌상물을 바친 것.

있었다(제11장*⁴).

'시나가와 바로 앞의 형장'이란, 스즈가모리(鈴ヶ森) 형장을 말한다. 에도에서는 형장이 남북에 놓여 있었다*⁵. 북쪽은 센쥬(千住)의 고즈캇파라(小塚原, 1657년경 개설), 남쪽은 시나가와의 스즈가모리(1651년 개설)인데 모두 거대 조카마치(城下町)인 에도의 주변부에 설치되었다. 에도의 주변에 설치되었다는 것은 고즈캇파라가 오슈가도(奥州街道)나 닛코가도(日光街道), 스즈가모리가 도카이도(東海道)와, 에도의 앞현관에 형장이 접하고 있었음을 의미하고 있다. 그 때문에 켐퍼와 같은 이국에서 온 사절이 형장을 목격하기도 했다. 예를 들어, 1832년의 류큐(琉球) 사절이 스즈가모리에서 수많은 효수(梟首)를 목격하였다*⁶.

에도의 공개처형

에도의 형장은 당초 니혼바시(日本橋) 혼초(本町)에 있었다고 한다. 1622년 2월에 막부가 '사형'을 보러 모이지 않도록 법도를 내고 있었는데*⁷, 이것은 니혼바시라는 에도의 중심지에서 행해지고 있었던 일과 관련이 있다. 그 후, 아사쿠사 토리고에바시(浅草鳥越橋)의 다릿가와 아사쿠사 쇼덴쵸(浅草聖天町)의 사이호지(西方寺)로 이전하고 최종적으로는 코즈캇파라와 스즈가모리로 정해졌다.

처형은 책형(磔刑)과 화형(火刑)에 한해 공개되었으며, 그 이외의 사형 등은 고덴마초(小伝馬町)에 있는 감옥 부지 내에서 이루어졌다. 엄중한 형벌을 공개하는 행위는 장래의 범죄를 억지하는 일반예방주의(위협·견징[見懲]주의)를 반영한 것으로 생각된다*⁸.

또 공개처형 전후에는 형장에 연행할 때의 시추히키마와시(그림 1)

나 옥문(獄門, 효수·목 내걸기)이 행해
졌다. 그 때 게시판의 방문에 죄상과
형벌을 적어 주지시켰다. 그 중에서
도 시추히키마와시는 시중을 통행함
으로써 많은 사람에게 가시화된 죄악
을 보여주었다. 형벌의 공개는 막부
에 있어서 장래의 범죄를 억지하는
효과뿐만 아니라, 구경꾼에게 공포
라고 하는 형태로 위정자의 권력·권
위를 보여주는 효과도 기대하고 있
었다*⁹.

[그림 1] 〈끌고다니는 그림(引廻之図)〉,
『형벌대비록(刑罰大秘録)』로부터(국립
공문서관(国立公文書館) 소장)

사형 구경

그러한 '공포의 구경거리'라고도 할 수 있는 공개 처형에 대해 사람
들은 자주적으로 형장에 구경하기 위해 나갔다*¹⁰.

예를 들면 1832년 8월, 네즈미코조 지로키치(鼠小僧次郎吉)의 처형
이 고즈카하라(小塚原)에서 행해졌을 때, 히라도번(平戸藩) 이전 번주
인 마쓰라 세이잔(松浦静山)은 '옥문의 모습을 보고 오라고 아전을 가
게 하였다*¹¹. 그 심부름꾼의 보고에서는, '이때 옥문을 보았던 자가
2,30명 서 있었다'고 구경꾼이 있었음을 알 수 있다. 처형 전에는, 시
추히키마와시가 행해졌기 때문에 처형은 목격하지 않더라도 네즈미
코조를 보려고 밀려든 사람들이 많았을 것이다.

또, 세이잔은 "유채꽃 피어나고 처형장에 사람들도 모여 분주합니
다. 잠깐 와보시지요"라고 하는 '센쥬(千住) 매춘부의 문장'을 소개하고

있다[*12]. '하리쓰란 책(磔)을 말한다. 형장에 가까워졌기 때문이'라는 주가 있고, 오카바쇼(岡場所)[5)]와 형장이라는 주변의 땅에서 사람의 번화한 모습을 우리에게 가르쳐 주고 있다.

이러한 처형의 구경은 에도에 한정된 이야기는 아니다. 1777년 6월 25일 히로시마번(広島藩)의 오후레(御触)[6)]에 따르면, 다케가하나(竹ヶ鼻) 형장에서 '사형'이 행해질 때 '구경꾼들이 수없이 군집하'여 관리의 지시에 따르지 않고 형 집행의 지장을 초래하고 있었던 것이 문제시되었다[*13]. 문제가 되고 있는 것은 관리의 지시에 따르지 않는 점이며 구경 그 자체는 허용되고 있었다. 또한 사도(佐渡) 출신의 양학자, 시바타 슈조(柴田収蔵)의 일기에는 1842년 3월 21일 아침에 사도의 아이카와사카시타마치(相川坂下町)에서 '후미(文)라고 하는 자'의 '사형집행'이 있었지만 "나는 보러가지 않았다"고 구경이 이루어지고 있었음을 넌지시 말하고 있다[*14].

지배측의 경우도 살펴보면 은거한 막신(幕臣) 오노 나오카타(小野直方)는 1746년 11월 18일 일기에 다음과 같이 적고 있다.

> 아침 여섯시를 넘겨 규노죠, 마타키치와 함께 산페이를 데리고 감옥에 처형 구경하러 갔다. 죽을죄를 지은 5명이 조리돌림을 당하고, 죽을 죄를 지은 3명은 두들겨 맞고 풀려났다. 그 외에도 다메시모노(様物) 등이 있었다. 점심시간 즈음에 돌아와서 이후 에치고야(越後屋)에 갔다[*15].

---

5) 에도시대 에도에서 유일한 막부 공인의 유곽지역인 요시하라(吉原)에 대해 그 이외의 비공인 사창가가 모인 유곽을 가리킨다.
6) 에도시대 막부나 여러 번(藩)이 널리 일반에게 공포한 법령.

이웃인 히토미 규노죠(人見久之丞) 등과 고덴마쵸의 감옥에 가서, 그곳에서 '사형구경'을 하고 있다. 공개가 아닌 처형도 무가라면 '구경'할 수 있었던 것 같다. 더욱이 '다메시모노(樣物)'＝다메시기리(樣斬, 장군가의 도검 등이 잘 드는지를 확인하기 위해 행해진 사형자의 시체를 사용해 시험한 것)까지 구경하고 있었다. 그리고 처형 구경 후, 점심 무렵에 귀택하여 에치고야(越後屋)로 물건 사러 나갔다. 나오카타에게 있어서 '사형구경'은 일상과 이어지는 이벤트였던 것이다.

'공포의 구경거리'인 공개처형을 도시 민중은 구경하러 가고 있었다. 지배측의 공포에 의한 시위나 범죄억지라고 하는 의도와는 반대로 이것을 구경하려고 하는 사람들의 심성에는 구경꾼＝자신들은, 극형이 주어지는 죄인과는 다른 존재라는 구별이 있었을 것이다. 죄인이라고 하는 타자의 처형은 강 건너 불구경임과 동시에 흥미의 대상이었다. 죄인과 구경꾼 사이에 그어진 일선은 뒤에서 기술하는 연극이라는 허구와 현실의 경계와도 중첩되는 면이 있다.

쓰키오카 요시토시(月岡芳年)의 피투성이 그림

형벌에 의해 시각적으로 죄상이 공개된 죄인은 당시에도 현재에도 왜 죄를 범하였는지에 관심을 모은다. 그것은 가령 허구의 중죄인 경우라도 같은 말을 할 수 있다. 여기에서는 처참한 죽음을 묘사한 회화를 보고 싶다.

죽음을 그린 대표적인 회화로서 시체가 섞어가는 모습을 묘사하고 무상 등을 역설하는 「구상도(九相図)」[7]가 있지만 이번에는 막말에 등

---

7) 옥외에 버려진 사체가 섞어가는 과정을 9단계로 나누어 묘사한 불교회화.

장한 처참한 작품군을 다루고 싶다.

그것은 1866,7년에 걸쳐 제작된 「에이메이니쥬핫슈쿠(英名二十八衆句)」이다. 작자는 우타가와 구니요시(歌川国芳)의 문인(門人)이었던 쓰키오카 요시토시(1839~1892)와 오치아이 요시이쿠(落合芳幾, 1833~1904)이다. 처참한 살벌을 피투성이로 묘사한 것인데 나중에 '피투성이 그림'이나 '무참한 그림'이라고 불렸다. 요시토시는 더구나 「아즈마노하나우키요코단(東錦浮世稿談)」(1867)과 「가이다이햐쿠센소(魁題百撰相)」(1868, 9)라는 연작을 그렸다. 그렇기 때문에 요시토시＝피투성이 그림이라는 이미지가 지금은 정착하였지만, 1만 점에 미친다고 여겨지는 요시토시 작품 중에서 피투성이 그림은 이 세 작품의 120점 정도에 지나지 않고 겨우 4년간의 활동에 한정되었다.

요시토시의 피투성이 그림에 대해, 스가와라 마유미(菅原真弓)의 연구를 참고하면[*16], 「에이메이니쥬핫슈쿠」는 「나오스케 곤베에(直助権兵衛, 4세 쓰루야 난보쿠[四世鶴屋南北]의 「도카이도요쓰야괴담[東海道四谷怪談]」)」(그림 3)나 「하마지마 쇼베에(濱島正兵衛, 가와타케 모쿠아미[河竹黙阿弥]의 「아오토조시하나노니시키에[青砥稿花紅彩画]」) 등 그 대다수가 "괴담 연극이나 그것으로 촉발된 게사쿠나 유키요에 판화, 고단(講談)[8]의 상연 목록, 또는 그러한 형태로 전승되어 온 역사 고사(故事)를 취급한 것"을 주제로 하고 있다. 「아즈마노하나우키요코단」도 또한 '고단(稿談)'이라고 나와 있듯이, "고단이나 항간에서 이야기되고 있었을 이야기"를 기원으로 하고 있다. 묘화(描畫)의 특징으로서는 두 작품 모두

8) 연기자가 높은 자리에 놓인 작은 책상 앞에 앉아 부채로 그것을 두들기며 박자를 취하면서 이야깃거리를 읽어가는 일본 전통예능의 하나.

등장인물의 원망표현이나 인체묘사가 스승인 구니요시 이래의 무사화
(武者絵)[9]의 형태를 본받아, "연극이나 고단이라는 상상화" 즉 허구 속
에 피나 흉기라는 부분적인 리얼리티를 집요하게 추구하고 있었던 점
이다. 작품의 특질이며 매력이기도 한 "허구와 현실의 위태로운 혼재"
가 "그려진 인물의 억제할 수 없는 욕망이나 사악한 감정을 장식"하고
있다.

앞의 두 작품에 대해, 「가이다이햐쿠센소」는 1868년의 우에노(上野)
전쟁에서 쇼기타이(彰義隊)[10]의 사체가 넘쳐나는 참상을 실견한 체험
을 바탕으로, 남북조(南北朝)시대부터 에도 초기까지의 인물, 특히 무
인들에 우에노전쟁의 참가자를 중첩한 "멸망에 대한 오마주 또는 애도
의 글"을 묘사한 것이라고 여겨지고 있다. 본 작품의 특징은 앞의 두
작품에 비해 피가 거의 그려지지 않은 점이며, "요시토시가 직접 보았
던 조용한 현실의 죽음"을 반영한 "피가 그려지지 않은 피투성이 그림"
이라고 평가받고 있다.

스가하라의 고찰로부터 피투성이 그림이더라도 「에이메이니쥬핫
슈쿠」, 「아즈마노하나우키요코단」은 연극이나 고단이라는 허구의 '악',
「가이다이햐쿠센소」는 전쟁이라는 현실에 대한 '애도'로서 그 성격을
달리하고 있음이 판명되었다. 이러한 대비는 매우 시사적이지만 에도

9) 역사상의 무장, 또는 전설이나 문예물 속의 호걸이 영웅으로서 활약하는 장면을 그린
그림인데 에도시대부터 메이지시대에 걸쳐 유행한 '우키요에' 장르의 하나.
10) 1868년 메이지 신정부에 에도성을 인도하는 것에 반대하여 유신 정부군과 싸운 구 막부
가 결성한 부대. 에도의 마지막 장군인 도쿠가와 요시노부(德川慶喜)가 신정부에 대해
공순하게 따르려는 태도에 불만을 품고 구 막부의 신하들의 유지가 결성하여 우에노
전투에서 항전하였지만 신정부군의 총공세에 괴멸하였다.

신바시(新橋) 미나미오사카초(南大坂町) 출생의 요시토시가 우에노전쟁까지, 거듭 말하자면「에이메이니쥬핫슈쿠」를 작성하기까지 과연 처형＝현실의 처참한 죽음을 본적이 있는지 아닌지는 의문이 남는다 (그곳에 애도의 기분이 있었는지 아닌지는 별개이다).

주의하고 싶은 점은 요시토시(요시이쿠)의 피투성이 그림을 찾는 구매층＝소비자의 존재이다. 처형이나 피투성이 그림(특히 앞의 두 작품)은 매력적인 '악'의 세계이며「처형장자리 묘화 하오리(処刑場跡描絵羽織)」의 의뢰인도 그 '악'의 세계에 끌린 것은 아닐까.

3. 머리끝이 쭈뼛해지는 허구를 보다

도쿠가와 정권은 죄인을 공개로 처형하고 시체를 노출함으로써 무위(武威)를 보여 범죄 억제에 노력하였다. 한편, 민중은 그것이 무섭다는 것을 알면서도 능동적으로 구경하러 나갔다. 구경거리의 대상이 된 중죄인은 후세 연극이나 문예에서 매력적인 '악'의 캐릭터로서 등장하였다. 야오야 오시치(八百屋お七, 1683년에 화형)는 그 대표일 것이다. 그래서 본절에서는 허구, 특히 연극에 있어서의 '무서운 것'을 살펴보고 싶다.

'스즈가모리(鈴ヶ森)'라고 불리는 장면

'스즈가모리'라고 통칭되는 연극의 한 장면이 있다. 4세 쓰루야 난보쿠(鶴屋南北) 작품으로 1823년에 이치무라좌(市村座)에서 초연된「우키요즈카히요쿠노이나즈마(浮世柄比翼稲妻)」의 '스즈가모리의 장(場)'

이다.

나고야 산사에몬(名古屋三左衛門)과 시라이 효자에몬(白井兵左衛門)을 살해한 후와 반자에몬(不破伴左衛門)은, 산사에몬의 아들 산자(山三)와 서로 사랑하는 시녀인 이와하시(岩橋)를 연모하였지만 실패하고 산자와 함께 낭인이 된다. 한편 효자에몬의 아들 곤파치(權八)는 주가(主家)의 횡령을 꾀하는 백부인 혼조 스케다이유(本庄助太夫)를 토벌하여 출분(出奔)한다. 스케다이유의 아들인 게이세이 고무라사키(傾城小紫)는 부모의 적인지 알지 못하고 아름다운 젊은이 모습의 곤파치에게 첫눈에 반해 버린다. 그리고 '스즈가모리의 장'에서 부랑자와 난투를 벌인 곤파치는 마침 지나가던 협객 반즈이인 조베에(幡随院長兵衛)와 만난다.

이 장면에서, 곤파치를 노리는 부랑자인 다쓰(辰)가 "과연 정말이지 무가로서 이 스즈가모리를 단지 혼자서 끄떡도 하시지 않음은 진심으로 놀랐습니다.*17"라고 하는 것처럼, 밤의 스즈가모리는 쓸쓸하고 불길한 분위기를 자아내는 장소, 그리고 조베에(長兵衛)와 같은 협객을 만나는 주변적인 장소라는 이미지가 퍼져있었다.

그러한 시라이 곤파치(白井權八)는 모델이 있다. 그것은 이전 돗토리번(鳥取藩)의 낭인으로 악행을 거듭한 끝에 1679년에 책형에 처해진 히라이 곤파치이며, 「에이메이니쥬핫슈쿠(英名二十八衆句)」에도 「우키요즈카히요쿠노이나즈마」에 유래한 시라이 곤파치가 이름을 늘어놓고 있다.

4세 쓰루야 난보쿠의 괴담 교겐(狂言)

「우키요즈카히요쿠노이나즈마」에서, 스즈가모리 형장을 효과적으

로 사용한 4세 쓰루야 난보쿠(1755~1829, 이하 난보쿠)는 다른 연극 교
겐에서도 말에 태워 조리돌리기나 형장의 책(磔) 장면을 묘사하여(더구
나 정월 교겐에서 상연), 난보쿠의 작품에는 반드시 관통(棺桶)이 나온다
고 하는 통념이 형성되어 있었다고 한다[18]. 그러한 난보쿠가 공포를
강조하기 위해 창작한 것이 '괴담 교겐(怪談狂言, 괴담 연극)'이었다.

'괴담 교겐'이란, "대도구 등의 세공물(細工物)에 장치를 덧붙이고,
배우는 〈게렌(ケレン)[11]〉이라고 일컬어지는 애크러뱃적인 곡예를 연기
하고 일순에 인물과 면상이 변하는 배역 바꾸기"가 행해지는데 종래의
'원령 연출'이라고 불리는 가부키 교겐(歌舞伎狂言, 관객을 무섭게 만드는
것을 목적으로 하지 않는다)과는 크게 다르다[19]. 난보쿠는 초대 오노에
마쓰스케(尾上松助)와 짜고, 「덴지쿠코쿠베에코쿠바나시(天竺徳兵衛韓
噺)」(1804년 초연)를 상연하였다. 그곳에서는 거대한 두꺼비나 배역 바
꾸기라는 장치를 사용하여 관객을 놀라게 하고 여름철 흥행에서는 이
례적인 대만원을 기록하였다. 「덴지쿠코쿠베에코쿠바나시」는 엄밀하
게는 괴담이 아니지만 "요괴·유령의 괴이성을 장치·조정을 사용하여
연출하고 관객을 놀라게 만든" 점에서 '괴담 교겐'의 효시라 여겨지고
있다[20]. 그 후에도 난보쿠는 「이로이리오토기조시(彩入御伽草)」(1808년
초연, 고하타 고헤이지[木幡小平次]와 사라야시키[皿屋敷])나 「오쿠니고겐
게쇼노스가타미(阿国御前化粧鏡)」(1809년 초연, 가사네[累]와 보탄도로[牡

---

11) 가부키(歌舞伎)나 닌교죠루리(人形浄瑠璃)에서 겉보기 본위의 기발함을 노린 연출. 한
    배우가 동일 장면에서 재빨리 모습을 바꿔 두 배역 이상을 연기하는 '하야가와리(早替わ
    り, 배역 바꾸기)', 배우의 신체를 공중에 매달아 올려 무대나 화나미치(花道)위를 이동
    시키는 연출이나 장치를 가리키는 주노리(宙乗り), 특별한 장치를 해 두는 '시카케모노
    (仕掛け物, 장치물)' 등이 있다.

丹灯籠]), 「게사카케마쓰나리타노리켄(法懸松成田利劍)」(가사네[累] 와 유텐[祐天])을 창작하였다.

그리고 마쓰스케(松助)의 양자였던 3세 오노에 기쿠고로(尾上菊五郎)와 함께 1825년에 상연한 것이 「도카이도요쓰야괴담(東海道四谷怪談)」이었다. 무도한 남편 다미야 이에몬(民谷伊右衛門)으로 인해 독약을 마시고 추한 얼굴이 되어 버린 정결한 아내 오이와(お岩)가 망령이 되어 이에몬과 그의 관계자에게 복수하는 이 작품은 「가나데혼 주신구라(仮名手本忠臣蔵)」의 이면으로서 그려졌다.

연출에서는 조정이나 장치, 배역 바꾸기 등을 다용하여 오이와의 처열한 원한과 앙화(殃禍)를 다채롭게 표현했다. 나카무라좌(中村座)에서의 초연에 즈음하여서, 호야시야 쇼조(林屋正蔵)가 무대 장치에 조언하러 갔다고 한다. 이것은 쇼조가 세공사(細工師)인 이즈미 메키치(泉目吉)와 더불어 "닌조바나시(人情噺)의 줄거리에 유령 등을 등장시켜 시바이바나시(芝居噺)의 대도구나 악기를 사용하여 연출"한 '괴담바나시(怪談噺)'를 개척하고 있었기 때문에 나온 요청일 것이다*21.

구체적으로는 얼굴이 무너져 버린 생전의 오이와가, 빗으로 머리카락을 빗질하면 머리카락이 빠져 흘러내리고 선혈이 떨어지는 장면, 또는 쥐띠 해 출생인 오이와와 연관하여 쥐가 몇 번이나 해를 끼치는 장면 등을 들 수 있다.

그 중에서도 백미로 여겨지는 부분이, '주만쓰보온보보리(十万坪隠亡堀)의 장'에서의 '도이타가에시(戸板返し, 대도구 담당인 11대째 하세가와 간베에[長谷川勘兵衛]의 공적으로 여겨진다)'(그림 2*22)이다. 이것은 후카가와(深川)의 온보보리에서 이에몬이 낚시를 하고 있던 곳에 덧문짝이 흘러 당도한다. 덧문짝에는 이에몬에 의해 오이와와 하인인 고다이

[그림 2] 3대(三代目) 우타가와 도요쿠니(歌川豊国) 〈온보보리의 장(隠亡堀の場)〉, 『도카이도 요쓰야 괴담(東海道四谷怪談)』(국제일본문화연구센터(国際日本文化研究センター) 소장)

라(小平, 약을 훔치려고 했는데 이에몬에 의해 살해당했다)의 사체가 양면에 못으로 박혀 강에 흘러든 것이다. 그 덧문짝이 떠올라 먼저 오이와가 이에몬에게 원한을 말한다. 이에몬은 견디지 못하고 거적을 걸쳐뒤집으면 이번에는 고다이라의 사해(死骸)가 약을 찾아온다. 이에몬이 사해를 칼로 베면, "곧바로 뼈가 되어 뿔뿔히 수중으로 떨어져"*23 간다. 실은 오이와와 고다이라는 키쿠고로(菊五郎)의 두 배역인데, 동체를 제작물로 하고 판이 회전할 때마다 머리를 앞뒤로 바꿔 넣고 있다. 순간적인 얼굴 바꾸기는 '괴담 교겐'의 취향 중 하나이며 괴이성을 높이는 효과가 있었다.

　이러한 연출은 오이와의 앙화가 이에몬을 비롯한 '악'을 능가하고 있었음을 시각적으로 보이기 위한 것이었다. 그것은 결과적으로 기쿠고로의 평판으로 연결된다.

맡은 역할 중 비교할 수 없을 정도로 좋았다. 조연인 사토 요모시치(佐藤与茂七), 오이와(お岩)의 유령, 고보토케 고헤이(小仏小平)는 말할 것도 없고, 괴담은 오노에 쇼엔(尾上松緑)이 했을 때보다 좋아서 훨씬 더 소름끼치는 무서운 고안이었다. 흥행이 되는 공연은 연속된다고 하는데, 첫 번째 공연도 두 번째 공연도 모두 이 사람에 의해서 흥행한 것이다.(하치몬지야 지쇼, 바이시켄 하쿠오, 다메나가 슌스이[八文舍自笑 · 梅枝軒泊鶯 · 為永春水]『야쿠샤타마즈쿠시(役者珠玉尽)』, 1826년 간행)[*24].

'악'을 능가하는 앙화 이야기는 이에몬이 죽었는지 아닌지도, 그리고 오이와가 성불하였는지 아닌지도 알 수 없다. 실로 '공중에 매달린' 채로 결말을 맞이한다[*25]. 즉 종래 연극에서 볼 수 있는 권선징악이라는 설정을 일탈하여 '선'의 세계로 회수되지 않은 채로 마치는 전개 또한 '무서운 고안'인 것이었다.

변경되는 연출

「도카이요쓰야괴담」의 매력은 이에몬으로 대표되는 '악'의 세계와, 그 '악'을 능가하는 오이와의 앙화에 있었다. 앙화의 표현은 상연을 반복할 때마다 변경이 이루어졌다. 그것은 관객에 의해 공포와 놀라움을 주는 것을 노렸기 때문이었다.

1826년에 기쿠고로가 오사카에서 「이로하가나요쓰야괴담(いろは仮名四谷怪談)」에서 오이와를 연기하였을 때, "훌륭한 빗을 언니에게 주고 싶은 일념으로 로쿠로쿠비(ろくろ首)[12]가 되어 병풍 안에서 나와 난

---

12) 목이 매우 길고 자유로 신축하는 괴물.

간을 타고 2층으로 가는 바가 매우 기묘하다"(『야쿠샤추신구라[役者註眞庫]』, 1827년 간행*26)라고, 오이와가 로쿠로쿠비가 되는 취향이 추가된 듯하다*27.

또한 종반의 '헤비야마안지쓰(蛇山庵室)의 장'에서 초연시와 현재를 비교하면 오이와의 출현이나 앙화가 크게 2곳이 바뀌어 있다. 하나는 이에몬이 오이와와 친자의 성불을 기원하기 위해 나가레칸조(流れ灌頂)13)로 향하여 국자로 물을 퍼붓는 장면이다. 나가레칸조란 출산으로 죽은 자 등을 애도하는 방식으로 물가에 범자(梵字)가 쓰여진 직물 네 귀퉁이에 대나무를 받친 선반을 만들어 그곳에 국자로 물을 퍼붓는 습속으로 범자가 사라지면 성불할 수 있다고 한다*28. 그 나가레칸조에 이에몬이 가는 장면은 초연시에는 다음과 같은 전개였다.

> 이에몬은 하얀 직물 위에 물을 뿌린다. 이 물은 직물 위에서 불같은 노여움이 된다. 이에몬은 비틀비틀하게 된다. 격렬하고 질척질척하게 눈이 계속 내리며 직물 안에서부터 오이와가 임산부의 분장을 하고 허리에서 아래는 피로 물든 몸으로 아이를 안고 나타난다.

임부는 난산으로 죽은 여성의 변화인데 나가레칸조가 삽화의 배경으로 그려지는 것이 18세기 후반 이후 보였다*29. 산후의 몸 상태를 해쳐 이에몬에게 정나미가 떨어지고 마지막에는 죽음으로 몰린 오이와는 임산부의 모습이 어울린다. 작자인 난보쿠는 나가레칸조와 임산

---

13) 출산으로 죽은 여성의 영혼의 명복을 빌기 위해 다리 언저리나 물가에 봉을 세워 붉은 직물을 펼쳐 통행인에게 물을 뿌리게 하는 풍습으로 직물의 색이 바래면 망령이 성불할 수 있다고 한다.

부의 강한 관계성을 숙지하고 있었을 것이다.

나가레칸조가 불타고 임산부 모습의 오이와가 나타나는 취향은 나중에 오봉(お盆)때 공양을 위해 사용되는 초롱으로부터 빠져나오는 '조친누케(提灯抜け)'로 변경된다. 이것은 1831년부터 시작된 연출인데, 본래 눈 내리는 계절의 장면이었던 것이 이후에 오봉 시기의 사건으로 바뀌었다[30]. 여름에 상연되고 있던 것이 이 연출의 변경과 관계하고 있을 것이다.

또 하나는, 이에몬과 함께 있었던 친구인 아키야마 조베에(秋山長兵衛)를 오이와가 덮치는 장면인데 초연시에는 다음과 같이 되어 있었다.

> 조베에 머리 위로 오이와의 사령(死靈)이 거꾸로 내려와 조베에의 목덜미에 걸고 있었던 수건으로 조베에를 목졸라 죽인다. 조베에가 소리를 질렀기 때문에 오이와는 조베에의 입을 막아 조베에는 진정된다. 위의 사해를 오이와는 그 수건 끝을 가지고 난간 안으로 끌어들인다. 이에몬은 이를 알지 못하고 있다가 이 때에 갑자기 발견하고 깜짝 놀라 다가서려고 한다. 이 때 천상으로부터 피가 뚝뚝 떨어진다.

별도의 대본에서는 "차양(遮陽)으로 그대로 끌어올린다[31]"라고, 조베에를 난간으로 끌어들이는 것이 아니라 천장으로 끌어올리는 경우도 있었다. 그러나 현재는 불단(佛壇) 내의 족자 뒤에서부터 오이와가 차륜 장치로 빙글빙글 돌아 출현하여 조베에를 불단 속으로 끌어들이는, 이른바 '부쓰단가에시(仏壇返し)'의 장치가 이용되고 있다. 순식간에 조베에가 소실되어 버리는 것은 '도이타가에시'의 배역 교체와 같은 효과가 있다.

'조친누케'와 '부쓰단가에시'는 이제 오이와의 앙화를 대표하는 연출이 되었다. 다만 그것은 관객에게 한층 더 공포나 놀라움을 주기 위해서, 바꿔 말하면 즐길 수 있도록 하기 위해서 새롭게 창출된 고안 이었다. 그곳에는 제공자의 "머리끝이 쭈뼛해지는 무서운 고안"에 대한 끊임없는 탐구심과 받아들이는 자의 호기심의 대항을 엿볼 수 있다.

도깨비 집의 등장

연극에서는 무대와 객석 ── 연기자와 관객 ── 사이에는 허구와 현실이라는 일선이 그어져 있었다. 그러한 의미에서는 관객은 공포를 간접적으로밖에 체험하지 못한다. 그리고 연극보다 더욱 가까이에서 공포를 즐겨보고 싶다는 욕구가 점차 손님=소비자 안에서 싹터왔다. 그러한 욕구를 충족시키기 위해 나타난 것이 지금 이야기하는 '도깨비 집(お化け屋敷)'이라는 흥행이었다[*32].

1836년에 료고쿠에코인(両国回向院)에서 있었던 교토 사가(京都嵯峨) 석가여래(釋迦如來)의 개장에 맞추어 흥행된 구경거리, '데라시마지코미바케모노돈야(寺島仕込怪物問屋)'가 '도깨비 집'의 기원이라고 여겨지고 있다. 이것은 「덴지쿠코쿠베에코쿠바나시(天竺徳兵衛韓噺)」, 「도카이도요쓰야괴담」 등 '괴담 교겐'의 명장면을 꼭두각시를 사용하여 재현한 것인데[*33], '데라시마'는 앞에서 기술한 3대째 오노에 기쿠고로(尾上菊五郎)를 가리킨다. 이 흥행은 평판을 얻어 1838년에는 「헨시닌쿠라베(変死人形競)」, 「후류바케모노쓰쿠시(風流化物尽)」, 「핫키야코요카이쓰쿠시(百鬼夜行妖怪尽)」가 개최되었다. 이 중 「헨시닌쿠라베」는 이즈미 메키치(泉目吉)가 관여하고 있었다.

이러한 에도시대의 '도깨비 집'의 양상을 엿볼 수 있는 자료로, '다다시(多田氏)'가 그린 「도다메시신에(胴試真絵)」가 있다. '도다메시(胴試)'

=담력 시험을 하는 시설 즉 도깨비 집을 그린 것인데, 판장 속을 돌아다니며 또는 다타미(疊) 위에 앉아서 도깨비를 보는 장면이 그려져 있다. 뱀의 형태로 만든 새끼줄을 드리운 포렴을 재빨리 빠져나가고, 배가 갈라진 여자의 사체(뱃속에는 태아가 보인다)가 가로놓인 강을 건너며, 관통(棺桶)에서 소생한 사자나 '사라야시키(皿屋敷)'¹⁴⁾를 방불케 하는 우물에서 나타나는 유령, 거대한 고양이 머리(우쓰시에[写し絵¹⁵⁾, 환등]에 의한 영상인가)를 구경하는 모습 등이 그려졌다. 또한 그림에서는 인형을 사용하여 입체적인 공포를 연출하려고 하던 것을 엿볼 수 있다.

'도깨비 집'은 손님이 연극보다 괴이함에 능동적으로 접근하여 (의사(擬似)적이기는 하더라도) 보다 강렬한 공포를 체험할 수 있다. 공포는 이미 오락, 그리고 영업 대상이 되어 있었던 것이다.

4. 추악한 삽화를 보다

지금까지 처형이나 '괴담 교겐', '도깨비 집' 등, 3차원적인 '무서운 것'을 중심으로 열거해 왔다. 마지막으로 2차원, 즉 평면의 '무서운 것'을 보러 가기로 한다. 앞의 피투성이 그림도 해당하지만 여기에서는 이야기를 시각적으로 나타낸 삽화에 주목해 본다*³⁴.

---

14) 오키쿠(お菊)라고 하는 여성의 망령이 접시를 헤아리는 것으로 유명한 괴담 이야기의 총칭.
15) 유리판 등에 인물, 경치 등을 그려, 그것을 환등기로 벽이나 흰 직물에 비춘 것을 가리키는데 에도시대 말기부터 메이지시대 말까지 홍행.

구사조시(草双紙)와 요미혼(読本)

구사조시는 17세기 후반부터 19세기에 걸쳐 에도에서 출판된 게사쿠(戯作)소설인데, 거의 모든 지면에 삽화가 있고 삽화의 여백에 문자가 쓰여있는 특징을 가진다. 또한 구사조시는 신춘(新春)에 신작을 파는 것을 그 명분으로 하고 있어서 축의(祝儀)성이 강한 것이었다.

간세이(寬政) 말기부터 교와 연간(18세기 말~19세기 초)에는 복수를 제재로 한 작품(복수물)이 증가하고, 골계미가 있는 기보시(黄表紙)에서 권선징악이나 충효 등에 기인한 고칸(合巻)으로 구사조시의 형태와 내용이 변화해 갔다. 복수물은 처참한 살인이나 고문 등 기학(嗜虐)적 취향이 점차 애호를 받게 되어[*35], 그곳에 괴이나 기병(奇病)도 도입되어 갔다. 오타 난포(大田南畝)는 1805년 2월 4일의 서간에서 "작년부터 구사조시가 고가로 정해져 팔리기 어렵다고 생각합니다. 대개 복수의 세계, 살벌한 풍조는 춘색(春色)을 해치는 것입니다."(大田定吉宛[*36])라고 그 기학성이 경사스런 신춘에 어울리지 않는다고 기술하고 있다.

한편, 요미혼은 "문장을 으뜸으로 하여 1권에 삽화가 1,2장 있는 책자"(교쿠테이 바킨[曲亭馬琴], 『근세물의 책 에도작자부류[近世物之本江戸作者部類]』 권2[*37])로 19세기에 에도에서 출판된 것은 '에도 요미혼'이라고 학술적으로 불러지고 있다. 이 에도 요미혼도 구사조시와 마찬가지로 괴기성·잔학성이 요구되고 있었다.[*38]

독자들의 눈을 끌기 위해 구사조시(草双紙)·요미혼(読本) 모두 삽화가 중요시되었다. 특히 각 마주보는 두 페이지에 삽화가 배치되어있는 구사조시는 작품──상품으로서의 성패가 그곳에 걸려있었다. 그러면 산토 교덴(山東京伝)의 작품을 예로 잔학성·괴기성을 반영한 삽화를 보도록 하자.

『무카시가타리이나즈마뵤시(昔話稲妻表紙)』(우타가와 도요쿠니[歌川豊国] 그림, 1806년 발간[*39])는, 사사키(佐々木) 집안의 횡령을 꾀하는 후와 반자에몬(不破伴左衛門)에 대해 충신인 나고야 산자부로(名古屋山三郎)가 아버지의 원수로서 복수하는 이야기인데, 권5 하(下)에 반자에몬(伴左衛門) 일행을 고조자카(五条坂)에서 매복하며 결전하는 장면에서는 피투성이 참상이 그려진다. 그 위쪽에는 피자국과 개의 발자국이 있고 한 장을 넘기면 커다란 여백을 남기고 들개가 방금 잘린 목을

[그림 3] '잘린 목을 물고 있는 들개(生首을 くわえた 野良犬)' 그림, 『무카시가타리이나즈마뵤시(昔話稲妻表紙)』로부터(국문학연구자료관(国文学研究資料館) 소장)

물고 있다. 앞의 연극「우키요즈카히요쿠노이나즈마(浮世柄比翼稲妻)」는『무카시가타리이나즈마뵤시』를 각색한 것인데, 잘린 목을 물은 개는「처형장자리 묘화 하오리(処刑場跡描絵羽織)」에도 공통의 모티브가 되고 있다.

또한『바이카효레쓰(梅花氷裂)』(우타가와 도요쿠니[歌川豊国]그림, 1807년 간행[*40])에서는, 가라코토 우라에몬(唐琴浦右衛門)은 중국 도래의 금붕어를 헌상한 포상으로 명도(名刀)를 얻었는데 아내인 가케하시(桟)는 후루토리 사분타(旧鳥養文太)에 속아 밀통하고 우라에몬의 첩으로 임신하고 있었던 모노하나(藻の花)를 살해해 버린다. 모노하나의 원령은 금붕어에 씌어, 그 앙화로 가케하시는 점차 금붕어의 모습이 되는 기병(奇病)에 걸려 버린다. 그 후 가케하시는 사분타에 의해 살해당해 버리

[그림 4] 병(業病)에 걸린 가케하시(桟)를 살해하는 사분타(簑文太),
『바이카효레쓰(梅花氷裂)』로부터(국문학연구자료관 소장)

는데(그림 4), 잘려 떨어진 머리는 입에서 불꽃을 뿜어 차륜처럼 돌면서
사라져 버렸다.

출판통제

1807년 9월 18일, 에이리요미혼아라타메가카리기모이리묘슈(絵入
読本改掛肝煎名主, 4명)가 임명되어 소설류를 출판 전에 검열하게 되었
다. 이를 위해 묘슈들은 산토 교덴(山東京伝)을 참고인으로 불러 저술의
방식을 묻고, 조시(草紙)·요미혼(読本)류 음미의 내의(内意)를 일러주었
다. 그 내의에 입각하여 11월 28일부로 교덴과 교쿠테이 바킨은 연명으
로 구상서(口上書)를 제출하였다[*41]. 그 내의에서 문제가 되고 있는 곳
은 "근래 조시·요미혼의 작품이 자칫 강악(強惡)·살벌·불길한 도안
등이 많아서 좋지 않습니다."라고 하는 일점이었다. 교덴과 바킨은
자신들은 공고를 지켜, "그때그때의 유행, 풍문 등의 사항"은 결코 쓰지

않고 권선징악이나 "선인·효자·충신의 전기", "아이와 부녀자의 소양"
이 되는 작품을 쓰고 있다고 주장하였다. 그 한편에서 '강악한 취의'를
한결같이 만들어서, '살벌·불길한 도안'만을 취급하고 있는 무리도 있
어서, 이들은 매상도 각별히 좋다고 듣고 있다. 두 사람은 그러한 장면
이나 삽화를 없애도록 하고 있지만 도리어 매상이 나쁘다고 듣고 결과
적으로는 조금 넣고 있었다. 이러한 풍조를 두 사람만으로는 바꿀 수
없기 때문에 '생업을 해 가는 작자들 및 화가'를 불러내어, 조시·요미
혼류에서 "각별하게 강악의 사항·매우 불길한 사항·각별히 살벌한
사항·도리에 어긋난 천재, 화난(火難)의 도안 등을 굳게 삼가"하여,
쓰지 않도록 분부해 주도록 청원하고 있다. 단, 이 구상서가 제출된
시점에서 다음 해의 신판 고칸의 제작은 마치고 있었다(교덴의 작품에도
'살벌, 불길'은 없애지 않았다).

그 1808년 9월, 아라타메가카리가 마치부교쇼(町奉行所)[16]에 요청하
여 묘슈(名主)·지혼(地本)[17] 도매상 중간 경유로 작자·화공들에게 규제
를 통달하고 있다. 바킨(馬琴)의 『저작당잡기(著作堂雜記)』에는 지혼 도
매상 당번인 쓰타야 쥬자부로(蔦屋重三郎)로부터 받은 '편지왕래의 사
본'을 적어두고 있다.

　　　고칸작품수칙의 사항(合卷作風心得之事)
　　　- 남녀 모두 흉악한 것
　　　- 같은 기병(奇病)을 앓고 몸 안에서 불 등이 일어나고, 이에 관한

---

16) '마치부교'는 에도시대의 직명으로 영내의 도시부의 행정과 사법을 담당하는 관리직으
　　로서 막부뿐만 아니라 여러 번(藩)도 이 관리직을 설치하였다.
17) 에도에서 출판된 구사조시(草双紙)류를 가리킨다.

괴이한 것
- 악부(惡婦)가 강력한 것
- 여자 및 유년자가 도적 줄거리인 것
- 사람의 머리 등이 날아다니는 것
- 장례 중의 신체
- 섞은 물 속의 사해(死骸)
- 천재의 것
- 이조(異鳥), 이수(異獸)의 그림

이것 외에 뱀 같은 것이 온 몸과 수족을 휘감고 있는 것, 일체[이 사이는 불명], 부부의 연을 맺었는데, 나중에 알고 보니 부모와 자식 관계이거나 남매이거나 하는 것, 모든 것을 현재에 구애되는 것 등은 좋지 않다. 관계자가 촌장인 야마구치 쇼자에몬(山口庄左衛門)에게 전달했다고 하는데 이런 방침에 관해서는 동료들과 의논해 앞으로 그런 작품이 출판되지 않도록 주의를 기울여 뜻에 부합하도록 해야한다는 점을 설명하는 바이다.

9월 20일
쓰타야 쥬자부로(蔦屋重三郎)
　　　저작자*42

이것은 1810년의 신판(新版) 고칸(合卷)의 작품에 대한 단속이 목적이며, 이후의 고칸은 살벌한 복수물에서 연극취미적인 권선징악의 작품으로 변화해 갔다.

그러나 사토 유키코(佐藤至子)가 "호학성의 후퇴는 작중에 괴이함을 완전히 그리지 못하게 되었다는 점과 같은 것은 아니"다라고 말하고 있듯이*43, 지금까지는 잔학행위와 괴이가 인과관계로 결부되어 있었

을 뿐이고 본래는 별개였다. '고칸작품수칙'에서는 신체의 이상이나
손상, 사악한 인간 등, 인간에 관해서는 "과도한 폭력표현이나 이상사
(異常死)에 대한 흥미를 부채질하는 듯한 표현 및 반사회적인 악을 긍
정하는 듯한 표현"이 금지의 대상이 되어 있다. 따라서 신체 이상에서
유래하지 않는 괴이는 허용되어 새롭게 '요술'이라는 단면으로 표현하
게 되었다.

노카제(野風)의 업병(業病)

한편 요미혼에서는 「고칸작풍수칙(合卷作風心得)」 이후에도 기병 등
이 그려졌다. 그 중에서도 특히 추악한 부류의 작품을 소개하도록 한
다. 가미야 호슈(神屋蓬洲)의 요미혼 『천연기우(天緣奇遇)』(1812년 간행)
이다[44].

가키쓰의 난(嘉吉の乱)을 배경으로 한 오이에 소동물(御家騒動物)[18]
인데, 다음과 같은 줄거리이다. 아카마쓰 하루토키(赤松春時)는 오니
즈카 도켄(鬼塚道見)에 의해 멸망당한 아카마쓰 쓰네스케(赤松常祐)로
부터 쓰네히메(常姫)를 떠맡았으며 명검 히류마루(飛竜丸)도 물러받았
다. 그 하루토키도 도켄으로부터 살해당하고 쓰네히메는 뽈매에게 채
이고, 하루토키의 아내인 사키카(咲華)는 도켄의 부하인 요코시마 군
토로쿠(横島軍藤六)에 의해 안면을 잘게 잘리어 살해당했다. 하루토키
와 사키카의 아들인 요네키치(米吉) 단 한 사람만 남겨졌는데, 그는
허드렛일을 하면서 남몰래 검법을 배웠다. 그리고 군토로쿠의 아내
노카제는 사키카의 앙화로 온몸에 99개의 입이 열려버린다. 사누키

---

18) 에도시대 다이묘가(大名家)의 내분을 가리킨다.

시도지(讚岐志度寺)에서 노카제를 구경거리로 하여 돈을 벌고 있었던 군토로쿠를 조우한 요네키치는 노카제에 씌인 사키카의 영혼으로부터 양친의 적이 군토로쿠와 그 주인인 도켄이라는 이야기를 들었다. 군토로쿠에게 복수한 후, 하루유키(春之)라고 칭하였던 요네키치는 산신의 인신공양이 되려고 하였던 쓰네히메를 도와 산신이라고 거짓을 꾸미고 있었던 도켄에게 복수하였다.

주목하고 싶은 것은 병으로 99개의 입이 나타난 노카제이다(그림 5). 사누키노쿠니(讚岐国) 시도우라(志度浦)에 사는, "간사한 지혜가 깊고, 가장 완고한 본성"을 가지며 "항상 간계(奸計)를 꾸며 수많은 사람들을 해치는 일이 격심하고 세상에 유례가 없는 여자 도적"인 노카제는 감기와 같은 증상에 빠져 전신이 부어버렸다(사키카의 앙화). 우리 아이가

[그림 5] 99개의 입이 그려진 노카제(九十九口の野風),
『천연기우(天緣奇遇)』로부터(국문학연구자료관 소장)

그립다고 울부짖었기 때문에 막내를 옆에 가게 하자 기쁘게 끌어안은 것도 한순간, 아이의 머리를 씹어 으깨어 먹어버렸다. 그 후 노카제의 신체에 다음과 같은 변화가 일어난다.

> 노카제의 안면이 저렇게 피를 막 흘리는 것으로 보여, 종양처럼 부어 오른 곳이 어느샌가 갈라졌다. 별도로 하나의 입이 생겨 치아가 죄다 갖추어졌다. 그 입에서 비린내가 나는 숨을 계속 내뱉으며 가장 애처로운 소리를 내어 내 아이가 그립다고 외쳤다. 더구나 보고 있는 동안 얼굴 부분에 입이 생기는 것이 4개, 5개 정도 되는데 배에도 등에도 손발에도 마찬가지로 수많은 입이 생겨 어느새 99개의 입이 만들어졌다. 모든 입들로부터 내 아이가 그립다고 외쳤기 때문에 흡사 벼락이 치는 것처럼 그 목소리가 실로 엄청나고 다른 촌리까지 들렸다.*45

99개의 입이 전신에 나타난 노카제의 모습은 흡사 도깨비의 몸이다. 이형(異形)이 된 노카제에 대해 주인인 도켄은 시도지(志度寺)의 개장에서 구경거리로 하여 돈을 벌도록 제안하고, 군토로쿠는 그 이야기에 편승한다. "고금에 괴이하고 기이한 것을 보건대 어쩌면 머리가 두 개 있는 아이, 뱀을 부리는 여자, 인어·뇌수(雷獸)의 종류, 그 외에 예를 들어 헤아릴 틈이 없지만 99개의 입을 가진 여자라고 하는 것은 아무도 보지 못하였다."라고 선전하는 흥행가옥에는 '참마의 반 뱀장어'와 더불어 노카제의 간판이 걸려 있었다(그림 6). 이형이 된 노카제는, "왕래하던 사람들도 이로 인해 눈을 가리고 코를 감출 뿐이었다. 그렇지만 이러한 기이한 것을 때마침 보고 싶은 것이 세상사로, 예의 사람들이 전후로 뒤엉키고 혹은 늙은 자를 쓰러트리고 젊은 자를 밀어 젖히며, 몸을 펴서 발돋움하고 일어서서 이것을 보려고 앞다투었다.

[그림 6] 구경거리 흥행가옥(見世物小屋), 『천연기우』로부터(국문학연구자료관 소장)

몹시도 소란스럽기까지 떠들썩하였다."라는 인기 모습이었다. 이 묘사로부터 흥행가옥과 도깨비 집이 가까운 성격이었음을 알 수 있다.

노카제를 구경하는 군중 중에 요네키치가 있었다. 요네키치를 알아본 사키카의 영혼은 이때다 싶어서 노카제의 99개의 입을 사용해 불러서 멈춰 세워 지금까지의 경위를 설명한다. 바로 '공수'이다. 사키카는 "울분을 풀기 위해 이렇게 군토로쿠의 아내 몸에 따라붙어, 철저하게 쓰라림을 당하는구나. 99곳의 입을 보라. 진정으로 이와 같이 상처를 입고 수라도로 향해간다. 내 원령이 하는 업보이다."라고 말하며 복수를 요네키치에게 의탁한다. 역할을 완수한 노카제는 "아파서 마구 뒹굴며 괴로워하면서 숨이 끊어지는" 최후를 맞는다.

5. 마치며

이상 에도 중후기의 처참한 시각문화를 보았다. 형벌이라는 현실과
연극이나 문예라는 허구, 둘 다 '악'의 영역에 속하는 것 또는 그 '악'을
능가하는 것이 '무서운 것'으로 취급되었다. 악업을 하는 자와 그것을
보고 있는 우리는 다른 존재라는 의식, 그 구분을 이루는 일선(一線)이
야말로 공포를 오락으로 삼는 도시문화를 만들어낸 것은 아닐까 생각
하고 있다. 그 가운데에서 처형, 연극, 흥행물, 읽을거리 등을 제공하
는 측은 서로 자극하고 한층 더 공포의 표현을 지향하였으며 보고 소비
하는 측은 그것을 쾌락으로 원하였다. 이 발신과 수신의 긴장관계에
의해 공포의 도시문화는 성숙해 갔다.

미하일 바흐찐(Mikhail Bakhtin)은 기성의 체제와 질서를 흔들며 높
은 지위와 정신적인 모든 것을 물질적·육체적으로 하락시키는 작용을
가진, 민중의 웃음 문화의 흐름을 담은 미적 개념을 '그로테스크 리얼
리즘(민중적 그로테스크)'라고 불렀다[*46]. 본 장에서 보았던 막부의 의도
를 뛰어넘은 처형 구경에 대한 관심이나 권선징악을 일탈한 괴담 교겐
의 감상, 처참한 간행물 구독 등 민중의 능동적인 행동은 이 '그로테스
크 리얼리즘'과 겹치는 부분이 있다(제공자 측 안에도 그 점을 고려하는
사람들이 있었을 것이다). 다만, 「고칸작풍수칙」과 같은 규제로부터는
일탈하는 것이 아니었던 점은 주의해 두고 싶다. 규제하는 사회 속에서
최대한 오락으로서의 공포가 창출되어 수용되어 간 것이다.

마지막으로, '무서운 것 보고 싶음'의 문화 그 이후에 대해 보고 싶
다. 공개 처형은 개명(開明)적이지 않다고 여겨져 1868에 화형, 1870년
에 책형, 그리고 1879년에는 효수형이 폐지되었다. 그중에서 후지타

[그림 7] 「책형 그림(磔刑之図)」, 『도쿠가와막부형사도보(徳川幕府刑事図譜)』로부터
(국립국회도서관(国立国会図書館) 소장)

신타로(藤田新太郎)가 에도시대의 범죄·포박·고문·형벌, 그리고 메이
지 초기의 형정(刑政)을 도해(圖解)한 『도쿠가와막부형사도보(徳川幕府
刑事図譜)』를 작성하였다(1893년간). 메이지 일본의 문명적인 사법제도
를 전대와 비교하면서 구미에 보여주기 위해 편찬한 것인데 외국인도
구매층에 포함되었다. 그 대부분을 차지하고 있던 것은 에도시대의
처참한 장면이었다(그림 7).

  『천연기우(天縁奇遇)』는 가미야 호슈(神屋蓬洲) 원작, 2세 류테이 다
네히코(柳亭種彦) 작, 우카가와 요시토미(歌川芳州) 그림의 『관음수호
보검(観音守護宝剣)』으로서 1860년에 재차 간행되었다. 그 후 박문관(博文館)
의 제국문고(帝国文庫) 『교정 다네히코걸작집(校訂種彦傑作集)』에 수록
되었는데(1894년 간행), 99개의 입을 가진 노카제(野風)에 관한 삽화는

게재되지 않았다.

그러나 '무서운 것 보고 싶음'의 문화는 근대를 거쳐 현대가 되어도 여전히 없어지기는커녕 오히려 번성해지고 있다. 예를 들어 아시아·태평양 전쟁 이후 '괴기 만화'라는 장르가 확립되었다[*47]. 공포의 정체를 폭로하여 해결로 이끄는 경우가 많은 소년용 만화에 대해 공포를 공포인 채로 끝내는 결말이 많은 소녀용 만화 중에서 괴기물은 활발하게 그려졌다. 그 중에서도 우메즈 가즈오(楳図かずお)는 기존의 '괴기 만화'와 구별하기 위해 새롭게 '공포 만화'라는 말을 만들어내고 독자적인 작풍을 확립해 갔다[*48]. 우메즈를 대표로 하는 다양한 개성을 가진 작가에 의한 다종다양한 괴기·공포의 표현, 그러한 괴기 만화에 특화된 단행본을 간행한 히바리쇼보(ひばり書房) 등의 미디어에 의해 그 계보는 현대까지 길게 이어지고 있다. 그 밖에도 영화[*49]나 체험형 어트랙션[*50] 등, '무서운 것'을 희구하는 사람들의 수요에 부응하여 다양하게 산출되고 있다.

'무서운 것 보고 싶음'의 문화는 지금도 여전히 사람들을 매료하고 있다.

원저자 주

[*1] 『名古屋叢書三編』 8(名古屋市教育委員会, 1982).

[*2] 宗政語十緒校訂, 『譬喩尽』(同朋舎, 1979).

[*3] 교토문화박물관(京都文化博物館) 관리. 해설은『絵画の冒険者 暁斎 Kyosai──近代へ架ける橋』(京都国立博物館, 2008)에 의한다.

[*4] エンゲルベルト・ケンペル『新版 改訂・増補 日本誌』 6(霞ケ関出版, 2001).

[*5] 에도의 형벌·형장에 대해서는 주기(注記)하지 않은 한, 대니얼 보츠먼(ダニエル・ボ

ツマン)『피로 물든 자비, 채찍질 하는 제국(血塗られた慈悲, 笞打つ帝国)』(インター
シフト, 2009)을 참고하였다.

*6 『甲子夜話続篇』 7(平凡社, 1981).

*7 『大日本史料』 12-44(東京大学出版会, 1977). 전거(典拠)로서『도부실록(東武実録)』
    을 인용하고 있다.

*8 石井良助, 『江戸の刑罰』(中央公論社, 1964).

*9 ダニエル·ボツマン「秩序の象徴将軍のお膝元での刑罰と権力」(전게 주 5 수록).

*10 본절에 대해서는, 우지이에 미키토(氏家幹人), 「오늘은 처형 구경(今日は処刑見物)」
    (『増補版大江戸残酷物語』, 洋泉社, 2017)을 참고로 하였다.

*11 전게 주 6.

*12 『甲子夜話』 2(平凡社, 1977).

*13 『広島県史 近世資料編』 3(広島県, 1973).

*14 『柴田収蔵日記』 一(平凡社, 1996).

*15 『官府御沙汰略記』 一(文献出版, 1992).

*16 菅原真弓, 「虚構から現実への階梯——月岡芳年「血みどろ絵」のリアリティ」(『浮世絵
    版画の十9世紀』, ブリュッケ, 2009). 이하의 인용도 이 논문에 따른다.

*17 『鶴屋南北全集』 9(三一書房, 1974).

*18 郡司正勝, 「解説「四谷怪談」の成立」(『新潮日本古典集成45 東海道四谷怪談』, 新潮
    社, 1981).

*19 石井明, 「怪談噺の誕生」(小松和彦編『日本妖怪学大全』, 小学館, 2003).

*20 香川雅信, 『江戸の妖怪革命』(角川学芸出版, 2013).

*21 전게 주 19.

*22 전게 주 18.

*23 「도카이도요쓰야괴담(東海道四谷怪談)」의 인용은 전게 주 18에 의한다.

*24 와세다(早稲田)대학 도서관 소장본(チ13-03849-0088)에 의한다.

*25 廣末保, 『四谷怪談』(岩波書店, 1993).

*26 와세다(早稲田)대학 도서관 소장본(チ13-03849-0089)에 의한다.

*27 연극에 있어서 로쿠로쿠비(轆轤首)의 취향에 대해서는, 요코야마 야스코(横山泰子)
    「근세문화에서 로쿠로쿠비의 형상에 대해(近世文化における轆轤首の形状について)」
    (전게 주 19 수록)을 참조할 것.

*28 高達奈緒美, 「流灌頂」(福田アジオ他編『日本民俗大辞典』下, 吉川弘文館, 2000).

*29 木場貴俊, 「ウブメ 歴史的産物としての怪異」(『怪異をつくる——日本近世怪異文化
    史』, 文学通信, 2020).

*30 전게 주 18.

*31　전게 주 18.

*32　이하, 가가와 마사노부(香川雅信), 「에도시대의 도깨비 집(江戸時代のお化け屋敷)」(『怪』 40, 2013)에 의한다.

*33　「도카이도요쓰야괴담(東海道四谷怪談)」도 또한, 흥행의 외잡하고 그로테스크한 요소를 받아들이고 있었음을 히로스에 다모쓰(廣末保)가 지적하고 있다(전게 주 25).

*34　쓰지 노부오(辻惟雄), 『기상의 에도삽화(奇想の江戸挿絵)』(集英社, 2008)를 참조할 것.

*35　佐藤悟, 「草双紙の挿絵──文化5年「合巻作風心得之事」の意味」(『国文学解釈と鑑賞』 63-8, 1998), 佐藤至子, 「残虐から幻妖へ 合巻に描かれた怪異」(小松和彦編『妖怪文化の伝統と創造』, せりか書房, 2010), 同『江戸の出版統制──弾圧に翻弄された戯作者たち』(吉川弘文館, 2017).

*36　『大田南畝全集』 19(岩波書店, 1989).

*37　曲亭馬琴, 『近世物之本江戸作者部類』(岩波書店, 2014).

*38　高木元, 「江戸読本に見る造本意識」(『アジア遊学』 109, 2008).

*39　『山東京傳全集』 16(ぺりかん社, 1997).

*40　전게 주 39.

*41　高木元, 「江戸読本の形成─板元鶴屋喜右衛門の演出─」(『江戸読本の研究』, ぺりかん社, 1995). 구상서(「内々以書付申上候覚」)는 이 논문으로부터 인용하였다.

*42　전게 주 35, 사토 사토루(佐藤悟) 논문으로부터 인용.

*43　전게 주 35, 사토 유키코(佐藤至子) 논문.

*44　국문학연구자료관·하치노헤시립도서관 편(国文学研究資料館·八戸市立図書館編) 『요미혼사전(読本事典)』(笠間書院, 2008)의 해설을 참조할 것.

*45　국문학연구자료관(国文学研究資料館) 소장본(ナ4─756)에 의한다.

*46　ミハイル·バフチン『フランソワ·ラブレーの作品と中世·ルネッサンスの民衆文化』(せりか書房, 1980). 또한 구와노 다카시(桑野隆)『증보 바흐찐(増補バフチン)』(平凡社, 2020)을 참조할 것.

*47　米沢嘉博, 『戦後怪奇マンガ史』(鉄人社, 2019).

*48　高橋明彦, 「楳図かずおの恐怖概念」(『楳図かずお論』, 青弓社, 2015).

*49　一柳廣孝·吉田司雄編, 『映画の恐怖』(青弓社, 2007), 小中千昭『恐怖の作法』(河出書房新社, 2014).

*50　橋爪紳也, 『化物屋敷』(中央公論社, 1994).

부기

원고를 완성한 후, 히라노 가쓰야(平野克弥), 『에도유민의 소요-전환기 일본의 민중문화와 권력(江戸遊民の擾乱-転換期日本の民衆文化と權力)』(모토하시 데쓰야[本橋哲也] 역, 岩波書店, 2021년)을 손에 넣었다. 이 책에는 '그로테스크 리얼리즘'이라는 장이 설정되어 있으며 본장과는 다른 그로테스크의 시각에서 에도문화를 논하고 있다. 이쪽도 참조하였으면 한다.

제4장

요괴는 어디에서 느껴져 온 것인가

- 미즈키(水木) '요괴'의 원풍경 -

이토 료헤이(伊藤龍平)

1. 들어가며: 대중문화 속의 '요괴'

　현재 '요괴'가 등장하는 소설, 만화, 애니메이션, 게임, 드라마, 영화는 끊임없이 만들어지고 있다. 대중문화 속의 '요괴'는 붐을 지나 정착했다고 해도 과언이 아니다. 흥미가 있고 없고는 별도로 치고 사람이 '요괴'라는 단어에서 상기하는 이미지는 고정되었을 것이다. 즉 "기묘한 모습을 한 인간이 아닌 캐릭터"라는 것이 현대 일본인이 품고 있는 평균적인 '요괴'상이라고 생각된다. 이것은 현대의 '요괴'들이 주로 시각적으로 포착되는 것으로 여겨지고 있음을 의미한다. 어느 연구자는 요괴에 관한 책을 낼 때에는 반드시 출판사로부터 비주얼한 자료를 요구받았다고 말하였다.

　그러한 대중문화 속의 '요괴'의 원천이 된 것은, 첫째로 에도의 화가들이 그린 요괴이며(거슬러 올라가면 중세의 요괴 그림 두루마리에 당도한다), 둘째로 민속학의 보고서나 자료집에 실리는 민간전승(주로 구승문예) 속의 요괴이다. 이 장에서는 대중문화 속에 등장하는 통속화된 '요괴'를 괄호 첨부로, 그 이전의 요괴는 괄호 없이 표기하기로 하였다.

요괴가 '요괴'가 되는데 중요한 역할을 한 것이 만화가 미즈키 시게루(水木しげる, 1922~2015)[1]였다. 현재 미즈키 시게루가 창출한 '요괴' 상과 개념은 해외에도 파급하고 있다[*1]. 그 미즈키 시게루의 '요괴'는 두 계통으로 대별된다.

하나는 에도의 화가 토리야마 세키엔(鳥山石燕, 1712~1788)의 『화도백귀야행(画図百鬼夜行)』(1776년)과 그 속편군에서 시작된 계통인데, 잠정적으로 이것을 '세키엔-미즈키 라인'이라고 부르기로 한다. 덧붙여 미즈키는 『그림책 백가지 이야기(絵本百物語)』(1841년, 돈산진[桃山人] 작, 다케하라 슌센사이[竹原春泉斎] 그림)의 요괴화도 원소재로 많이 채용하고 있다.

또 다른 하나는, 야나기다 구니오(柳田國男, 1875~1962)의 『요괴담의(妖怪談義)』(修道社, 1956)에 수록된 「요괴명휘(妖怪名彙)」(초출은 『민간전승(民間伝承)』, 1938~1939) 속의 요괴로부터 시작되는 계통인데, 이쪽은 잠정적으로 '야나기다-미즈키 라인'이라고 부른다. 「요괴명휘」에는 도판이 없고, 이쪽 계통의 요괴들의 모습은 모두 미즈키의 디자인에 의한다.

이 장에서는 대중문화 속의 '요괴'의 원천이 된 세키엔-미즈키 라인과 야나기다-미즈키 라인의 요괴 성질을, 미즈키의 발언·작업에 밀착

1) 미즈키 시게루(水木しげる, 1922~2015): 일본의 만화가이자 요괴연구자. 오사카에서 태어나 돗토리현(鳥取県) 사카이미나토시(境港市)에서 성장하였는데 1958년에 만화가로 데뷔하여 요괴만화의 제1인자로 평가받았다. 성장하였던 사카이미나토시에 그의 기념관이 있다.

하면서 파악하고 싶다. 그 때 요괴가 '요괴'가 되기 이전, 일본인은 어디에서 요괴를 느껴왔는가 하는 점에 주목한다. 그렇게 함으로써 시각에 호소하는 경향이 강한 현대의 '요괴'들을 상대화해 그 특징을 떠올릴 수 있을 것이기 때문이다. 그곳에서 대중문화의 일단을 엿볼 수 있을 것이다.

또한 논지의 일부는 졸저『무언가가 뒤를 따라 온다 – 요괴와 신체 감각(何かが後をついてくる – 妖怪と身体感覚)』(青弓社, 2018년)과 중복하고 있음을 미리 밝혀둔다.

2. 미즈키 '요괴'의 두 계통

요괴재판

우선, 미즈키 '요괴'의 두 계통의 생성 과정에 대해 본인의 발언을 골라내어 보도록 하자. 다음으로, 교고쿠 나츠히코(京極夏彦)와의 대담을 인용한다('미즈키씨'는 미즈키의 1인칭[*2]).

> 미즈키: 교사이(曉斎)도 좋지만, 미즈키씨는 세키엔을 매우 재미있어 합니다. 왜냐 하면, 그림을 본 순간 '이것이다!'라고 무심코 무릎을 두드렸으니까요. 음…… 그러니까 나는 말이죠, 「키타로(鬼太郎)」가 팔리고, 「소년 매거진(少年マガジン)」으로 원고료를 받으면 간다(神田)에 가서 세키엔의 일본 재래식 제본책을 샀습니다만.
> 교고쿠: 세키엔! 자주 나와 있었어요!
> 미즈키: 책을 보고 있을 때에는…… 재판관 같은 기분이었어요. 요

괴의 그림을 그릴 때도 "응, 이것은 맞다. 이것은 올바르지
　　　　않다"라며 그리지만 그것과 마찬가지에요.
교고쿠: 아, 방금 전의 요괴상과 마찬가지군요. 심판을 내렸다(웃음).
미즈키: 세키엔의 책 속의 요괴를 마치 재판관처럼, "음, 이것은 옳다
　　　　고 인정한다!"라고 말하는 것처럼 그런 작업을 처음부터 아
　　　　무도 말하지 않았는데도 하고 있었어요.
교고쿠: 즉, 요괴에 대한 선정안을 가지고 계셨던 것이군요. 특히
　　　　형태에 관해서는 엄격하셨다.
미즈키: 그래서, 세키엔의 것이라도 좋은 부분은 전부 채용하고 나쁜
　　　　것은 저렇게 했습니다만…… 그래서 결국 그 원리로 자연히
　　　　야나기다 구니오로 옮겨 갔던 셈입니다.

　모두에 나는 대중문화 속의 '요괴'를 '기묘한 모습을 한 인간이 아닌
캐릭터'로 정의했지만, 이것은 그대로 세키엔이 그린 요괴들에게도
적용된다. 위의 미즈키의 발언에 있는 "그림을 본 순간 '이것이다!'라
고 무심코 무릎을 두드렸다"라는 곳에 유의하고 싶다. 세키엔도 미즈
키도 요괴를 시각적으로 포착하고 있었다.
　또 미즈키 발언의 "재판관 같은 기분"이라고 하는 것도 재미있다.
미즈키는 세키엔의 요괴화를 '요괴'의 프로토타입으로 삼았지만 그 모
두를 채택한 것은 아니다. 교고쿠가 말하는 '선정안'('심미안'이라고 바
꿔 말할 수 있다)을 가지고 세키엔의 요괴들을 가려내어 '요괴'를 만들어
냈다.
　채택할 때에도 미즈키는 단순히 세키엔의 요괴화를 트레이스한 것
은 아니었다. '요괴'의 의장 그 자체는 세키엔의 그림에 의거하면서도
배경을 세세하게 그려 넣고 있다. 교고쿠와의 대담 속에서, 미즈키는

"나의 경우, 요괴 그림을 그릴 때에는 배경으로부터 어떻게 하여 그 요괴의 느낌을 낼지, 라고 하는 점을 유의하고 있었기 때문에 …… 그렇게 하지 않으면 요괴도 죽어 버린다"고 말하며 요괴 체험을 재현하려고 하였다. 다음으로 고마쓰 가즈히코(小松和彦)와 대담한 발언을 인용한다.

> 미즈키: 저는 아이든 누구든 그 요괴를 만났을 때의 놀라움을 넣고 있어요. 그렇지만 세키엔의 그림에는 그것이 없습니다. 요괴뿐입니다. …… 그렇기 때문에 만났을 때의 놀라움이라든가, 어떤 곳에 있는가라고 하는 이야기를 그림 속에 짜넣고 있습니다. 배경을 포함하여 모든 것을 세키엔보다는 상세히 설명한다. 그렇다고 할지, 실재감을 내도록 하고 있는 것입니다[*3].

요괴가 아닌 요괴

그러면 세키엔의 요괴화 중에서 미즈키의 심미안에 의해 걸러진 것은 어떠한 것이었는가. 고마쓰와의 대담에서 미즈키는 다음과 같이 말하고 있다.

> 미즈키: (인용자 주·세키엔은) 요괴가 아닌 요괴도 그리고 있었어요. 『습유(拾遺)』라든지 칭하며, 『화도 백귀야행』이 잘 팔렸기 때문에 다음에도 다시 내었어요. 그렇게 되면 절반 정도는 억지로 갖다 붙인 것 같은 느낌도 있었으니까요. 나는 그런 요괴를 넣지 않았어요.

미즈키가 말했듯이 세키엔은 『화도 백귀야행』 뒤에, 『금석화도 속백귀(今昔画図続百鬼)』(1779), 『금석 백귀습유(今昔百鬼拾遺)』(1781), 『백기 쓰레즈레부쿠로(百器徒然袋)』(1784)로 연이어 요괴화집을 간행하였다. 나중에 말하겠지만 경향으로서는 미즈키가 '요괴'로서 인정한 것은 세키엔 저작력의 전반에 많고 후반에는 적다. 다만, 오랜 집필력 속에서 미즈키 자신의 스탠스도 흔들리고 있었다. 거듭되는 요괴 사전류의 간행 속에서, 미즈키는 '요괴'의 종류 증가를 도모하여 세키엔의 요괴화 속에서, "억지로 갖다 붙인 것 같은 느낌의" "요괴가 아닌 요괴"도 넣게 되었다.

미즈키는 독자적인 심미안에 근거하여, 세키엔의 그림 속에서 '요괴'를 선정(미즈키의 말을 빌리면 '인정')해 갔다. 이것은 세키엔을 만나기 이전에 미즈키의 머리 속에는 '요괴'가 시각적으로 있었음을 의미한다. 이 점에 대해 미즈키는 대담 속에서 이렇게 말하고 있다.

> 미즈키: 그러니까 세키엔의 그림으로 70퍼센트 정도는 납득한 것입니다. 어렸을 때부터 생각해 왔고, 논논바(のんのんばあ)에게 가르쳐 받은 요괴의 느낌을 세키엔의 그림은 모두 가지고 있었기 때문에. …… 나의 그림에는, 세키엔의 그림과 똑같이 그리고 있는 것도 있지만 그것은 내가 인정한 것입니다. 이것은 요괴라는 의미입니다. …… 그래서 세키엔 이후는 야나기타 구니오의 『요괴담의』로 나아갔지만, 결국 그렇게 하여 형상화함으로써 요괴를 납득하는 것입니다, 나 자신이.

처음에 '논논바'(가게야마 후사[景山ふさ]. 미즈키 집에서 가정부로서 일하고 있던 여성) 등으로부터 들었던 요괴 이야기가 있고, 거기에 알맞은 '요괴'가 세키엔의 요괴화 중에서 픽업되었다. 그 후 야나기다의 저작

(『요괴담의』 권말의 「요괴명휘(妖怪名彙)」일 것이다)에 관심을 옮겨갔음을 알 수 있다. 시계열로 말하자면, 먼저 세키엔-미즈키 라인의 '요괴'들이 태어나고 그 이후 야나기다-미즈키 라인의 '요괴'들이 태어났다[*4].

고마쓰와의 대담에서도 미즈키는 "세키엔의 그 방법을 보고, 그렇다면 하는 식으로 야나기타 구니오의 문장을 참고로 하여 나의 현대 감각으로 했던 것입니다. 그래서 새로운 요괴도 세키엔이 그린 것보다 늘어난 것입니다."라고 말하고 있다. 물론 야나기다가 꼽은 요괴들에 대해서도 미즈키는 독자적인 심미안으로 마주보고 취사선택 끝에 '요괴'를 창출해 갔다.

요괴와 대치하는 방법이라는 점에서 세키엔과 야나기타에 공통하는 점은, 박물학적인 수집 버릇·분류 버릇일 것이다. 그러나 미즈키가 결부시킬 때까지는 세키엔과 야나기타라는, 시대도 개성도 저술의 목적도 다른 두 인물이 수집한 요괴를 동렬로 늘어놓는 자는 많지 않았을 것이다. '요괴'의 생성 과정에서 미즈키의 수행한 역할을 생각할 때 잊어서는 안 되는 점이다.

3. '요괴'가 될 수 없었던 요괴들

『요괴 무엇이든 입문(妖怪なんでも入門)』의 '요괴'들

대중문화 속의 '요괴'는 세키엔의 요괴화로부터 미즈키 개인의 심미안에 의해 선택된 것을 바탕으로 생성해 갔다. 그러면 세키엔의 요괴 가운데 미즈키는 무엇을 '요괴'로 인정하고 무엇을 '요괴'로 인정하지 않았는가? 이것은 일고할 가치가 있는 문제이다.

  93년의 생애에서 미즈키는 수많은 요괴도감을 편찬하였다. 당초는 아이들용으로, 그 후에는 어른용으로도 그려진 그 도감류가 대중문화 속의 '요괴'상을 결정했다고 해도 과언이 아니다. 그러한 미즈키의 요괴 도감 중에서 에폭 메이킹이 된 것이 『요괴 무엇이든 입문』(小学館, 1974)이다. '입문 백과시리즈'의 하나로 간행된 이 책은 그 시점에서 미즈키의 '요괴'관의 집대성이다. 후년 미즈키의 요괴도감이 속속 간행되리라고는 알 길이 없었다. 이른바 미즈키 '요괴'의 에센스가 집약되어 있었다. 뿐만 아니라 미즈키 이외의 저자에 의한 요괴도감의 본보기가 되었다. 이 책의 중요성은 시미즈 준(清水潤)이 지적한 바가 있었다[5].

  여기에서는 하나의 시도로서 세키엔의 요괴화를 『요괴 무엇이든 입문』에, (1) 채택되어 그림도 같음, (2) 채택되었지만 그림은 개변, (3) 채택되었지만 그림은 없음, (4) 채택되지 않음의 4종으로 분류했다. 또한 『그림책 백가지 이야기(絵本百物語)』에 대해서도 같은 작업을 하였다(표 1 참조). 물론 이것이 난폭한 작업임은 잘 알고 있었다. 『요괴 무엇이든 입문』에 채택되지 않은 세키엔의 요괴화가 나중에 미즈키의 요괴도감에 받아들여진 예도 많이 있고, 반대로, 『요괴 무엇이든 입문』에 채택된 세키엔의 요괴화가 그 후의 미즈키의 요괴도감에서 실리지 않게 된 예도 있었다. 그러나 그것을 근거로 한다고 하더라도 미즈키 '요괴'의 원풍경을 생각할 힌트가 여기에 있는 것은 아닐까라고 생각한다. 덧붙여 말하면 미즈키는 요괴 이름에도 미세한 조정을 더하고 있지만 이하의 표기는 세키엔에 준하였다.

채택 / 미채택의 이유

(1) 채택되고 그림도 동일

『화도 백귀야행』에서는 51례 중 20례가 채택.『금석화도 속백귀』에서는 54례 중 19례,『금석 백귀습유』에서는 50례 중 14례,『백기 쓰레즈레부쿠로』에서는 48례 중 4례가 눈에 띄는 개변 없이 그대로 채택되었다.

이들이 미즈키가 절대로 틀림없다고 보증을 하여 인정한 '요괴'늑대 중문화 속의 '요괴'들이다. '요괴'의 원형이라고도 할 수 있을까.

[표1] 미즈키 시게루가 채택한 세키엔 요괴 일람

[표 1-1] 『화도 백귀야행(画図百鬼夜行)』(1776년)

① 채택되어 그림도 같음 (20례)					
가와우소(獺) ※1	아카나메(垢嘗)	규키(窮奇)	아미키리(網剪)	쓰루베비 (釣瓶火)	우바가비 (姥が火)
가샤(火車)	노데라보 (野寺坊)	사카바시라 (逆柱)	마쿠라가에시 (反枕)	미코시(見越) ※2	쇼케라 (しょうけら)
효스베 (ひょうすべ)	와이라 (わいら)	오토로시 (おとろし)	누레온나(濡女)	누리횬 (ぬうりひょん)	아카시타 (赤舌)
눗페호 (ぬっぺほふ) ※3	우완 (うわん)				
② 채택되었지만 그림은 개변 (11례)					
고다마(木魅)	덴구(天狗)	야마비코 (幽谷響)	야마와로(山童)	야마우바(山姥)	네코마타 (猫また)
갓파(河童)	우부메(姑獲鳥)	유키온나(雪女)	시료(死靈)	우시오니(牛鬼)	
③ 채택되었지만 그림은 없음 (2례)					
후라리비 (ふらり火)	데노메 (手の目)				

④ 채택되지 않음 (18례)

이누가미 시라치고 (犬神 白児)	다누키(狸)	기쓰네비 (狐火) ※4	조로구모 (絡新婦)	이타치(鼬)	소겐비 (叢原火)
야나리(鳴屋)	우미자토 (海座頭)	다카온나 (高女)	뎃소(鉄鼠)	구로즈카 (黒塚)	히토반 (飛頭蛮)
이키료(生靈)	유레이(幽靈)	누리보토케 (塗仏)	가고제(元興寺)	오우니(苧うに)	아오보즈 (青坊主)

※1 표지에 사용. 만화도 재록 / ※2 그림을 조금 개변하였음 / ※3 표기는「눗페라보(ぬっぺらぼう)」/ ※4「기쓰네노히다마(狐の火玉)」라는 요괴는 있음

[표 1-2] 『금석화도 속백귀(今昔画図続百鬼)』(1779년)

① 채택되어 그림도 같음 (19례)

오니(鬼) ※1	산세이(山精) ※2	스이코(水虎)	사토리(覚)	오사카베(長壁)	히케시바바 (火消婆) ※3
와뉴도 (輪入道)	히토다마(人魂) ※4	간바리뉴도 (加無波理入道) ※5	아메후리코조 (雨降小僧)	히요리보 (日和坊)	호네온나 (骨女)
누에(鵺)	히히(比々) ※6	도도메키 (百々目鬼)	부루부루(震々)	덴조쿠다리 (天上下)	모몬지 (百々爺) ※7
가네다마(金靈)					

② 채택되었지만 그림은 개변 (5례)

고센조비 (古戦場火)	가와아카고 (川赤子)	이쓰마데 (以津真天) ※8	오카부로(大禿) ※9	아마노자코 (天逆毎) ※10	

③ 채택되었지만 그림은 없음 (1례)

아부라아카고 (油赤子)					

④ 채택되지 않음 (29례)

오마가토키 (逢魔時)	히데리(魃)	슈텐도지 (酒顚童子)	하시히메(橋姫)	한냐(般若)	데라쓰쓰키 (寺つつき)
뉴나이스즈메 (入内雀)	다마모노마에 (玉藻前)	우시노토키마 이리(丑時参)	시라누이 (不知火)	아오사기비 (青鷺火)	조친비(提灯火)

하카노히 (墓の火)	가타와구루마 (肩輪車)	온모라키 (陰摩羅鬼)	사라카조에 (皿かぞえ)	후나유레이 (船幽霊)	후루쓰바 키노레이 (古山茶の霊)
아오뇨보 (青女房)	게조로(毛倡妓)	자미(邪魅)	모료(魍魎)	무지나(貉)	노부스마 (野衾)
노즈치(野槌)	쓰치구모 (土蜘蛛)	가이코츠(骸骨)	오쿠비(大首)	히노데(日の出)	

※1 조금 개변하였음 / ※2 조금 개변하였음 / ※3 표기는 「훗케시바바(ふっけしばばあ)」 /
※4 조금 개변하였음 / ※5 표기는 「간바리뉴도(かんばり入道)」 / ※6 조금 개변하였음 /
※7 표기는 「몬모지지(もんもじじい)」 / ※8 표기는 「이쓰마덴(いつまでん)」 / ※9 표기는 「오카무로
(おおかむろ)」 / ※10 표기는 「아마노쟈쿠(あまのじゃく)」

[표 1-3] 『금석 백귀습유(今昔百鬼拾遺)』(1781년)

① 채택되어 그림도 같음 (14례)

닌교(人魚)	호코(彭侯)	덴구쓰부테 (天狗礫) ※1	도로타보 (泥田坊)	고쿠리바바 (古庫裏婆)	오시로이바바 (白粉婆)
자코쓰바바 (蛇骨婆)	엔엔라(煙々羅) ※2	간기코조 (岸涯小僧) ※3	고사메보 (小雨坊)	아야카시 (あやかし)	오자토 (大座頭)
히마무시뉴도 (火間虫入道)	게우케겐 (毛羽毛現)				

② 채택되었지만 그림은 개변 (1례)

가쿠레자토 (隠里)					

③ 채택되었지만 그림은 없음 (0례)
④ 채택되지 않음 (35례)

신키로(蜃気楼)	쇼쿠인(燭陰)	진멘주(人面樹)	한곤코(返魂香)	도조지네카네 (道成寺鐘)	도다이키 (燈台鬼)
가게온나(影女)	게라케라온나 (倩兮女)	모미지가리 (紅葉狩)	오보로구루마 (朧車)	가젠보(火前坊)	미노비(蓑火) ※4
아오안돈 (青行燈)	아메온나(雨女)	기도(鬼童)	오니히토구치 (鬼一口)	자타이(蛇帯)	고소데노테 (小袖の手)

하타히로(機尋)	셋쇼세키 (殺生石)	후리(風狸)	모린지노카마 (茂林寺釜)	가쿠레자토라 조몬오니 (隠里羅城門鬼)	요나키이시 (夜啼石)
바쇼노세이 (芭蕉精)	스즈리노타마 시(硯の魂)	뵤부노조키 (屏風闚)	모쿠모쿠렌 (目目連)	교코쓰(狂骨)	메쿠라베 (目競)
우시로가미 (後神)	이야야(否哉)	호소시 (方相氏)	다키레이오 (滝霊王)	하쿠타쿠 (白澤)	

※1 조금 개변하였음 / ※2 표기는 「엔라엔라(えんらえんら)」 / ※3 조금 개변하였음 / ※4 「미노무시비(みのむし火)」는 있음

[표 1-4] 『백기 쓰레즈레부쿠로(百器徒然袋)』(1784년)

① 채택되어 그림도 같음 (4례)					
덴조나메 (天井嘗)	시로우네리 (白容裔)	사자에오니 (栄螺鬼)	호키가미 (箒神)		

② 채택되었지만 그림은 개변 (0례)

③ 채택되었지만 그림은 없음 (0례)

④ 채택되지 않음 (44례)					
다카라부네 (宝船)	지리즈카카이 오(塵塚海王)	후구루마요히 (文車妖妃)	오사코부리 (長冠)	구쓰쓰라(沓頬)	바케노카 와고로모 (ばけの皮衣)
기누타누키 (絹狸)	고로카(古籠火)	호네카라카사 (骨傘)	쇼고로(鉦五郎)	홋스모리 (払子守)	야리케초 (鎗毛長), 고인료(虎隠良), 젠후쇼(禪釜尚)
구라야로 (鞍野郎)	아부미쿠치 (鐙口)	다이마쓰마루 (松明丸)	부라부라 (不々落々)	부라부라 (不々落々)	가미오니(髪鬼)
쓰노한조 (角盥漱)	후쿠로무지나 (袋狢)	고토후루누시 (琴古主)	비와보쿠보쿠 (琵琶牧々)	샤미초로 (三味長老)	에리타테 고로모(襟立衣)
교린린(経凜々)	뉴바치보 (乳鉢坊), 효탄고조 (瓢箪小僧)	모쿠교다루마 (木魚達磨)	뇨이지자이 (如意自在)	보로보로톤 (暮露々々団)	미노와라지 (蓑草鞋)

멘레이키 (面霊鬼)	헤이로쿠(幣六)	운가이쿄 (雲外鏡)	스즈히코히메 (鈴彦姫)	후루우쓰보 (古空穂)	무쿠무카바키 (無垢行騰)
조쿠보론 (猪口暮露)	세토타이쇼 (瀬戸大将)	고토쿠네코 (五徳猫)	나리가마(鳴釜)	야마오로시 (山颪)	가메오사(瓶長)
다카라부네 (宝船)	다카라부네 (宝船)				

※ 다카라부네(宝船)는 3번 나온다.

[표 1-5] 「그림책 백가지 이야기(絵本百物語)」(『도산진야화(桃山人夜話)』)(1841년)

① 채택되어 그림도 같음 (5례)

하쿠조스 (白蔵主) ※1	이소나데 (礒なで)	하구로벳타리(歯黒べったり) ※2	아카에이 노우오 (赤ゑいの魚) ※3	아즈키아라이 (小豆あらひ) ※4	

② 채택되었지만 그림은 개변 (0례)

③ 채택되었지만 그림은 없음 (0례)

④ 채택되지 않음 (39례)

히노엔마 (飛緑魔)	고와이(狐者異)	시오노초지로 (塩の長次郎)	시니가미(死神)	노주쿠노비 (野宿の火)	네부토리 (寝ぶとり)
마메타누키 (豆狸)	야마치치 (山地々)	야나기온나 (柳おんな)	로진노히 (老人の火)	사누키노테아 라이오니(讃岐 の手洗い鬼)	슛세호라 (出世ほら)
규소(旧鼠)	후타쿠치온나 (ふた口おんな)	미조이다시 (みぞいだし)	구즈노하 (葛の葉)	시바에몬 타누키 (芝右衛門狸)	나미야마(浪山)
가타비라 가쓰지 (かたびらが辻)	후나유레이 (船幽霊)	유이곤유레이 (遺ごん幽霊), 미즈고이 유레이 (水乞ゆうれい)	데오이헤비 (手負蛇)	고이노히카리 (五位のひかり)	가사네(かさね)
오키쿠무시 (お菊虫)	노뎃포 (野鉄ぽう)	덴카(天火)	노기쓰네 (野ぎつね)	오니쿠마(鬼熊)	가미나리 (神なり)

야마오노코 (山おのこ)	쓰쓰가무시 (恙むし)	가제노카미 (風の神)	가지가카카 (鍛冶が嬶)	야나기바바 (柳ばば)	가쓰라오토코 (桂おとこ)
요루노가쿠야 (夜楽屋)	마이쿠비 (舞くび)	스오우노오가마 (周防の大蝦蟇) ※5			

※1 표기는 「하쿠소즈(はくそうず)」 / ※2 표기는 「오하구로벳타리(お歯黒べったり)」 / ※3 표기는 「아카에이(赤えい)」 / ※4 표기는 「아즈키토기(あずきとぎ)」 / ※5 「가마(がま)」 는 있음

(2) 채택되었지만, 그림은 개변

『화도 백귀야행』에서는 51례 중 11례가 개변 후 채택됐다. 『금석화도 속백귀』에서는 54례 중 5례, 『금석 백귀습유』에서는 50례 중 1례, 『백기 쓰레즈레부쿠로』에서는 48례 중 0례였다.

개변 이유를 찾는 것은 어렵지만, 미즈키가 화가로서의 개성을 발휘했다기보다, 대중적인 이미지에 가까이 하고 있는 경향이 강하다(예를 들면 덴구[天狗][2], 네코마타[猫又][3], 갓파[河童][4], 유키온나[雪女][5] 등).

(3) 채택되었지만 그림은 없음

『화도 백귀야행』에서는 51례 중 2례가 채택되지만 그림은 없다. 『금석화도 속백귀』에서는 54례 중 1례, 『금석 백귀습유』는 50례 중 0례, 『백기 쓰레즈레부쿠로』도 48례 중 0례였다.

---

2) 얼굴이 붉으며 코가 높고 신통력을 가지고 있어서 하늘을 자유롭게 날아다니며 깊은 산에 산다는 상상적인 괴물.

3) 일본 고전의 괴담이나 민간전승 등에 나오는 고양이 요괴인데 크게 산 속에 있는 짐승과 인가에서 기르는 고양이가 늙어서 둔갑하는 두 종류로 나뉘어진다.

4) 물에 사는 요괴로서 일본 요괴 중에서도 가장 유명한 것 중 하나이다.

5) 일본의 고전이나 민간전승 등에 나오는 눈의 요괴로서 눈의 정령(精靈)이 둔갑해서 나타나며 흰옷을 입은 여자.

이것들은 해설문에만 등장하는 '요괴'이지만, 어느 쪽이든 미즈키는 나중에 도상화하고 있다. 케이스로서는 거의 없다고 말해도 좋다. 역시 미즈키에게 있어서 요괴는 그려지는 것이었다[*6].

(4) 채택되지 않음

『화도 백귀야행』에서는 51례 중 18례가 미채택. 『금석화도 속백귀』에서는 54례 중 29례, 『금석 백귀습유』에서는 50례 중 35례, 『백기 쓰레즈레부쿠로』에서는 48례 중 44례가 미채택이었다.

이렇게 열거하면 일목요연하지만, 미즈키 자신이 말했듯이 세키엔의 후반의 저작이 될수록 채택률이 낮아져, 『백기 쓰레즈레부쿠로』에 이르러서는 9할이 채택되지 않았다. 그 결과 『백기 쓰레즈레부쿠로』의 요괴들은 지명도가 낮고 대중문화 속의 '요괴'에서는 볼 수 없는 것이 많다.

미즈키가 이러한 요괴들을 채택하지 않은 이유에 대해 명확하게 대답하기는 어렵지만, 어떤 종류의 경향은 파악할 수 있다. 지면의 사정으로 상술은 피하지만, ①문예계의 요괴, ②기물(器物)계의 요괴, ③광물(光物, 도깨비불)계의 요괴, ④유령계의 요괴, ⑤동물계의 요괴(동물 그대로의 모습인 것), ⑥현상계의 요괴(괴이 주체가 없는 것)…… 이 채택되지 않은 경향이 강하다. 다만, 기물계에 대해서는 『백기 쓰레즈레부쿠로』 속 요괴가 대량 채택되지 않아 숫자를 밀어 올리고 있는 면이 있다.

4. 요괴를 느끼는 부위

요괴를 캐치하다.

나는 민간 전승의 요괴 대부분은 신체감각의 위화감으로부터 생겼다고 생각하고 있다[*7]. 일상생활 속에서 지각한 사소한 위화감이 개인을 넘어 사람들 사이에서 공유되었을 때 요괴로 인식된다. 그렇게 하여 태어난 요괴 속에는 몇 세대에 걸쳐 전승되어 가는 것도 있고 다른 지역에 전파하는 것도 있다.

그렇다면 요괴를 신체 어디에서 느끼는가 하면 크게 나누어 눈(시각), 귀(청각), 코(후각), 혀(미각), 피부(촉각)의 다섯 가지 기관이 된다. 유사한 요괴가 많은 이유 중 하나는 인간의 감각기관이 제한되어 있다는 점을 들 수 있을 것이다.

다만, 실제로는 이러한 5관이 복합하여 요괴를 느끼는 것이나, 또한 5관 이외의 감각기관에서 느껴지는 일도 있어 명확하게는 구분하기 어렵다. 예를 들어, 밤길을 걷고 있는 사람에게 들씌워지는 오바리욘[6](オバリヨン, 이른바 '온부오바케[おんぶお化け]', 유사 요괴가 많다)은, 당초에 목소리의 요괴로서 나타나고(청각) 다음에 등에 들씌워진다(촉각). 또한 산길을 걷고 있는 사람에게 격렬한 공복감을 안기는 히다루가미[7](ヒダルガミ, 이것도 유사 요괴가 많다) 등은 5관의 어느 쪽에 호소한다고

---

6) 니가타현(新潟県) 산조시(三条市)에 전해지는 요괴 또는 이와 유사 요괴의 총칭. 밤에 덤불 속을 걸으면 갑자기 '오바리욘'이라고 외치면서 등에 씌어진다. 그리고 몸이 작지만 점차 무거워지고 쉽게 떨어지지 않는다고 여겨진다.
7) 산길을 걷는 자가 귀신 들려 갑자기 공복을 느껴 움직일 수 없게 만들어버리는 요괴. 서일본에 많이 전해진다.

정하기도 어렵다. 위의 구분은 어디까지나 편의적인 것이다.

　그렇다면 특히 요괴를 감지하기 쉬운 기관은 있는 것일까. 이와 관련하여 미즈키는 귀 = 청각의 중요성을 역설하고 있다. 이하, 미즈키의 발언을 인용하면——"요괴라고 하는 것은 거의 보이지 않습니다, 형태는.……소리, 소리, 소리입니다, 역시! 소리밖에 없습니다"(교고쿠와 한 대담에서의 발언), "나의 생각에 따르면요, 요괴를 캐치하는 경우에는 역시 소리예요"(고마쓰와 한 대담에서의 발언). 게다가 교고쿠와 함께 한 대담에서는, 온도나 습기의 변화에 대해서도 언급하여 "요괴는 전체로 느끼는 것이구나"라고도 발언하고 있다. 처음에 청각이 있고, 그 후 신체 전체로 요괴를 느낀다고 하는 것 같다.

　미즈키가 요괴를 시각적으로 포착하여 '요괴'를 창출해 갔던 점에 대해서는 앞에서 말하였다. 그러나 한편으로 요괴는 보이지 않는 것이라고도 이야기하고 있다. 이 모순을 해결하는 것은 어렵지만, 굳이 정합성을 갖게 한다면, 요괴 화가란 눈에 보이지 않는 소리를 그리는 일이 된다. 그렇다면 요괴 화가의 선배 세키엔도 소리를 그린 것일까.

　실은 세키엔의 요괴화 가운데 명확하게 소리의 요괴를 그린 것은 적다. 예를 들면『화도 백귀야행』에 실린 야마비코[8])(幽谷響, 개와 같은 모습으로 그려져 있다), 야나리[9])(鳴屋, 도깨비의 모습으로 그려져 있다), 우완[10])(うわん, 오뉴도[大入道][11])의 모습으로 그려져 있다),『금석 백귀습유』

---

8) 일본의 요괴 중 하나로 각지에서 전승되고 있는데 대다수는 산신이나 그 친족이라는 성격을 띠고 있다. 山彦라고도 한다.
9) 일본 각지의 전승에서 보이는 괴이(怪異) 중 하나로 집이나 가구 등이 원인도 없이 흔들리는 현상이다.
10) 우완(うわん)은『화도 백괴야행』등 에도시대의 요괴화에 등장하는데, 치아를 검게 칠한

에 실린 요나키이시[12](夜啼石, 바위에 달라붙는 아이가 그려져 있다) 등이 그러하다. 그 밖에 『백기 쓰레즈레부쿠로』에는 악기가 변한 요괴가 몇 가지 있지만(쇼고로[鉦五郞], 고토후루누시[琴古主], 비와보쿠보쿠[琵琶牧々], 샤미초로[三味長老]……) 소리의 요괴라고는 말하기 어렵다.

물론 미즈키가 말하는 '요괴를 캐치하'는 단서로서의 '소리'는 단순히 소리의 요괴를 가리키는 것은 아니다. 그러나 그렇다 해도 세키엔의 요괴화에서는 미즈키가 말하는 '요괴라고 하는 것은 거의 보이지 않는다', '소리밖에 없다'라고 하는 인식은 엿볼 수 없다. 일본을 대표하는 두 명의 요괴 화가는 상당히 성향이 다른 것 같다.

세키엔은『화도 백귀야행』의 발문에서 "시는 인심이 사물에 느끼고 소리를 내는 바, 그림은 또한 무성의 시라고 하는 것이다. 형태가 있고 소리가 없다. 그 이일 저일에 따라서 정을 일으키고 느낌을 자아낸다."고 기술하고 있다.[*8] 마음의 움직임을 소리로 내면(청각에 호소하면) 시가 되고, 붓으로 나타내면(시각에 호소하면) 그림이 된다는 것이다. 또,『금석 백귀습유』의 서문에서는『고킨와카슈(古今和歌集)』,『쓰레즈레구사(徒然草)』의 서문을 흉내내어, "와카는 천지를 움직이고, 이것은 눈에 보이지 않는 귀신을 거짓으로 붓이 가는대로 괴이한 것, 미친듯한 모습을 매년 그린다"라고도 썼다.

요괴가 양손을 치켜들고 호통치며 위협하는 모습이지만 설명문이 없기 때문에 정체는 미상이다.

11) 중대가리의 몸집이 큰 남자, 그런 모양의 도깨비.

12) 밤이 되면 우는 소리가 들리는 전승을 가진 돌. 그 중 도카이도(東海道)의 사요노나카야마(小夜中山)에 있는 것이 유명한데 도적에 살해당한 임신부로부터 태어난 아이가 돌밑에서 울고 있는 것을 마을 사람이 구했다고 한다.

세키엔도 미즈키와 마찬가지로 요괴를 '눈에 보이지 않는' 것으로 여기고 있다. 그러나 미즈키와 같이 '소리'에 의지하지는 않는다. "그림은 또한 무성의 시라고 하는 것이다. 형태가 있고 소리가 없다."라고 큰소리치며 '거짓'의 요괴를 그려 간다. 그곳에 청각은 없다.

「요괴명휘(妖怪名彙)」를 그리다

가노파(狩野派)의 화가였던 세키엔은 요괴는 눈에 보이는 것('화제[畫題]'로서 눈에 보인다'라는 의미), 형태가 있어서 그릴 수 있는 것이라는 점이 그 전제가 되었을 것이다. 그렇기 때문에 카노파의 선배인 도사 미쓰노부(土佐光信)가 그렸다고 여겨지는 『백귀야행 그림두루마리(百鬼夜行絵巻)』를 서명에 써넣었던 것이다. 요괴의 원체험으로서 논논바로부터 들은 구두전승의 세계가 있었던 미즈키와의 결정적인 차이이다. 어린 시절의 미즈키에게 있어서 요괴란 귀로 듣는 것이고 눈으로 보는 것이 아니었다. 이 점은 또 다른 한쪽의 극인 야나기다−미즈키 라인의 '요괴'들을 염두에 두면 이해하기 쉽다[*9].

앞의 대담에서 미즈키는 "세키엔의 것이라도 좋은 부분은 전부 채용하고 나쁜 것은 저렇게 했습니다만⋯⋯ 그래서 결국 그 원리로 자연히 야나기다 구니오로 옮겨 갔다"라고 말하고 있다. 여기에서도 요괴를 선정할 때 독자적인 심미안을 활용하였다.

그러나 세키엔의 경우와 달리 야나기다의 「요괴명휘」에 그림은 없다. 『요괴 무엇이든 입문』에서도 미즈키는 "일본에도 옛날부터 요괴의 그림이 많이 있지만, 뭐니뭐니해도 요괴의 형태를 정착시킨 것은 지금부터 2백 년 전의 토리야마 세키엔이라는 화가다.⋯⋯ 그 밖에, 뭐니뭐니해도 야나기다 구니오의 『요괴담의』. 이것은 요괴가 살아 있

다. 그러나 유감스럽게도 형태는 없다. 나는 옛 그림 등을 참고로 하거
나 창작하거나 하여『요괴담의』안에 나오는 것을 그림으로 만들었다"
라고 말하고 있다[*10]. 아이들를 향한 말이지만 솔직하게 스스로의 창작
자세를 쓰고 있다.

　미즈키는「요괴명휘」속에 나오는 요괴들 중 무엇을 채택하고 무엇
을 채택하지 않았던 것인가? 이하, (1)채택된 것, (2)채택되었지만 그
림이 없는 것, (3)미채택 3종류로 분류하였다([표 2] 참조[*11]).

[표 2] 미즈키 시게루가 채택한 야나기타 요괴 일람

① 채택 (23례)				
다타미타타키 (タタミタタキ)	아즈키토기 (アヅキトギ) ※1	소로반바우즈 (ソロバンバウズ)	고나키지지 (コナキヂヂ) ※2	소라키가헤시 (ソラキガヘシ)
후루소마 (フルソマ)	스나카케바바 (スナカケババ) ※3	베토베토산 (トベトサン)	비샤가쓰쿠 (ビシャガツク)	스네코스리 (スネコスリ)
쓰치코로비 (ツシコロビ)	단탄코로린 (タンタンコロリン) ※4	쓰루베오토시 (ツルベオトシ)	사가리(サガリ)	누리카베 (ヌリカベ)
잇탄모멘 (イッタンモメン)	시로바우즈 (シロバウズ)	노비아가리 (ノビアガリ)	소데히키코조 (ソデヒキコゾウ)	히토리마 (ヒトリマ)
미노무시 (ミノムシ) ※5	와타리비샤쿠 (ワタリビシャク)	잔잔비 (ジャンジャンビ) ※6		
② 채택되었지만 그림은 없음 (3례)				
고소코소이와 (コソコソイハ)	아시마가리 (アシマガリ)	다카바우즈 (タカバウズ)		
④ 채택되지 않음 (54례)				
시즈카모치 (シヅカモチ)	다누키바야시 (タヌキバヤシ)	센다쿠키쓰네 (センダクキツネ)	가히후키바우 (カヒフキバウ)	고쿠우다이코 (コクウダイコ)
가하쓰즈미 (カハツヅミ)	야마바야시 (ヤマバヤシ)	다케키리다누키 (タケキリダヌキ)	덴구나메시 (テングナメシ)	오라비소우케 (オラビソウケ)

요부코(ヨブコ)	야마노코조 (ヤマノコゾウ)	이시나겐조 (イシナゲンジョ)	시바카키 (シバカキ)	스나마키다누키 (スナマキダヌキ)
오구리스즈메 (オクリスズメ)	오쿠리이누 (オクリイヌ)	무카에이누 (ムカヘイヌ)	오쿠리이타치 (オクリイタチ)	야칸자카 (ヤカンザカ)
덴코로코로바시 (テンコロコロバシ)	요코즈치헤비 (ヨコヅチヘビ)	쓰토헤비 (ツトヘビ)	기신바우 (キシンバウ)	후쿠로사게 (フクロサゲ)
야칸즈루 (ヤカンヅル)	아부라스마시 (アブラスマシ)	노부스마 (ノブスマ)	시다이다카 (シダイダカ)	노리코시 (ノリコシ)
오히가카리 (オヒガカリ)	미아게니후다우 (ミアゲニフダウ) ※7	니후다우바우즈 (ニフダウバウズ)	오이테케보리 (オイテケボリ)	옷파쇼이시 (オッパショイシ)
샤쿠시이하 (シャクシイハ)	히오카세 (ヒヲカセ)	기쓰네 타이마쓰 (キツネタイマツ) ※8	덴피(テンビ)	도비모노 (トビモノ)
도우지(トウジ)	곳타이비 (ゴッタイビ)	이게보(イゲボ)	기카(キカ)	게치비(ケチビ)
이넨비 (ヰネンビ)	다쿠라우비 (タクラウビ)	바우즈비 (バウズビ)	아부라바우 (アブラバウ)	곤고라우비 (ゴンゴラウビ)
오사비(ヲサビ)	가네노카 미노히 (カネノカミノヒ)	야가우산 (ヤギャウサン)	구비나시우마 (クビナシウマ)	

※1 그림은 다케하라 슌센사이(竹原春泉斎), 원전의 표기는 「아즈키아라이(小豆洗い)」 / ※2 표기는 「고나키지지(こなきじじい)」 / ※3 표기는 「스나카케바바(砂かけばばあ)」 / ※4 표기는 「단코로린(タンコロリン)」 / ※5 표기는 「미노무시비(みのむし火)」 / ※6 표기는 「샨샨비(しゃんしゃん火)」 / ※7 「미코시뉴도(見越し入道)」는 있음 / ※8 「기쓰네노히다마(きつねの火玉)」는 있음.

　채택된 요괴는 80례 중 23례, 채택되었지만 그림이 없는 요괴는 80례 중 3례였다.

　채택된 요괴 중 다타미타타키(タタミタタキ), 아즈키토기(アヅキトギ), 소로반바우즈(ソロバンバウズ), 고나키지지(コナキヂチ), 소라키가헤시(ソラキガヘシ), 후루소마(フルソマ), 스나카케바바(スナカケババ), 베토베토상(ベトベトサン), 비샤가쓰쿠(ビシャガツク) 10체가 소리의 요괴이다. 여기에 잔잔비(ジャンジャンビ)를 덧붙인다면 11례가 된다. 이 중에서 아즈키토기(アヅキトギ)에 대해서는 『그림책 백가지 이야기』에 실린 '아즈키아라이(小豆あらひ)'를 전거로 하고 있는데 그 이외는 미즈키의 창의에 의해 묘사되어 있다. 미즈키는 과감하게 '소리' 요괴들과 마주하고 있었다. 특히 다타미타타키(タタミタタキ)는 서문에 상당하는 '요괴의 감상법'의 필두에 열거되어 "우리들이 알지 못하는 세계로부터 오는 소리"라고 설명되어 있다. '소리'를 중요시한 미즈키의 요괴관이 잘 나타나있다.

소리의 요괴＝청각에 호소하는 요괴는 특히 구승세계에 암약하였다. 구승요괴에는 원래 모습이 없는 경우가 많고 또한 모습이 묘사되는 경우라도 특징이 단순화되었다. 이점에 대해서는 일찍이 월터 옹(Walter J. Ong)이 지적하고 있는데 나도 이전에 후쿠시마(福島)에 전해지는 요괴 단쥬로(ダンジュウロウ)를 예로 논한 적이 있다[*12].

5. 그려지지 않았던 요괴

불의 요괴들

미즈키는 청각에 호소하는 요괴를 상대로 하여 그것을 그리려고 하였다. 그것이 아티스트로서 미즈키의 창작 활동을 생각하는 열쇠이며, 미즈키 '요괴'의 생성에도 영향이 있었을 것이다. 그러나 그것이 민간전승인 요괴의 실상을 반영하고 있었는가 하면, 그것은 또한 별도의 이야기가 된다. 미즈키는 『요괴 무엇이든 입문』 속에서 다음과 같이 말하고 있다.

요괴 중에서 가장 많은 것은 어찌된 셈인지 불의 요괴이다. 무엇보다
도, 도리야마 세키엔 등은 불이 그리기 어렵고 무턱대고 그려도 재미있
지 않기 때문에 불의 요괴 수는 매우 적지만, 일반적으로 민간에 전해지
는 요괴는 거의가 불이다.

　미즈키가 말하는 '민간에 전해지는 요괴'란 「요괴명휘」에 실린 요괴
를 말할 것이다. 이 발언을 근거로 세키엔의 요괴화집을 보면, 능숙하
게 요괴의 나눠 그리기를 도모하고 있었음을 깨달을 수 있다. 예를
들면, 『화도 백귀야행』에는 소겐비(叢原火), 쓰루베비(釣瓶火), 후라리
비(ふらり火), 우바가비(姥が火)와 미즈키가 말하는 '불의 요괴'가 이어
지는 곳이 있지만 단조롭지 않도록 차별화되어 있다.
　그리고 "불이 그리기 어렵고 무턱대고 그려도 재미있지 않다"(요컨
대, 미즈키의 심미안에 들어맞지 않았다)라고 말하고 있듯이, 「요괴명휘」
에 실리는 불의 요괴 중, 『요괴 무엇이든 입문』에 채택된 것은 미노무
시(ミノムシ), 와타리비샤쿠(ワタリビシャク), 잔잔비(ジャンジャンビ)의
3체뿐이다(넓게 뽑는다면 히토리마[ヒトリマ]도 더해진다). 다만, 서문에
서 미노무시를 다타미타타키(タタミタタキ)와 나란히 요괴의 대표예로
여기고 있는 것은 불의 요괴가 많음을 무시할 수 없었기 때문일 것
이다.
　다음으로 「요괴명휘」의 요괴 중, 『요괴 무엇이든 입문』이 채택하지
않은 것은 80례 중 54례였다([표2] 참조).
　이들 중 히오카세(ヒヲカセ), 기쓰네타이마쓰(キツネタイマツ), 덴피
(テンピ), 도비모노(トビモノ), 도우지(トウジ), 곳타이비(ゴッタイビ), 이
게보(イゲボ), 기카(キカ), 게치비(ケチビ), 이넨비(ヰネンビ), 다쿠라우

비(タクラウビ), 바우즈비(バウズビ), 아브라바우(アブラバウ), 곤고라우비(ゴンゴラウビ), 오사비(ヲサビ), 가네노카미노히(カネノカミノヒ)가 '불의 요괴'로 16체가 있다(단, 히오카세[ヒヲカセ]에 대해서는 여아의 모습을 하고 있다는 이야기도 실려 있어서 그 경우는 불의 요괴라고 하기 어렵다). 채택된 미노무시(ミノムシ), 와타리비쟈쿠(ワタリビシャク), 잔잔비(ジャンジャンビ), 히토리마(ヒトリマ)를 넣으면 '불의 요괴'는 20체에 이르며 「요괴명휘」에 실린 80체의 요괴 중 4분의 1을 차지한다. 미즈키가 말하였듯이 "요괴 중에서 가장 많은"것이 불의 요괴이다.

세키엔―미즈키 라인으로 눈을 돌려보아도 불의 요괴는 채택되지 않은 것이 많다. 채택된 것은 쓰루베비(釣瓶火), 우바가비(姥が火), 고센죠비(古戦場火, 디자인은 개변), 히토다마(人魂) 4체이며(넓게 채택하면 히케시바바[火消婆]도 들어간다). 기쓰네비(狐火), 소겐비(叢原火), 시라누이(不知火), 아오사기비(青鷺火), 조친비(提灯火), 하카노히(墓の火), 미노비(蓑火), 아오안돈(青行燈), 고로카(古籠火), 부라부라(不落々々) 등이 채택되지 않았다. 앞의 미즈키의 발언에 있듯이 재미를 느끼지 않았던 것이라고 생각된다.

미즈키가 '요괴'로서 캐릭터화하지 않았기 때문인지, 일련의 불의 요괴는 지명도가 낮고 단체(單體)이며 대중문화 속의 창작물에 나타나는 일은 드물다. 현대인들에게 있어서 불의 요괴는 민간전승 속의 요괴로도 창작물 속의 '요괴'로서도 인지되지 않은 것 같다. 불의 요괴는 도깨비불이나 유령의 주위, 묘지에 나타나는 음화(陰火)로서 그려지는 경우가 많다.

보이는 요괴, 듣는 요괴

불의 요괴가 많은 점. 그것은 곧 민간전승 속 요괴의 대부분이 시각적으로 포착되고 있었음을 의미한다. 에도의 시각문화가 요괴전승에 영향을 미친 점은 세키엔의 요괴화집을 예로 취하는 것만으로도 명백하지만, 다른 한편 민간전승의 요괴도 시각적으로 포착되고 있었던 것이다.

시험삼아 「요괴명휘」의 요괴들이 오관(五官)의 어디에서 포착되고 있었는지 분류해 보았다. 역시 후각과 미각에 해당하는 예는 없었다 ([표 3] 참조).

[표 3] 「요괴명휘」의 요괴인지 부위

① 시각(48례)

오쿠리스즈메 (オクリスズメ)	오쿠리이누 (オクリイヌ)	무카에이누 (ムカヘイヌ)	오쿠리이타치 (オクリイタチ)	야칸자카 (ヤカンザカ)
덴코로코로바시 (テンコロコロバシ)	쓰치코로비 (ツチコロビ)	요코즈치헤비 (ヨコヅチヘビ)	쓰토헤비 (ツトヘビ)	단탄코로린 (タンタンコロリン)
기신바우 (キシンバウ)	쓰루베오토시 (ツルベオトシ)	후쿠로사게 (フクロサゲ)	야칸즈루 (ヤカンヅル)	아부라스마시 (アブラスマシ)
사가리(サガリ)	누리카베 (ヌリカベ)	잇탄모멘 (イッタンモメン)	노부스마 (ノブスマ)	시로바우즈 (シロバウズ)
다카바우즈 (タカバウズ)	시다이다카 (シダイダカ)	노리코시 (ノリコシ)	노비아가리 (ノビアガリ)	미아게니후다우 (ミアゲニフダウ)
니후다우바우즈 (ニフダウバウズ)	히토리마 (ヒトリマ)	히오카세 (ヒヲカセ)	미노무시 (ミノムシ)	키쓰네타이마쓰 (キツネタイマツ)
덴피(テンピ)	도비모노 (トビモノ)	와타리비샤쿠 (ワタリビシャク)	도지(トウジ)	곳타이비 (ゴッタイビ)
이케보(イケボ)	기카(キカ)	게치비(ケチビ)	이넨비(ヰネンビ)	다쿠라우비 (タクラウビ)

잔잔비 (ジャンジャンビ)	바우즈비 (バウズビ)	아부라바우 (アブラバウ)	곤고라우비 (ゴンゴラウビ)	오사비(ヲサビ)
가네노카미노히 (カネノカミノヒ)	야갸우산 (ヤギャウサン)	구비나시우마 (クビナシウマ)		

② 청각 (28례)

시즈카모치 (シヅカモチ)	다타미타타키 (タタミタタキ)	다누키바야시 (タヌキバヤシ)	아즈키토기 (アヅキトギ)	센다쿠기쓰네 (センダクギツネ)
소로반바우즈 (ソロバンバウズ)	고나키지지 (コナキヂヂ)	가히후키바우 (カヒフキバウ)	고쿠우다이코 (コクウダイコ)	가와쓰즈미 (カワツヅミ)
야마바야시 (ヤマバヤシ)	다케키리다누키 (タケキリダヌキ)	덴구나메시 (テングナメシ)	소라키가헤시 (ソラキガヘシ)	후루소마 (フルソマ)
오라비소우케 (オラビソウケ)	요부코(ヨブコ)	야마노코조 (ヤマノコゾウ)	이시나겐조 (イシナゲンジョ)	시바카키 (シバカキ)
스나카케바바 (スナカケババ)	스나마키다누키 (スナマキダヌキ)	고소코소이와 (コソコソイハ)	베토베토산 (ベトベトサン)	비샤가쓰쿠 (ビシャガツク)
오이테케보리 (オイテケボリ)	옷파쇼이시 (オッパショイシ)	샤쿠시이하 (シャクシイハ)		

④ 촉각 (4례)

스네코스리 (スネコスリ)	아시마가리 (アシマガリ)	오히카가리 (オヒカガリ)	소데히키코조 (ソデヒキコゾウ)	

열거해 보면 대략 그 경향을 파악할 수 있다. 후각과 미각으로 포착되는 요괴가 적은(모두 0례)것은 예상대로이다. 촉각으로 포착되는 요괴는 좀 더 있을까라고 생각하고 있었지만, 불과 4례로 의외로 적다[*13].

한층 더 의외였던 점은 시각으로 포착되는 요괴가 많았는데 48례나 있다[*14]. 오쿠리스즈메(オクリスズメ), 오쿠리이누(オクリイヌ), 무카에이누(ムカヘイヌ), 오쿠리이타치(オクリイタチ) 등은 청각 쪽의 요괴라고도 간주할 수 있지만, 그래도 시각적 요괴의 수적인 우위는 변하지 않는다. 민간전승의 요괴 대부분은, 사람 앞에 모습을 드러내 놀라게 하는

것이었다. 그러나 앞에서 말한 구승 요괴의 성질에 의거할, 특징은 매우 단순화되어 있다. 종이매체처럼 세부까지 응시할 수 없는 것이다.

한편, 청각으로 포착되는 요괴도 많아 28례나 있다. 미즈키가 말했 듯이 요괴를 포착하는데 '소리'는 중요한 요소였다. 그것도 세분화하 면 소리의 이동을 수반하는 것과 수반하지 않는 것이 있으며, 또한 일과성의 소리와 계속성의 소리가 있다. 이 점은 보다 상세하게 고찰 할 수 있을 것이다.

요약하면 민간전승 요괴의 대부분은 눈이나 귀로 포착되고 있었다.

6. 마치며: 보이는 / 들리는 요괴, 보이지 않는 / 들리지 않는 '요괴'

세키엔의 요괴화에는 요괴를 체험했을 때의 상황이 별로 그려져 있지 않다. 그렇기 때문에 언제 어떤 사람이 요괴를 겪을지 알 수 없다. 그러면 야나기다의 「요괴명휘」에서는 어떨까라고 하면 오로지 보통 의 사람이 보통의 생활 속에서 요괴를 겪고 있는 것처럼 쓰여져 있다.

예를 들면, 『요괴 무엇든지 입문』」의 서문에 열거되고 있던 다타미 타타키(タタミタタキ)는, 「요괴명휘」에서는 "한밤중에 다타미를 두드 리는 듯한 소리를 내는 괴물. 도사(土佐)에서는 이것을 너구리의 짓이 라고 간주하고 있다(도사 풍속과 전설[土佐風俗と伝説]). 와카야마(和歌 山) 근처에서는 이것을 바타바타(バタバタ)라고 하여 겨울밤에 한하며, 속풍토기(續風土記)에는 또한 우지의 고다마(宇治のこだま)라고 하는 이 야기도 있다 (후략)"라고 기술되어 마치 자연 현상처럼 이해되고 있다.

즉, 요괴를 겪기 쉬운 시간대와 장소가 있고(이것이 야나기다의 요괴 정의이기도 하다[*15]), 그것을 피하면 요괴를 당하지 않지만, 반대로 위험한 시간대에 그 장소에 가면 누구나 당할 가능성이 있다. 요괴를 보는 / 듣는데 특수한 능력은 필요 없다.

반대로 작금의 대중문화로 눈을 돌렸을 때, '요괴'를 보는 것은 특수한 능력의 소유자에게만 가능하다고 설정되어 있는 작품이 많다고 생각된다. 그러므로 주인공은 활약할 수 있지만, 반면 그 능력의 특수성에 의해 주인공은 고독을 안고 고뇌한다. '요괴'를 듣는 것에 대해서도 같은 말을 할 수 있는 데, 괴음·괴성을 별도로 치면 특수한 능력의 소유자만이 '요괴' 목소리를 듣고 회화할 수 있다고 하는 설정의 작품이 많다.

예를 들면, 『나쓰메유진쵸(夏目友人帳)』(미도리카와 유키[緑川ゆき], 2003년~)의 주인공인 나츠메 타카시(夏目貴志)는 요괴를 보는 능력을 가지고 있기 때문에, 어린 시절부터 고독하고 학교에서 고립되어 있을 뿐만 아니라 친척 사이를 전전하고 있었다(양친은 빨리 타계하였다). 「요괴 워치(妖怪ウォッチ)」(レベルファイブ, 2013년)의 주인공인 케타(ケータ)도 극히 보통의 소년이었지만, 요괴 워치를 손에 넣음으로써 요괴가 보이게 되었다. 또, 『하나다소년사(花田少年史)』(잇시키 마코토[一色まこと], 1993~1995년)나 『샤먼 킹(シャーマンキング)』(다케이 히로유키[武井宏之], 1998~2004년) 등과 같이, 유령에 대해서도 마찬가지로 말할 수 있을 것 같다.

이전 민간전승의 요괴는 누구에게나 보이는 것이었고 들리는 것이었다──이 점을 근거로 하면 최근의 창작 작품에서는 '요괴'가 보이지 않는 / 들리지 않는 것이 전제가 되고 있는 점에 그 의미가 발견된다. 왜, 언제부터 '요괴'는 보이지 않고 / 들리지 않게 된 것인가? 이 질문에 대한 대답은 아직 가지고 있지 않지만, 추측을 말하자면 일상 생활 속에서의 요괴가 리얼리티를 잃고 보이지 않게 / 들리지 않게 된 시대에, 창작 작품 속에서 '요괴'를 등장시킬 때 보는 / 듣는 것을 특수한 능력으로 할 필요가 생긴 것이 아닐까[16]. 그리고 대중문화 속의 '요괴'들은 보다 개성적인 눈에 보이는 캐릭터로 진화해 갔으며 민간전승의 요괴로부터 괴리해 갔다고 생각된다.

원저자 주

[1] 예를 들면, 대만에서는 2000년대 이후 일본어의 '요괴'라는 단어가 정착하고 나아가 대만의 '요괴'도 발견되어 창조되어 갔다. 대만의 '요괴' 사정에 대해서는, 사카키 유이치(榊祐一), 「대만 요괴붐에 있어서 대만 /요괴의 표상 – 대만요괴 관련 출판물에 주목하여(台湾妖怪ブームにおける台湾 / 妖怪の表象 – 台湾妖怪関連の出版物に注目して)」(『多元文化交流』 12, 2020)를 참조. 일본의 '요괴'에 대해 생각하는 데에도 시사적이다.

[2] 이하 미즈키의 발언은, 『미즈키 시게루의 괴담담의(水木しげるの妖怪談義)』(ソフトガレージ, 2000)에서 교고쿠 나쓰히코(京極夏彦), 고마쓰 가즈히코(小松和彦)와 진행하였던 대담으로부터 인용했다.

[3] 미즈키는, 야나기다-미즈키 라인의 '요괴'를 그릴 때에는 배경을 정밀하게 그릴 뿐만 아니라 요괴를 당한 인물의 모습을 그리는 경우가 많지만, 세키엔-미즈키 라인에서는 인물을 그다지 그리지 않았다. 「요괴명휘」의 원문은 간소한 문장으로 쓰여져 있고 그것을 상상력으로 보완했다고 할 수 있다. 다른 한편으로 1인칭이었던 요괴 체험이, 인물을 그림으로써 3인칭 시점으로 되어 변용한 점에도 주의하고 싶다. 예를 들어 「요괴명휘」의 누리카베(ヌリカベ)는 무한히 사람 앞에 가로막아 서는 것이었지만, 3인칭으로 그려짐으로 인해 유한한 것이 되었다.

[4] 대담에서는 말하지 않았지만, 미즈키 '요괴'의 생성 과정에서는, 청년기의 종군 체험(뉴기니의 트라이족과의 교류)의 영향도 크고, 이 점에 대해서는 노구치 데쓰야(野口哲也)에 의한 지적이 있다(野口哲也, 「「妖怪」から「精霊」へ──水木しげるにおけるイメージの転回」(『語文と教育』 25, 鳴門教育大学国語教育学会, 2011).

[5] 清水潤, 「1970年代の「妖怪革命」──水木しげる『妖怪なんでも入門』」(一柳廣孝編著

『オカルトの帝国――1970年代の日本を読む』, 青弓社, 2006).

*6 덧붙여서 말하면, 『그림책 백가지 이야기(絵本百物語)』로부터 『요괴 무엇이든 입문』
    에 채택된 '요괴'는 5례가 있다(하쿠조스[白蔵主], 이조나데[礒なで], 하구로벳타리
    [歯黒べったり], 아카에이노우오[赤ゑいの魚], 아즈키아라이[小豆あらひ]). 또한 그
    외의 자료에서 인용된 것이나 출전 불상의 '요괴'도 52례가 있다.

*7 요괴와 신체감각에 관한 선행연구로서 야스이 마나미(安井眞奈美)『괴이와 신체의
    민속학 이계로부터 출산과 육아를 되묻는다(怪異と身体の民俗学 異界から出産と子
    育てを問い直す)』(せりか書房, 2014)가 있다.

*8 도리야마 세키엔의 요과화집 번각으로 다카다 마모루(高田衛) 감수, 이나다 아쓰노
    부·다나카 나오히(稲田篤信·田中直日)편, 『도리야마 세키엔 화도백귀야행(鳥山石
    燕 画図百鬼夜行)』(国書刊行会, 1992), 『도리야마 세키엔 화도백귀야행(鳥山石燕
    画図百鬼夜行)』(角川書店, 2005)이 있다.

*9 「요괴명휘(妖怪名彙)」에 대해서는 아다시노 린(化野燐), 「「요괴명휘」가 탄생하기까
    지(「妖怪名彙」ができるまで)」(『アジア遊学』187, 勉誠出版, 2015)가 참고가 된다.
    또한 고마쓰 가즈히코(小松和彦)교수, 『신정 요괴담의(新訂 妖怪談義)』(角川学芸出
    版, 2013)의 주도 참고가 된다. 이 책 속에서 고마쓰는 미즈키가 『요괴 무엇이든
    입문(妖怪なんでも入門)』의 서(序)에 상당하는 문장으로 요괴의 대표 용례로서 든
    다타미타타키(タタミタタキ)에 대해 원문을 검토하고 있다.

*10 이하의 미즈키의 발언은 『요괴 무엇이든 입문(妖怪なんでも入門)』으로부터 인용하
    였다.

*11 요괴명의 표기는 『야나기다 구니오 전집(柳田國男全集)』第二十巻(筑摩書房, 1999)
    에 의거하였다.

*12 월터 옹(Walter J. Ong)은 '기괴한 모습의 인식적 역할'에 대해 '외눈의 키클로페스
    (Kyklopes)'와 '3개 머리를 가진 케르베로스(Kerberos)'를 예로 들어 논하고 있다.
    ウォルター·J·オング『声の文化と文字の文化』(藤原書店, 1991), 伊藤龍平『何かが
    後をついてくる――妖怪と身体感覚』(青弓社, 2018).

*13 단 이 경향이 야나기다의 분류기준에 의거한 것이라는 점에 유의하고 싶다. 또한
    본문에서도 기술하였듯이, 실제의 전승에서는 복수의 감각기관으로 포착되는 요괴
    도 많다. 예를 들면 옷파쇼이시(オッパショイシ), 고소코소이와(コソコソイハ) 등은
    소리를 내기 때문에 청각의 요괴로 분류하였지만 돌·바위라는 시각으로 포착되는
    물질이 괴이 주체로 되어 있기 때문에 시각의 요괴라고도 간주할 수 있다. 단, 대체적
    인 경향으로서는 본문에서 기술한 바가 큰 잘못이 없다고 생각한다.

*14 이토 료헤이(伊藤龍平), 『무언가가 뒤를 따라온다(何かが後をついてくる)』(青弓社,
    2018)의 '서문'에서 시각으로 포착할 수 있는 요괴는 적다고 하는 취지의 글을 썼는데
    이번 조사결과를 받고 정정한다.

*15 야나기다 구니오(柳田國男), 『요괴담의(妖怪談義)』(修道社, 1956)에 실린 정의. 더

욱이 이 정의에 의거하여 대중문화 속의 '요괴'에 대해 생각하면, 특정한 장소에 나오는 요괴에서 어디에서든 나오는 '요괴'로 변화하였다고 할 수 있다. 이점에 대해서는 간다 아사미(神田朝美)의 의견(구두)을 참조로 하였다.

*16 요괴를 보는 / 듣는 것이 일상의 범위였던 시대의 증언기록으로서, 다카하시 사다코(高橋貞子), 『갓파를 본 사람들(河童を見た人びと)』(岩田書院, 1996), 다카하시 사다코, 『자시키와라시를 본 사람들(座敷わらしを見た人びと)』(岩田書院, 2003)이 있다.

제2부

신체를 대체하다

제5장
옷과 살다, 패션과 생활하다

요코타 나오미(横田尚美)

1. 패션인가 복장인가

시대를 비추는 패션

> 의복은 몸을 감싸는 것이지만, 단순히 몸을 보호하는 기능만을 추구
> 하는 도구가 아니라는 것은 누구나 알고 있다.
> ……
> 의복은 항상 몸과 함께하며, 앞으로 옷과 몸의 관계가 어떻게 변화하
> 더라도 '옷을 입는다'는 행위 자체는 결코 사라지지 않을 것이다.

이는 도쿄 올림픽–패럴림픽을 맞아 국립신미술관(国立新美術館)에
서 열린 〈패션 인 재팬 1945~2020 유행과 사회〉 전시 도록의 첫머리
에 있는 '무스비(結び)'[*1]에서 언급된 말이다.

인간, 그리고 인간의 몸과 의복은 떼려야 뗄 수 없는 관계다. 그렇기
때문에 그것에 대해 생각해야 하는데, 그럼에도 불구하고 패션학이나
복식학은 그다지 빛을 보지 못하고 있다. 왜 그럴까? 옷차림은 눈에

보이는 큰 유행이 되는 반면, 개개인의 취향이 반영되어 일반화하기 어렵기 때문이다. 개개인의 선택을 객관적으로 설명하기란 쉽지 않다. 예를 들어, 장례식에 검은색 정장을 입고 모인 사람들 중에도 예복 매장에서 구입한 정식 상복을 입은 사람도 있고, 그냥 정장을 입은 사람도 있고, 일부러 회색이나 남색을 선택한 사람도 드물게 있다. 수주를 가진 사람도 있고 없는 사람도 있다. 이를 한 마디로 정리하는 것은 쉽지 않다.

앞서 언급한 전시를 관람한 필자는 자신의 실제 경험과 전시 내용과의 괴리감을 느끼지 않을 수 없었다. 그것은 큐레이터가 조사한 내용이나 전시가 가능했던 의복 등과 개인의 경험이 반드시 같을 수 없기 때문이다. 다만 어떤 구체적 사례를 알게 되었을 때, 자신과 주변과 비교해보고 거기서 시대와 사회를 생각해볼 수 있는 계기가 될 수는 있다.

전시 도록에서도 지적하고 있지만, 특히 현대 패션사가 어쩔 수 없이 디자이너 활약의 변천사가 되는 것도 그렇게 해야만 깔끔하게 역사를 쓸 수 있기 때문이다[2]. 이와는 다른 접근법으로 본 장에서는 패션에 관련된 다양한 사람들을 인터뷰했다. 그 내용을 많이 반영하지는 못했지만, 작은 패션 브랜드의 경영자 또는 파트너, 편집숍 점장, 유니폼 회사의 영업기획 담당자, 지방에 있는 패션 인터넷 쇼핑몰 회사 직원, 세탁소에서 접수를 하는 점원, 작은 디자이너 브랜드의 팬, 패션을 좋아하는 60대, 패션에 관심이 많은 학생들과 이야기를 나눴다. 각각은 하나의 사례에 불과할지 모르지만, 패션은 그 축적이 아닐까. 그 축적의 일부분으로 필자가 평소 거리와 대학에서 보고 듣고 연구 발표한 것 등도 자료로 삼는다.

패션이 아닌 복장

'패션'이라는 단어를 지금까지 정의하지 않고 사용해 왔지만, 그것은 '유행'을 의미하는 영어다. 현재는 의복의 유행이나 유행하는 복장을 가리키는 경우가 많지만, 본래의 의미는 복장만을 가리키는 것이 아니다. 재일교포 미국인 패션 블로거 미샤 자넷에 따르면 미국에서도 '패션'은 일반적으로 의복을 가리키지만, 형용사 '패셔너블'은 다양한 유행 현상에 대해 사용된다고 한다[*3]. 그럼에도 불구하고 앞서 언급한 도록에서처럼 패션을 '일정 기간, 일정 지역에서 나타난 특징적인 복장[*4]'이라는 의미로 생각했을 때, 그것이 많은 사람들에게 친숙하게 다가온 것은 기성복화가 침투한 1960~70년대 무렵부터라고 할 수 있다. 즉, 그때까지만 해도 유행과는 다른 가치관의 의생활의 존재를 무시할 수 없었다고 할 수 있다.

1999년 가을, 시가현의 한 산촌에서 우연히 상당한 양의 의생활 자료가 발견되었다[*5]. 그것은 1973년 이 산촌이 불편해서 마을로 이주한 가족이 앞으로의 생활에 필요하지 않다고 판단해 창고 등에 넣어둔 채 잊혀져 있던 의생활 자료였다. 이 중에는 이음새가 많은 남색 작업복 등이 여러 벌 포함되어 있었다. 이 지역에서는 '야마유키봇코(山行きボッコ)'라고 불리는 옷도 있었다(그림 1). 『국어(일본어)대사전』에 따르면 '산행(山行き)'은 '산속으로 가는 것'으로 방언으로는 '야상복, 작업복'의 의미도 있으며[*6], 일부 지방에서는 산에 일하러 가거나 산에 가는 것을 말한다. 사전에 따르면 '봇코'는 '면으로 된 몸통, 헝겊을 엮어 만든 기모노'로 방언으로는 '작업복', '통소매', '누더기 옷' 등의 의미가 있다[*7]. 일반적으로는 '보로(넝마)'라고 부른다. 이 지역에서는 이음새나 이음새가 있는 옷을 가리킨다고 설명한다. 여성도 일하러

산에 갔지만, 그때 봇코는 남성들만 입었다고 한다. 1929년생 여성은 자신의 아버지가 입었던 것을 기억하고 있다고 한다. 작업복에는 짐을 짊어지느라 허리가 닳아 없어지거나 무릎을 굽히는 동작이 많아 무릎이 늘어나거나 구부러지는 등 일한 흔적이 남아 있다.

이런 옷은 그 집의 여성이 앞뒤를 바꾸고, 위아래를 바꾸고, 솜을 넣었다 빼고, 몇 번이고 이음새를 붙이고, 자수를 놓았다. 자수는 두 장 이상의 천을 겹쳐서 전체적으로 '꿰매는 것'이다[*8]. 현재는 수공예의 이미지가 강하지만, 원래는 보강을 위해 행해진다. 천을 버리지 않던 생활 속에서 여성들은 당연하게도 가족을 위해 유지보수를 하여 오래 사용할 수 있도록 했다. 아사오카 고지(朝岡康二)[1)]는 다음[*9]과 같이 지적한다.

한 시대 전까지 일상적인 행위로 널리 행해졌던, 조금 나이 든 사람이라면 누구나 알고 있는 아주 일반적인 일로, 의복이란 만들고 재봉하고 꿰매고 이어 붙이는 것이라는 게 상식에 속했다.

이것들은 남에게 보여주기 위한 것이 아니다. 하지만 거기에는 여성들의 생각이 반영되어 있어 앞면과 뒷면, 그리고 천을 세로와 가로로 붙이는 집도 있고, 아무리 앞면이 너덜너덜해져도 뒷면만 붙이는 집도 있다. 이 의생활 자료들은 모두 뒷면에서만 이음새를 맞추고 천의 방향도 맞춰서 이음새를 맞추는데, 그 이음새는 아무 생각 없이 맞춘 것 같지 않은 일종의 아름다움을 가지고 있다.

이 곳에서 가장 가까운 마을은 15킬로미터 정도 떨어져 있다. 그 마을에는 이음새가 맞닿은 듯한 옷을 입고 가지 않았다. 전쟁 직후

---

1) 아사오카 고지(朝岡康二, 1941~): 일본의 문화인류학자.

남편과 사별한 여성은 생계를 위해 혼자서 산에서 숯을 구워 리어카에 숯을 열 가마니나 싣고 읍내까지 팔러 갔다가 돌아오는 길에 읍내에서 장을 보거나 미용실에 들렀다고 한다. 산길을 무거운 짐을 끌고 내려가다 보니 장화를 신고 다녔는데, 미용실에 갈 때 장화로는 부끄러워서 갈아입기 위해 리어카에 짚신을 묶어두었다고 한다. 패션을 신경 쓰는 의식과는 다르지만 사람들의 시선이 신경 쓰였다고 한다.

니가타현 미나미우오누마시(南魚沼市)의 산촌(山村)에서는 논이 깊어 남녀를 불문하고 모모히키(股引)를 입었다. 모모히키란 오른쪽 다리와 왼쪽 다리가 갈라져 있고 엉덩이가 꿰매어지지 않은 속옷을 말한다. 그것을 입고 엉거주춤한 자세로 모내기 등을 하면 꿰매지 않은 엉덩이 부분으로 속이 비쳐 보인다. 그래서 남자들은 여자가 자기 앞에서 모내기를 하면 일이 잘 된다고 말했다고 한다[*10]. 이것도 패션과는 다른 의복과 사람과의 관계를 보여주는 예이다.

사람들을 촉발하는 BORO

'봇코'는 그 지역에서 사용하는 말이지만, 시가(滋賀)현에서는 '보로'라는 말도 사용된다. '보로'는 한자로는 '남루(襤褸)'이며, 의미는 '낡은 천. 넝마. 낡고 찢어진 옷. 낡고 찢어진 옷. 결점. 심하게 낡은 것'이라고 사전에 나와 있다[*11]. '너덜너덜(ボロボロ)'이라는 뜻이 아니라 헌옷의 총칭이라는 의견도 있다[*12]. 앞서 언급한 시가현의 옷 생활 자료와 같은 의류는 그 정교한 수작업과 쪽 염색, 이음새의 묘미 등으로 인해 현재 국내외에서 인기가 높다. 이것들은 알파벳으로 'BORO'로 표기되어 세계적으로 통용되는 단어가 되었다. 얼마 전에도 시가현에 사는 한 수집가가 새로운 보로를 수십만 엔의 가격으로 구입했다는 소식을

들었다. 업자는 그가 사지 않으면 도쿄에서 더 높은 가격에 팔겠다고 호언장담했다고 한다.

'BORO' 붐의 계기 중 하나가 2009년부터 2009년 3월까지 아사쿠사에 있었던 어뮤즈 뮤지엄의 존재다[13]. 이곳에는 아오모리 출신의 다나카 주자부로(田中忠三郎)의 컬렉션을 전시하고 있었다. 다나카는 2만 점이나 되는 컬렉션을 가지고 있었으며, 그 중에서도 고긴사시(こぎん刺し,[14] 의류 등은 국가 중요 유형문화재로 지정되어 있다. 박물관이 없어진 후 다나카의 컬렉션은 전 세계를 순회하고 있다[15]. 2016년에는 고베 패션 미술관에서 'BORO의 미학── 노라기(野良着)[2]と현대 패션' 전[16]이 개최되어, 다나카의 콜렉션과 함께 마토후(マトフ)[17](디자이너 호리하타 히로유키[堀畑裕之], 세키구치 마키코[関口真希子]), 리툰 애프터 워즈(リトゥンアフターワーズ)[18](디자이너 야마가타 요시카즈[山縣良和]), 케이스케칸다(ケイスケカンダ)[19](디자이너 칸다 케이스케[神田恵介])라는 세 브랜드의 옷이 BORO에서 영감을 받은 패션으로 전시되었다.

2000년 10월 15일에 방영된 '세상은 원하는 물건이 넘쳐난다'라는 프로그램에서는 런던에서 BORO를 취급하는 일본인 운영의 가게가 소개되었고, 가게를 방문한 젊은이들이 그 매력에 대해 인터뷰에 응하기도 했다. 2011년에는 시가현 아이소마치(愛荘町) 역사문화박물관에서 '이음새(つぎはぎ)의 작업복─삶이 만든 디자인'전[20]이 개최되어 '현재를 살아가는 BORO'로 앞서 소개한 마토후 외에도 쿠온[21](디자이너 이시바시 신이치로[石橋真一郎]), 니마이니타이[22](디자너어 히로나카 모모코[廣中桃子])가 참여했다. 안토니나[23](디자이너 안토니아 아몬쇼[アント

---

2) 노라기(野良着): 밭에서 농사일을 할 때 입는 작업복.

ニーナ・アモンショ])를 전시했다. 그 중 쿠온은 BORO 등의 헌옷을 매입해 리메이크해 패션 상품으로 판매하고 있다. 해외 전시회에서 인기를 얻고 있을 뿐만 아니라 이미 해외 전시회에 여러 차례 초청을 받은 바 있다[24]. 안토니나는 필리핀에 있으면서 BORO로부터 영감을 받았다고 한다.

유행이라는 의미에서의 패션과는 가치관이 다른 의복이 이제는 오브제로서 혹은 신선한 패션으로 받아들여지고 있는 것이다.

유행과는 다른 가치

현재 의류 제품을 구매할 때 매장뿐만 아니라 인터넷 쇼핑몰을 이용하는 비율이 높아지고 있다. 비단 의류뿐만 아니라 일반인이 물건을 사고파는 것이 당연시되고 있다. 2009년 데이터에서 온라인 프리마켓·경매 사이트 메르카리(メルカリ) 이용자가 216만 명, 라쿠마(ラクマ)가 115만 명[25], 2008년 데이터에서 야후 옥션[26]이 160만 명[27]으로 집계됐다. 이후 신종 코로나바이러스 감염증으로 인한 생활의 변화를 고려하면 이용자는 더 늘어났을 것으로 보인다. 이러한 사이트에서는 인기 브랜드 상품이 거래되는 경우도 있지만, 유행과 전혀 상관없는 의류가 거래되는 경우도 많다.

예를 들어, 수집가를 자처하는 60대 초반의 남성은 매일같이 야후 경매를 확인하며 트렌드와 무관하게 자신이 마음에 드는 물건을 구매하고 있다. 매장에서는 그 자리에서 바로 구매를 결정해야 하지만, 인터넷 경매에서는 충분히 고민할 수 있어 좋다고 한다. 배송료 쪽이 훨씬 더 비싼 출품작에 대해서는 배송의 수고로움을 생각하면 '이 옷은 소중히 여겨졌겠구나'라고 생각하거나, 그 옷의 가격과는 다른 가

치를 느끼거나 할 때가 있다고 한다. 반면 자신이 가치를 느끼는 물건
은 대부분 낙찰가가 저렴하기 때문에 자신의 취향이 시대와 맞지 않는
다는 자각도 있다고 한다. 낙찰 후 그 상품에 붙이는 평가에는 템플릿
의 문구에 반드시 공감을 전하는 한 마디를 더 덧붙인다고 한다.

유행과 무관한 옷에서 가치를 찾는다는 것은, 무늬가 없는 옷을 기
꺼이 입는 영국 젊은이들의 생각과 일맥상통하는 부분이 있다. 옷에는
유행이나 패션만으로는 이야기할 수 없는 가치가 시대를 초월하고 국
가를 초월해 존재한다는 것이다.

2. 보지 않는 옷과 보지 않는 몸

인터넷에 의존하는 자기표현

실물을 보거나 입어보지 않고 인터넷 쇼핑몰에서 화면 너머로 구매
하는 것이 당연시되면서, 앞서 언급한 수집가 같은 남성들을 제외하고
는 많은 사람들이 옷의 형태와 색상, 패턴에만 관심을 갖게 되었다.
필자는 라디오에 나온 한 방송인이 인터넷 쇼핑몰에서 색상과 모양이
마음에 드는 스커트를 발견하고 다른 색상으로 구매했다고 기쁜 듯이
말하는 것을 듣고, 소재는 중요하지 않은가 하는 의문을 품은 적이
있다. 이를 인터넷 쇼핑몰 전문으로 옷을 판매하는 회사 직원에게 이
야기했더니, 고객이 색상과 모양만으로 옷 구매를 결정한다는 것을
자신도 항상 느낀다고 했다. 그래서 고객이 소재에도 관심을 가졌으면
좋겠다는 생각에 옷을 소개하는 사진을 디테일까지 포함해 여러 장
올린다고 했다. 하지만 경영자들로부터 그런 건 필요 없다는 말을 듣

게 된다고 한탄했다. 경영자에게는 팔리기만 하면 되는 것이다.

젊은 층을 중심으로 인기를 끌고 있는 조조(ゾゾ)[3]가 운영하는 'WEAR'라는 패션 코디네이션 앱이 있다. 코디란 옷차림의 조합을 말한다. 1993년 서비스를 시작해 2017년 다운로드 수가 1,000만 건을 돌파했다[*28]. 학생들에게 어떻게 패션 정보를 얻는지 물어보면 많이 거론되는 것이 이 앱이다. 예를 들어 새로 베레모를 샀다고 하자. '베레모'로 검색하면 베레모를 쓴 사람의 착장 사진이 많이 나온다. 2017년 한 해 동안 70만 건의 코디가 올라왔다고 한다. 이 많은 사진들 중에서 자신의 취향에 맞는 조합이나 자신에게 어울릴 것 같은 코디를 찾아 참고한다.

여기에 찍혀 있는 것은 자신과 비슷한 일반인들이거나 그 의류를 취급하는 매장의 판매원이기도 하다. 패션 잡지에 나오는 것처럼 키가 크고 비율이 좋은 모델이 아니다. 예전부터 잡지에 실리는 스트리트 스냅이 인기를 끌었는데, 그 이유는 모델보다 친숙하고 스타일링에 참고할 수 있기 때문이었다. WEAR에서 착용된 옷도 유니클로나 GU 같은 친숙한 매장의 제품이기 때문에 따라 하기 쉽다. 게다가 사진 속 옷을 사고 싶으면 클릭 한 번으로 구매할 수 있다. 조조가 이를 운영하는 것은 바로 거기에 목적이 있다.

패션잡지 발행부수가 많았던 시절에는 독자들이 잡지에서 보는 옷이 평소 구입하는 가격대의 옷보다 비싼 경우가 많았고, 살 수 있는 가격이라고 해도 매장이 가까운 곳에 있는 것도 아니었다. 그래서 잡지에서 얻은 정보를 바탕으로 옷장을 뒤집어 비슷한 코디를 생각해보

---

3) ZOZOTOWN, WEAR 등을 운영하는 회사.

고, 갈 수 있는 범위의 매장에서 예산 범위 내에서 비슷한 옷을 찾아 고심했다. 그렇게 현실적으로 이것저것 고민하는 경험이 줄어들다 보니 옷의 디테일에도 관심이 없어지고, 인터넷에서 판단할 수 있는 색상과 형태에만 집중하게 된 것은 아닐까.

지금 화면 속에서 즐기는 옷 입히기 게임이 인기를 끌고 있는 것도 이런 경향과 관련이 있다고 생각한다. 필자가 2009년에 학생들의 패션에 대한 생각을 조사했을 때, 아바타를 멋지게 꾸미기 때문에 자신의 패션은 상관없다는 의견까지 나왔다. 옷 입히기 게임은 신진대사를 반복하면서 무수히 많이 존재한다[*29]. 정해진 캐릭터를 꾸미는 것과 자신의 아바타를 멋지게 꾸미는 것이 있고, 목표는 패션 가게를 성공시키거나 일류 디자이너를 목표로 하는 등 다양하다고 한다. 어느 게임이든 현실에서는 상상할 수 없을 정도로 다양한 옷을 선택할 수 있고, 어떤 게임에서는 1만 가지나 되는 옷을 선택할 수 있어 그 코디네이션의 가능성은 무궁무진하다. 그래서 일부 게이머들은 현실에서 끝없이 옷을 살 수 없는 만큼 게임 내에서 쇼핑을 즐기는 사람들도 있다. 즐기는 사람이 많다 보니 이를 비즈니스로 활용하려는 패션 기업도 있고, 이미 10년 전에 100개의 브랜드가 진출했다.

하지만 물론 자신이 입는 것은 아니다. 얼굴도 몸도 자신이 아니다. 리카에게 내 손으로 옷을 입히는 것과 같은 실감을 수반하는 체험과도 다르기 때문에 게임에는 인형처럼 애착을 가질 수 없는 것 같다.

옷 만들기의 리얼리티

인터넷의 영향 이전에 큰 변화로 가정 양재(家庭洋裁)[4)]가 사라지고 남녀노소 할 것 없이 저렴한 기성복을 입게 되면서 자신의 신체적 특징을 알지 못하게 되었고, 많은 사람들이 옷을 만드는 방법조차도 모르게 되었다. 젊은이들은 바늘 잡는 법, 천을 자르는 법도 모른다.

동서양을 막론하고 앞서 언급한 아사오카가 말한 '한 시대 전'을 배경으로 한 문학작품을 읽거나 영상 작품을 보면 여성이 뜨개질이나 바느질을 하는 장면이 자주 등장한다. 동요 '할머니의 노래[*30]'에서도 그것이 노래되고 있으며, 몽고메리가 그녀와 거의 동시대의 생활을 그린 『빨간 머리 앤』에서는 마리라가 뜨개질을 하거나 소녀 앤이 바느질을 하는 장면이 나온다[*31]. 필자가 조사한 미나미우오누마 시의 산촌에서는 눈이 쌓여 농사일을 할 수 없는 기간 동안만 딸이 일본식 재봉틀을 배우는 풍습이 있었다[*32]. 잘하는 것과 못하는 것이 있더라도 바느질을 하지 않는 여성은 없었다. 그들은 흉내를 내어 옷이든 무엇이든 만들었다[*33]. 원래 메이지 이후 여학생 교육에서 바느질은 필수불가결한 것이었다[*34].

이러한 기반이 있었기에 물자가 부족했던 15년 전쟁 기간에는 의류의 갱생(리메이크)이 강하게 요구되었고, 1942년에 제정된 여성 표준복은 남성에게 법으로 규정된 국민복과 달리 집에 있는 옷을 갱생하여 집에서 바느질하는 것이 권장되었다. 영화 〈이 세상의 한구석에〉[*35]에서도 주인공 스즈가 기모노를 개작하는 장면이 나온다. 하지만 그녀는 기모노를 그대로 잘라버린다. 원작에서도 마찬가지로 그려져 있는데[*36], 그 장면에 위화감을 느낀 것은 필자만 그런 것일까? 기모노는 풀어서 세탁하고 다시 꿰매는 옷이라는 것을 그 시대에 모르는 사람은 남녀를 불문하고 없을 것이다. 전쟁 중의 갱생복도 그것이 전제가 된

---

4) 가정에서 양복·옷을 재단하고 재봉하는 일.

다[*37]. 일본 드라마 〈카네이션(カーネーション)〉[*38](2011~2012년)에서는 주인공이 세련된 여성 표준복인 오쓰카타(乙型) 상의와 활동복인 몽페(もんぺ)를 가르치는 교실에 여성들이 모여드는 장면이 나온다. 픽션이지만, 이 '세련된 몽페'는 원단의 재단을 최소화하여 다시 기모노로 되돌릴 수 있도록 고안된 것이다.

이노우에 마사히토(井上雅人)[5)]는 전쟁 중 잡지에 실린 여성 표준복 기사에 대해 "제안하는 의복은 손바느질로 충분한 강도를 가진 옷을 만들 수 있다고 생각하기 어렵다. …… 바느질할 수 없는 옷이 실려 있었다"고 지적하지만[*39], 재봉틀이 등장한 것은 19세기 중반 이후일 뿐이며, 재봉틀이 없으면 손바느질로 재봉하면 되는 일이었다. 게다가 일본 재봉에는 옷을 튼튼하게 만들기 위한 다양한 바느질 방법이 존재한다.

이처럼 전후까지 물건이 없는 동안에는 옷의 갱생(수선)이라는 작업이 이루어졌다. 나카하라 준이치(中原淳一)[*40]가 여성잡지 『소레이유(それいゆ)』(1946년 창간)에서 소녀들에게 권유한 패치워크도 이러한 작업의 일환이다[*41].

1946년에 문화복장학원[*42], 드레스메이커 여학원[*43] 등의 양재학교가 학생 모집을 재개한다. 문화복장학원이 발행하는 잡지 『소엔(装苑)』[*44]이 같은 해에 복간되고 『드레스메이킹』지[*45]는 1949년에 창간된다. 하지만 양장은 이미 전쟁 전부터 서서히 여성들에게도 퍼지기 시작했고 전쟁 중에도 사라지지 않았다[*46]. 이시우치 미야코(石内都)[6)]의

---

5) 이노우에 마사히토(井上雅人): 『패션의 철학』 등을 적은 일본의 학자.
6) 이시우치 미야코(石内都, 1947~): 일본의 사진가. 피부와 의류와 시간에 관련된 주제

사진집 『히로시마』[*47]에 실린 피폭자가 입고 있던 원피스 등을 보면 알 수 있다. 종전 직전까지 발행된 잡지에서는 블라우스 등의 아이템 이름이 일본어로 바뀌는 일도 없었다.

[그림 1] 중학교 2학년 가정과 잠옷제작 기념촬영(中学 2 年級家庭科パジャマ制作の記念撮影), 1974년.

문화복장학원은 1946년에 3,000명의 학생을 받아들여 오전, 오후, 저녁 3부제를 채택해 풀타임으로 수업을 진행했다[*48]. 드레스메이커 여학원의 모습은 앞서 언급한 전시회 도록에 긴 줄을 서 있는 입학 희망자들의 사진이 실려 있다[*49]. 세계적으로 유명한 디자이너 야마모토 요지[*50]의 어머니도 남편이 전쟁에서 사망한 후 직업을 갖기 위해 문화복장학원에 1년간 다니며 신주쿠에 양장점을 열었다[*51]. 여성들이 단기간에 양재 기술을 습득할 수 있었던 것도 그녀들에게 기반이 있었기 때문이다. 여성들은 양재 잡지에 실린 제도법이나 도안 만드는 방법을 참고해 집에서 도안을 만들고 재봉틀로 자신의 사이즈에 맞게 옷을 꿰맸다[*52]. 이후 양재학교가 얼마나 활기를 띠게 되는지는 각 학교의 역사에 관한 책 등에 자세히 나와 있으므로 여기서는 언급하지 않겠지만, 기성복이 보급되는 1970년대까지 양재학교의 인기는 계속 이어진다.

의 사진을 많이 찍고, 대표작으로는 피복 유품을 찍은 『히로시마』, 프리다 갈로의 유품을 찍은 『프리다 사랑과 고통』 등이 있다

따라서 이 시기에 성장기를 보낸 필자 같은 세대까지는 집에서 어머니가 옷을 만들거나 동네의 바느질을 잘하는 여성에게 옷을 만들어 달라고 부탁하는 것이 당연하게 여겨졌다. 또한 가정과 수업에 옷 만들기가 포함되어 있어 중학교에서 잠옷의 상하를 바느질하고(그림 3), 일반계 고등학교에서도 정식으로 도면과 바느질로 치마를 꿰매거나 뜨개질을 했다. 이런 의생활에서 치수 재는 것도 일상적인 일이며, 자신의 사이즈는 대략적으로 파악하고 있었다.

그러나 마을에 기성복을 판매하는 체인점 등이 늘어나면서, 따로따로 구입한 옷을 코디하는 것이 유행의 포인트가 되면서 손이 많이 가는 가정 양재(洋裁)는 점점 사라져 갔다. 이는 1970년 헤이본(平凡) 출판사에서 창간한 패션잡지『앙앙(アンアン)』*53과 이듬해 슈에이샤(集英社)에서 창간한 패션잡지『논노(ノンノ)』*54가 모두 패션을 주로 다루고 있으면서도 재단 도안을 싣지 않은 것으로 상징된다.

그 후, 1980년대에는 디자이너 캐릭터 브랜드 붐이 일어나고*55, 옷의 브랜드에 주목하는 풍조가 생겨나면서 집에서 옷을 만드는 일이 점점 줄어들었다. 그리고 1995년에 드디어『소엔』지가 재단 도안의 게재를 중단했다. 그 2년 전에『드레스메이킹』은 폐간되었다. 이와 궤를 같이하여 전국의 대학에서 가정학과가 사라져 갔다. 가정과 내용도 중고등학교의 남녀공학을 포함해 이 시기에 변화를 거듭하면서 제대로 된 옷을 제작하는 수업은 사라졌다*56.

기성복은 표준 사이즈를 기준으로 만들어진 옷이기 때문에 개개인의 몸에 맞지 않는다. 매장에서 구입하더라도 입을 수 있는지 여부와 어울리는지 여부만이 시착의 포인트가 되고, 정말 몸에 맞는지, 옷에 주름이 생기지 않는지 등은 별로 신경 쓰지 않게 되었다. 몸에 맞지

않는 것을 전제로 하기 때문에 자신의 정확한 사이즈를 알아야 할 필요
도 없어졌다. 자신의 몸이 리얼한 것 같으면서도 리얼하지 않게 된
것이다.

몸을 모른다, 옷을 보지 않는다

버블 붕괴 이후 소비자들이 저렴한 상품을 찾는 디플레이션 현상이
심화되면서 패스트 패션이 부상했다. 여성 신발은 SML이라는 정해진
사이즈의 저렴한 제품이 볼륨 존이 되어 있다. 이와 관련이 있는지,
지인의 가족인 프랑스인 여성이 1995년 일본에 처음 여행 왔을 때 가
장 놀랐던 것은 젊은 여성들이 모두 통통한 신발을 신는 것이라고 했
다. 한 업계 신문 기자도 "사이즈가 전혀 맞지 않는 신발을 신고 걷는
젊은 여성들을 자주 볼 수 있지 않느냐"고 물었다[57].

이런 시대에 속옷 선택에 일어나고 있는 두 가지 현상을 소개하고자
한다. 많은 학생들이 자신의 브래지어 사이즈를 측정하지 않고 적당히
구입하고 있다[58]. 속옷 제조업체인 와코루(ワコール)에 학교에서 계몽
활동을 하는 부서가 있어[59] 매년 세미나를 요청하고 있다. 학생들의
가슴을 측정해 보면 대체로 컵 사이즈가 원래보다 두 사이즈 작은 브래
지어를 착용하고 있는 것 같다. 브래지어 사이즈를 측정하지 않는 것
과 브라탑(가슴 컵이 있는 속옷)의 보급과 관련이 있다고 생각한다. 브래
지어는 탑바스트와 언더바스트(가슴 아래 몸통 둘레) 사이즈로 선택하
는 속옷이다. 이 둘 중 하나라도 몸에 조금이라도 맞지 않으면 불편하
다. 불편하기 때문에 원래 가슴에 맞지 않고 가슴을 넉넉하게 덮는
브라탑을 선택하게 되는 것이다. 전통적인 젠더관에 입각한 브래지어
따위 엿이나 먹으라는 생각도 있겠지만, 사이즈를 재지 않는다는 것은

자신의 몸에 관심이 없다는 뜻이다. 브래지어 상의를 입은 학생을 거울 앞에 세우면 본인은 거울 속 자신의 모습에 깜짝 놀란다. 브라탑의 위치가 복부 부근에 와 있기 때문이다. 자신의 모습을 확인한 적이 없는 것이다.

또 다른 현상은 압도적으로 검은색 속옷을 선택하게 되었다는 것이다. 이 변화는 브라탑과 마찬가지로 양판점의 속옷 매장을 보면 한눈에 알 수 있는데, 이에 대해서도 매년 학생들을 대상으로 설문조사를 실시하면서 실감하고 있다[*60]. 언제부턴가 피부색(베이지색) 속옷은 촌스러운 것, 나이든 사람이 입는 것으로 인식되었다. 하지만 흰색이나 연한 색의 셔츠나 블라우스를 입었을 때, 아래에 검은색 속옷을 입으면 그 색이 그대로 비춰진다. 그런데 왜 검은색 속옷이 선택받게 된 것일까? 위에 입는 옷을 생각하지 않고, 속옷 아래의 브래지어만 염두에 두고 선택하기 때문이다. 검은색 속옷이라면 그 밑에 무슨 색을 입어도 알 수 없다.

학생들에게 셔츠나 블라우스 아래에 어떤 색의 속옷을 입는지 조사한 후, 마네킹에 검은색, 피부색, 흰색 등의 속옷을 입히고 그 위에 흰색 셔츠를 입힌 후 아무 설명 없이 어떤 것이 가장 좋다고 생각하는지 선택하게 한다. 그러면 이번에는 학생들의 90% 이상이 매년 반드시 피부색을 선택한다. 나머지 10%는 거의 흰색을 선택하고, 검은색을 선택하는 학생은 한 명 정도이다[*61]. 흰 셔츠가 하얗고 깔끔하게 보이는 것은 피부색과 흰 속옷 때문이다.

예전에는 자신은 몰라도 부모에게 흰색이나 피부색 속옷을 입으라고 훈육을 받았던 것이다. 하지만 이런 가치관이 사라지고, 거리에서 관찰해보면 실버 세대도 검은색 속옷 착용률이 높고, 요즘은 셔츠 안에 검은색 속옷을 입고 다니는 비즈니스맨도 종종 볼 수 있다. 많은 사람들이 옷을 입은 자신의 모습을 제대로 인식하지 못하고 있다.

3. 패션을 통한 커뮤니케이션

교복의 메시지

한 대형 교복업체에서 영업기획을 담당하는 여성에게 교복의 현주소에 대해 물었다. 최근 교복을 바꾸고 싶다고 상담하는 학교 대부분이 성차별을 없애기 위한 목적이라고 한다. 이에 대해서는 최근 신문이나 TV에서도 자주 다루어지고 있다[62]. 실제로 1995년경 필자의 친척이 다니던 중학교에서 성별에 대한 위화감을 가지고 항상 치마 밑에 바지를 입고 등교하던 학생이 졸업식 때 교복을 입고 와서 모두를 놀라게 했다는 이야기를 들은 적이 있다.

교복을 바꾸기 위한 검토에 학생들이 참여하는 학교도 있다고 한다. 학생들은 오히려 교사들보다 젠더 문제에 대해 더 열심히 공부하고 이해하고 있다고 한다. 주변에 젠더 문제로 고민하는 학생이 없더라도 성차별을 없애는 것은 좋은 일이라고 생각한다고 한다. 성차별을 없애기 위한 첫걸음은 교복이라는 명확한 성차별이 있는 아이템을 블레이저로 바꾸는 것이라고 한다[63]. 그것 하나만으로도 상체의 성차별은 사라진다. 블레이저로 바꾼 후, 여성용 슬랙스(업계 용어로 요즘에는 일반적으로 사용하지 않는다)를 옵션으로 추가하고, 스커트, 슬랙스 중 하나를 선택할 수 있도록 하는 디자인 제안을 학교 측에서 요구해 온다고 한다. 어떤 학교는 스커트를 사지 않아도 된다고 해서 슬랙스만 사는 학생도 있다고 한다. 실제로 시내에서도 간혹 치마 차림에 슬랙스가 섞여 있는 모습을 볼 수 있게 되었다고 한다.

　여자 슬랙스 도입에 대해 학생들은 이런 목소리를 내고 있다고 한다. 사복은 바지만 입는데 왜 교복만 치마인지, 교복에 바지가 있으면 꼭 입고 싶다. 혹은 자전거로 통학하기 때문에 바지가 좋다거나, 추위를 많이 타서, 단순히 바지를 좋아한다거나, 아토피가 있어서 피부가 거칠어지는 것을 가리고 싶다는 등 다양한 목소리가 나온다고 한다. 여름에는 시원해서 치마를, 겨울에는 추워서 바지를 입고 싶다는 의견은 치마와 바지를 모두 선택할 수 있고, 양쪽의 장단점을 모두 알고 있는 여성들만의 의견이다. 모두 들어보면 지극히 당연한 희망인데, 교육현장은 이를 억지로 억누르고 치마를 입혀온 것이 아닌가 하는 생각을 하게 된다. 여자 슬랙스의 도입은 성차별을 없애는 것이라기보다는 지극히 보편적인 패션적 변화인 것이다. 남녀 모두 바지가 교복인 학교도 등장했다고 한다[64].

　여자 슬랙스에서 더 나아가 블레이저를 젠더 프리로 만들자는 제안이 나오기 시작했다고도 들었다[65]. 남녀 구분 없이 같은 패턴으로 만들고, 단추를 남자용으로 하는 경우도 있고, 좌우 어느 쪽이든 입을 수 있도록 하는 경우도 있다고 한다. 중학교에 입학할 때는 모두 큰 사이즈의 교복을 구입하기 때문에 몸에 맞지 않아도 부모도 본인도 신경 쓰지 않는 것이 한 가지 이유라고 한다. 젠더 프리라면 남녀 형제자매끼리도 서로 어울릴 수 있기 때문에 학부모들의 요청이 많다고 한다.

　헐렁한 옷을 입음으로써 옷차림에 대해 더 이상 고민하지 않게 되는 것이 안타깝지만, 젠더와 패션이라는 관점에서 보면 시대의 변화에 고개를 끄덕일 수밖에 없다.

커뮤니케이션과 패션 비즈니스

젊은이들에게 앞서 언급한 'WEAR'는 실제 코디의 참고자료로 활용하는 것이지만, 인스타그램은 패션과의 만남의 장으로 활용되고 있다. 인스타그램을 보유한 페이스북에 따르면 전 세계 10억 명이 넘는 사람들이 계정을 이용하고 있고[66], 일본의 18~29세 중 70% 가까이가 이용하고 있다고 한다[67]. 한 학생은 고등학교 때 같은 반 친구들의 영향으로 패션에 관심을 갖게 되었고, 인스타그램에서 패션 정보를 얻게 되었다고 한다. 처음 관심을 가졌던 야마모토 요지의 인스타그램을 시작으로 100명의 모델을 팔로우하게 되었다고 한다. 자신이 관심 있는 정보를 팔로우하다 보니 패션 전용 계정이 점점 '자기 취향'이 되어갔다고 한다. 같은 패션 정보라도 'WEAR'와는 달리 손에 닿지 않는 세상을 알려준다. 그 정보는 국경이 없고 경계가 없다.

반면 제작자와의 리얼한 만남을 더 강하게 원하는 소비자도 있다. 비단 의류뿐만 아니라 백화점 행사장에서 팝업스토어(이벤트성이 강한 기간 한정 상점)가 확산되거나 지방 도시에 개성 있는 편집숍이 인기를 끄는 것만 봐도 알 수 있다. 앞서 언급한 '케이스케 칸다(ケイスケカンダ)'는 2007년부터 각지에서 신작 발표회 '전국 투어'를 개최해 팬들로부터 주문을 받는 비즈니스 방식을 취하고 있다. 열렬한 팬인 한 젊은 여성은 대학에 입학한 해 여름방학에 처음으로 도쿄 매장의 전시회를 방문했다. 그곳에서 그녀는 칸다 본인을 직접 만날 수 있었을 뿐만 아니라, 귀가하는 고속버스를 기다리는 그녀를 배려하는 칸다와 직원, 단골손님들과 밤늦게까지 가게에서 담소를 나눌 수 있는 특별한 기회를 얻었다.

전시회는 일반적으로 바이어나 기자들이 신작 전시장을 방문해 그

시즌에 매장에 진열할 옷을 주문하거나 트렌드를 조사하는 자리로 소비자는 입장할 수 없다. 하지만 대기업은 아니지만 최근 들어서는 날짜를 바꿔서 비전문가인 고객을 전시회에 초대하는 경우도 종종 있다. 매장이나 도매, 인터넷 쇼핑몰 외에 친구나 팬들에게 구매를 부탁해 작은 비즈니스를 꾸려나가는 방식은 이제 완전히 자리를 잡았다. 각 브랜드가 각각 커뮤니티를 만들고, 그 연결의 매력으로 결코 저렴하지 않으면서도 독창성을 강하게 내세운 옷을 판매하고 있다. 옷의 전시에서는 직접 입어보고 코디네이션 조언을 받는 체험을 할 수 있다. 입는 물건이기에 가능한 친근함이 만드는 사람과 받는 사람의 유대감을 더욱 강화하는 것이 아닐까.

초노(チョノ,*68 디자이너 나카조노 와타루[中園わたる])도 비슷한 방식으로 옷을 판매하고 있다. 이 브랜드는 4년 전부터 옷의 하단과 세탁 표시에 누가 디자인했는지, 어느 메이커의 소재를 사용했는지, 누가 패턴을 만들었는지, 누가 바느질을 했는지를 명시하기로 했다. 나카조노 등은 생산자와 직접 대면하고, 고객에게 직접 옷의 배경을 설명해주고, 납득한 후 저렴하지 않은 옷을 사도록 했다. 그 자리에서 고객의 반응을 듣고 생산자에게 피드백을 준다. 그러면 생산자는 반응을 느끼고 더 기꺼이 일을 하게 되는 순환이 이루어지고 있다.

소통으로 옷을 파는 것은 비단 디자이너뿐만이 아니다. 지방의 편집숍 주인이나 바이어들은 고객들을 잘 파악하고 있다. 고객의 연령대가 높은 pdm*69(디자이너 무라카미 히로코[村上弘子])의 전시회에 오는 바이어들의 머릿속에는 고객의 취향과 체형이 입력되어 있고, 이 옷은 저 손님이 꼭 살 거라는 확신을 가지고 구매를 한다. 그리고 자신감을 가지고 판매하고 있는 것이다.

슈퍼에서 포장된 식품을 사듯이 패스트 브랜드에서 옷을 사는 사람들이 많은 것도 사실이지만, 식품의 안전성에 신경을 쓰면서 충분히 따져보고 입에 들어가는 것을 고르거나 생산자를 가려내고 지산지소(地産地消)를 고집하는 사람들이 늘어나는 것처럼, 제대로 된 정보를 얻고 납득한 뒤 로 옷을 선택하는 사람도 이제 결코 특별한 존재가 아니다.

4. 가타시로(形代)[7] 로서의 옷

옷과 함께

세탁소 직원에 따르면, 매장에서 접수를 하다 보면 손님이 가져온 옷에서 냄새가 나서 견딜 수 없다고 한다. 옷은 세컨드 스킨(두 번째 피부)이라는 말이 있는데, 이 이야기를 들으니 정말 그 말이 맞다는 생각이 들었다. 옷에는 그 옷을 입는 사람의 냄새와 생활 등이 깃들어 있는 것이다. 소설가가 등장인물의 옷을 구체적으로 묘사하는 것은 옷차림에서 그 옷을 입는 사람을 상상할 수 있기 때문이다.

아사부키 마리코(朝吹真理子)는 소설 『TIMELESS』[70]에서 2035년을 배경으로 하는 제2부를 통해 한 명의 등장인물에게 1990년대 에르메스[71], 디자이너 마르탄 마르제라[マルタン・マルジェラ]를 입혔다. "멋진 양복은 옛날에나 있는 것이 되었을지도 모른다[72]"라며 2035년의 빈티지 패션으로 선택했다고 한다.

---

7) 신령이 의탁하는 매개(依り代)의 일종.

하지만 이미 옷의 존재는 희미해져 버린 것이 아닐까. 한 때만 해도 모두 어머니가 옷을 꿰매는 것을 이 눈으로 지켜보았다. 보로(넝마)는 바느질이 엉망진창이었지만 그것이 쓰이고 꿰매어지는 과정이 눈에 보였었다. 지금의 옷은 쉽게 세탁할 수 있고 구김이 없고 신축성이 있어 편리하지만 바느질하는 과정은 보이지 않고, 많은 사람들이 이 옷이 이렇게 싸니까 공장에서 통조림처럼 찍어내듯 만들어졌을 거라고 생각한다. 우리와 같은 인간이 세계 어딘가에서 바느질을 하고 있다는 것을 상상할 수 없다[73]. 세탁기도 전자동은 기본이고 드럼세탁기가 보급되어 건조까지 맡기게 되면서 옷을 자세히 볼 기회가 점점 줄어들고 있다.

여전히 옷을 입지 않고는 살아갈 수 없지만 패션의 영향력은 예전보다 작아졌다. 하지만 이에 저항하듯 옷과의 관계를 되찾으려는 제작자와 수용자가 있는 것도 패션의 현재이다.

원저자 주

*1 むすびにかえて、「『ファッションインジャパン1945-2020——流行と社会』開催にあたって」(島根県立石見美術館、国立新美術館、楠田博子『ファッションインジャパン1945-2020——流行と社会』、青幻舎、二〇二一年、一三頁).

*2 井上雅人、「洋裁文化とは何か」(前掲注1、一八〜一九頁).

*3 横田尚美、「FASHION IS DEAD!イマドキ男のファッション塾VOL.5」(『読売ウィークリー』二〇〇七年六月号).

*4 「はじめに」(前掲注`、一〇頁).

*5 横田尚美発表要旨、(『日本民俗学会第七一回年会研究発表要旨集』三九頁)、「滋賀県犬上郡多賀町R家の衣生活——家族と衣服の関係を中心に」(『日本民俗学会第七二回年会研究発表要旨集』)。なお、本研究はJSPS科研費20K-3803の助成を受けている。

*6 『日本国語大辞典』第二版、第十三巻(小学館、二〇〇一年)二四四頁.

*7   前掲注5、第十二巻、一三七頁.

*8   田中千代『田中千代服飾事典』(同文書院、一九八九年、新増補第十二刷)三二九頁.

*9   「布とその技をめぐる過去と現在」(国立歴史民俗博物館『布のちから布のわざ』、一九九八年、六頁).

*10   『六日町史』「女性のくらし民俗」(南魚沼市教育委員会二〇二一年)三二二~三二三頁.

*11   北原保雄、『明鏡国語辞典』(大修館書店、二〇〇二年)一五三二頁.

*12   香月節子、「古手の行方とその周辺」(『布のちから布のわざ』)一一三頁.

*13   어뮤즈 뮤지엄은 엔터테인먼트 어뮤즈에 의해 2009년에 설립, 2009년에 폐관했다. 다나카 주자부로(田中忠三郎, 1933~1983)는 아오모리현 출신의 학자이자 민속 도구 연구자.

*14   고킨사시(小巾刺し)라고도 한다. 아키타(秋田)나 아오모리(青森)의 농민 수공예, 에도 말기부터 메이지 중기에 걸쳐 직물의 보강과 보온을 위해 발달했다. 자수의 일종. 남색 삼베에 흰색 면사로 마름모꼴 무늬를 자수한다. 오누마 준(大沼淳) 등 감수 『패션 사전(ファッション辞典)』(문화출판국, 1999), p.466.

*15   박물관 폐관 후부터 호주, 중국, 미국, 스웨덴, 모스크바를 순회하고 있다.

*16   2016년 1월 23일~4월 10일 개최.

*17   2005년 브랜드 설립. 2009년, 마이니치(毎日) 패션대상 신인상 수상.

*18   야마가타(山縣)가 동급생과 함께 2007년 브랜드 설립. 그는 '여기의 학교(ここのがっこう)'의 대표를 맡고 있다.

*19   2005년 회사 설립.

*20   1월 9일~3월 21일 개최.

*21   2016년 설립. 2020년 하라주쿠에 직영점 개점.

*22   2012년 설립. 2016년 인도 델리에 사무소 개설.

*23   필리핀 브랜드. 2019년에 선정되어 2020년 봄/여름 도쿄 컬렉션에 참가.

*24   이탈리아 페라가모 미술관에서 개최된 〈SUSTAINABLE THINKING〉 전시를 비롯해 해외 미술관에 초청을 받고 있다.

*25   닐센 "아마존(アマゾン), 메르카리(メルカリ), 라쿠마(ラクマ)의 이용자 수가 전년 동월 대비 두 자릿수 성장 – 닐센 EC서비스 이용 상황을 발표~"
      https://www.netratings.co.jp/news_release/2019/06/Newsrelease20190626.html (2021년 4월 17일 검색)

*26   1998년 미국 yahoo!가 시작, 이듬해 일본 서비스 개시, Yahoo! Japan은 2001년에 유료화. 이용자가 증가했다.

*27   https://style.nikkei.com/article/DGXMZO36764710Y9A100C1000000?page=2 (2021년 4월 17일 열람)

*28 "WEAR, 1,000만 다운로드 달성, 코디네이터 투고 수 700만 건을 돌파!" https://corp.zozo.com/news/20171031-3094/ (2021년 4월 17일 열람)

*29 奥小百合, 「着せ替えゲームの研究」(滋賀県立大学人間文化学部生活デザイン学科二〇二〇年度卒業論文).

*30 "어머니는 밤새도록 밥을 짓고 장갑을 뜨개질해 주었어"라고 되어 있다. (쿠보타 사토시[窪田聡] 작사 작곡, 1956년)

*31 "목화솜으로 만든 이불을 꿰맨다"(몽고메리, 『빨강머리 앤』, 무라오카 하나코(村岡花子) 역, 신초문고, 2008년, p.6) "지금도 뜨개질을 하면서"(같은 책, p.10) "뜨개질하는 동안"(같은 책, p.98) "뜨개질하던 린드 부인"(같은 책, p.126) "바느질하는 시간이 었는데"(같은 책, p.155), "바느질은 좋아하지 않아"(같은 책, p.158) 등.

*32 상기 주석은 「제1절 여성의 일생」, pp.270~271.

*33 横田尚美, 「裁縫における適応力の育まれ方一新潟県南魚沼市六日町地区を事例として一」(『日本家政学会第七一回大会研究発表要旨集』, 二〇一九年).

*34 「女子教育ニ関スル件」(明治二十六年七月二十二日文部省訓令第八号)・「高等女学校規程(抄)」(明治二十八年一月二十九日文部省令第一号第一条、第八条)(文部省『学制百年史(資料編)』一九七二年、三四・一三〇頁).

*35 片渕須直監督、二〇一六年.

*36 こうの史代, 『この世界の片隅に』上巻(双葉社、二〇〇八年)九一頁.

*37 平町庸「防空用勤労用婦人もんぺと上着一揃ひの作り方」(『主婦之友』一九四三年十月号、主婦之友社)八六~八七頁. 여기에 게재된 제도(製図)를 보면 기모노를 한 번 풀고 나서 재단하도록 지시하고 있음을 알 수 있다.

*38 渡辺あや作. 第六十三回ファッションデザイナーのコシノ三姉妹の母の一生を描いたドラマ.

*39 井上雅人, 「日本的・科学的・非美学的」(『洋服と日本人国民服というモード』、廣済堂出版、二〇〇一年、二〇二頁). 바느질을 할 수 없었기 때문에 몬페가 보급되었다고 지적하고 있다.

*40 中原(一九一三~八三)は、ファッションイラストレーター。一九四七年には『ひまわり』創刊.

*41 「中原淳一と、『それいゆ』」(前掲注1、八四~八五頁).

*42 一九一九年に前身の並木婦人子供服裁縫教授所設立。一九三六年に文化服装学院になり、『装苑』創刊.

*43 1926년 스기노 요시코(杉野芳子)가 설립.

*44 1936년 창간. 문화출판국 출판의 월간지. 일본에서 가장 역사가 오래된 복식 잡지. 2008년 격월간으로 바뀌었다.

*45 가마쿠라 쇼보(鎌倉書房)가 발행한 드레스메이커 여학원의 월간지.

*46 横田尚美、「戦中ファッション再考」(ファッション環境学会『ファッション環境』九－
     二、一九九九年、五四～五九頁).

*47 広島平和記念資料館所蔵の被災衣裳などの写真集(集英社、二〇〇八年).

*48 大沼淳、「授業再開され復興始まる」(文化出版局『文化学園八十年史代々木の杜から
     世界へ忘れえぬこと忘れえぬ人——文化学園四十年聞き語り』、二〇〇三年、一六
     〇～一六一頁).

*49 図一－〇三八《戦後初めての入学願書受け付けの行列》ドレスメーカー女学院、一九
     四六年。「ドレメ式洋服」(前掲注1、七七頁).

*50 1972년 와이즈 설립, 1977년 도쿄, 1981년 파리에서 컬렉션 데뷔. 가와쿠보 레이(川
     久保玲), 미야케 잇세이(三宅一生)와 함께 삼대장(御三家)으로 세계에 알려진 패션
     디자이너.

*51 『装苑』一九六九年五月号、二二一頁.

*52 일본에서의 재봉틀 도입부터 보급의 역사에 대해서는 앤드루 고든『재봉틀과 일본의
     근대(ミシンと日本の近代)』(미스즈쇼보, 2013년)에 자세히 나와 있다.

*53 처음에는『엘・재팬』으로 편집되었다. 스타일리스트라는 직업을 만들어냈다. 적어도
     1980년대까지는 대표적인 패션 잡지 중 하나였다. 현재는 매거진 하우스에서 발행하
     고 있다.

*54 이 잡지의 독자는『앙앙』의 독자와 함께 '앙논족(アンノン族)'으로 불렸다.

*55 디자이너 브랜드와 캐릭터 브랜드의 토털 코디네이션이 인기를 끌었다. 파르코(パル
     コ), 라포레(ラフォーレ), 마루이(丸井)에 입점했다.

*56 横田尚美「衣料品とリアリティー——あなたの服はどこから来たのか?」(日本衣服学会
     第七十回年次大会口頭発表、二〇一八年十二月二日).

*57 赤間りか「学校で教えてくれない」(『繊研新聞』二〇一九年六月二十八日).

*58 노무라구치 마리나・横田尚美「女子大生の下着事情－滋賀県立大学を例として—」(日本衣服
     学会第六十八回年次大会、口頭発表、二〇一六年十一月五日).

*59 츠보미 학교(ツボミスクール). 원칙적으로는 초등학교 4학년~중학교 3학년 여학생,
     보호자, 보육교사 등을 대상으로 하는 속옷 교실.

*60 横田尚美、「衣服の透けに対する忌避感覚の変化について」(日本衣服学会第六十九回
     年次大会口頭発表、二〇一七年十月二十八日).

*61 전게 주 56.

*62 다양한 노력에 대해서는 아래 기사에 소개되어 있다. 「교복도 젠더프리」(『아사히신
     문(朝日新聞)』 2019년 4월 1일).

*63 참고로, 「잠자리, 물건 만들기로 차별화를」(『어패럴산업신문(アパレル工業新聞)』,
     2020년 12월 1일자).

*64 참고로 「남녀 모두 '슬랙스 기본'」(『아사히신문』 2020년 9월 30일자).

*65 젠더리스 제복으로 남녀 공통의 지퍼업 후드티가 아래 기사에 소개되어 있다. 「독자적인 차별화로 제안한 지퍼업 파카, 무늬와 승화전사로 차별화를 꾀하다」(『어패럴산업신문』 2020년 8월 1일).

*66 "인스타그램으로 브랜드 스토리를 그대로 전하다."
https://www.facebook.com/business/marketing/Instagram (2021년 8월 17일 열람)

*67 「Instagram은 젊은층 여성 스마트폰 사용자의 약 절반이 이용~ 닐슨 18~29세 여성의Instagram 앱 이용 현황 발표」.
https://www.netratings.co.jp/news_release/2019/08/Newsrelease20190823.html (2021년 8월 17일 검색)

*68 2014년 브랜드 설립.

*69 꼼데가르송에서 오랫동안 패터너로 일했던 무라카미가 독립적으로 설립한 브랜드.

*70 『TIMELESS』(新潮社、二〇一八年)二五七頁.

*71 에르메스는 1837년 창업한 가죽 제품, 의류 잡화 브랜드이다. 1920년대부터 스포츠 웨어를 취급하고 있었으나, 1998년 마르지엘라를 기용하여 고급 기성복에 진출했다. 마르젤라는 1957년 벨기에에서 태어났다. 1988년 데뷔. 2003년까지 에르메스를 담당했다. 2008년 은퇴.

*72 「創作の海深く深く」(『朝日新聞』二〇二一年一月十四日夕刊).

*73 전게 주 56.

제6장

코스프레 활동과 이미지를 재현하는 즐거움

에르난데스 알바로(エルナンデス·アルバロ)

1. 들어가며

현재 '코스프레'라는 용어는 애니메이션이나 만화 등 작품의 등장인물로 분장하는 놀이를 가리키는 용어를 넘어 폭넓은 의미로 사용되고 있다. 예를 들어, 특정 직업이나 역할을 나타내는 제복을 입는 것도 코스프레라고 하며, 밴드 멤버나 유명 인물의 복장을 하거나 자기 연출(예를 들어, 자신의 외모를 전략적으로 꾸미는 것 등)을 하는 것도 '코스프레를 한다'라고 말하기도 한다[*1]. 이렇게 폭넓은 활동을 가리키게 된 '코스프레'에는 한 가지 공통점이 있다. 작품의 등장인물, 교복, 유명인이나 자기 연출, 그 모든 것에는 선행하는 특정한 '이미지'가 있다. 그것은 '내가 아닌 타자'이며, 코스프레는 자신의 몸을 소재로 삼아 그 이미지를 재현하려는 놀이인 것이다.

2. 신체에 의한 탈용(奪用)[1]

이미지를 재현하는 쾌락

코스프레는 종종 자기 정체성과 코스프레 커뮤니티에 대한 소속감의 연관성에서 논의된다[2]. 자기 정체성과 소속감은 일종의 자기 정의이며, 자신에 대해 자신과 타인에게 이야기하는 등 자신을 표현하고 그 결과 타인에게 인식되는 하나의 이미지다[3]. 캐릭터 문화에서 '캐릭터'는 자아의 일시적인 속성으로 기능한다는 논의도 있다[4]. 여기서 코스프레에서 볼 수 있는 '내가 아닌 타자'의 것인 캐릭터로 분장하는 즐거움에는 주로 80년대 미디어와 오락문화 연구에 기여한 존 피스크가 텔레비전 등 대중문화에서 본 '도피의 쾌락'과 '창조의 쾌락'의 측면도 있음을 지적하고 싶다[5].

피스크가 말하는 '도피의 쾌락'(evasive pleasures)은 이데올로기로부터의 도피이며, 사회나 주변에서 강요하는 정체성(자기 정의)으로부터의 도피로 볼 수도 있다. 이 쾌락은 말로 설명할 수 없는 정서적 쾌락이며, 신체적 경험에 의한 것이다. 축제나 콘서트 등 신체의 흥분이나 흥겨움에서 나타나는 쾌락에는 말로 표현하지 않기 때문에 정의나 범주를 만들지 않고 이데올로기가 될 수 없는 순수한 체험이 있다고 주장한다. 여기서 정체성(자기 정의)이란 일종의 자아로부터의 소외이며, 놀이에서 신체에 의존함으로써 사회와 주변으로부터의 강요로부터 일시적으로 해방된다. 즉, 피스크의 말을 빌리자면 취미에 몰두하

---

[1] 여기서 '탈용'은 기존의 용법에서 탈피(벗어나 있다)하여 새로운 용법이나 용도로 쓴다는 뜻이다. 본문에서도 설명하고 있다.

는 쾌락에는 '자아'를 일시적으로 잊어버리는 쾌락이 있다.

피스크가 대중문화 소비에서 발견하는 이 쾌락의 측면은 폴 리쾨르가 이야기나 소설을 읽을 때 나타나는 일종의 자아상실과 그로 인해 가능한 '자아의 가능성 확대'라고 말한, 즉 지금까지와는 다른 나를 만들 수 있는 가능성을 넓힌다는 생각과 유사하다[*6]. 리쾨르에 따르면, 이야기를 읽을 때 독자는 일시적으로 자아를 괄호 안에 넣고(잊어버리고) 이야기 속 인물을 상상한다. 그렇게 함으로써 독자는 이야기를 통해 자신이 경험하지 못한 '다른 자아'의 모습을 경험할 수 있다. 리쾨르가 지적했듯이, 이는 '타자'인 이야기 속 인물이 독자와 일치하지 않기 때문에 독자는 일시적으로 자아를 지워야 하는 것이다. 이야기를 읽으면서 새로운 경험을 얻으려면 이런 '자기와의 거리'를 만들어야 한다.

피스크의 경우, '도피의 쾌락'은 '창조의 쾌락'으로 이어진다. 이것은 일종의 표현이며, 코스프레의 경우 캐릭터의 이미지를 재현하는 것이다. 이 쾌락의 특징은 '의미 만들기'에 있으며, 대중문화 소비 과정으로 말하자면 해석의 단계를 가리킨다. 요컨대, 취미에 한 번 몰입하면 작품의 의미를 스스로 체험하고, 그 의미는 '내 것이 되기' 때문에 그 의미를 소재로 삼아 어떤 표현이나 활동을 할 수 있게 된다. 여기서 이야기 등에서 독자가 만드는 해석은 '도피의 쾌락' 단계를 거치기 때문에 이야기에서 독자가 해석하는 의미는 더 이상 독자의 자기 자신으로부터의 소외가 만들어내는 '의미'가 아니다. 그래서 여기에 상상력이 있다고 피스크는 생각한다.

피스크가 보기에 작품 해석의 일종으로 보는 '전유'(appropriation), 즉 작품을 '내 것'으로 만드는 것(후술)은 이 도피와 창조의 쾌락이라는 두 단계로 구성된 과정이다. 이 피스크의 관점은 TV가 무차별적으로 자기소외로 이어진다는 설에 대한 비판적 입장에서 제시된 것으로, 다소 낙관적인 대중문화의 모습을 그린 것일 수도 있지만, '도피의 쾌락'과 '창조의 쾌락'은 코스프레의 실천을 생각함에 있어 참고가 될 수 있다. 특히 신체를 소재로 동인 활동의 커뮤니티와 네트워크라는 '탈용(奪用) 제도'의 형성에 참여하는 코스플레이어에 주목하면 더욱 그렇다.

팬 문화와 동인 활동을 '탈용 제도'로 간주한다.

'탈용', 즉 빼앗아 사용하는 것은 팬 문화의 기본적 행위 중 하나로 여겨져 왔다[*7]. 빼앗기는 것은 미디어 표현, 즉 작품의 내용이다. 왜 '탈용'하는가 하면, 작품은 단순히 '소비'되는 것이 아니라 그 작품의 내용을 어떤 활동이나 작품을 만들기 위한 표현의 재료로 활용하기 때문이다. 즉, 작품을 '자기 것으로 만든다'는 의미가 있으며, 기본적으로 좋은 의미로 사용되고 있다. 관심이 높기 때문에 자기 것으로 만드는 것이다. 다르게 말하면, 작품에 대해 시장에서 결정된 가치 이상의, 혹은 이질적인 가치를 발견하는 것이다. 이는 주관적인 가치이며, 개인의 취향으로 결코 일반화할 수 없는 가치이다. 개인의 평가에 의해 작품은 어떤 의미에서 시장에서 빼앗겨 개인의 주관적인 영역으로 들어가게 된다. '탈용'이라는 말에는 이런 배경이 있다.

'탈용'의 예로 2차 창작이나 패러디가 대표적인 예이지만, 작품을 소개하는 홍보 활동도 팬들 사이에서 자주 이루어지고 있다. 그리고 '빼앗아 쓴다'에는 '제맘대로'라는 의미도 있고, '본래의 목적과 다른 용도로 쓴다'는 의미도 있다.

시장에서 보면 작품의 목적은 당연히 이윤을 창출하는 것이다. 하지만 표현을 만들어내는 쪽과 받는 쪽에게 있어 작품은 어떤 목적을 가지고 있을까? 그것을 한 마디로 정리하기는 어렵다. 좋아하는 작품을 모방하고 싶다, 패러디나 사이드 스토리를 만들고 싶다, 또 그것을 읽고 싶다, 작품에 대한 애정과 존경을 어떤 형태로든 표현하고 싶다, 작품에 대해 더 잘 알고 싶다 등 다양한 목적이 있기 때문이다. 이러한 활동은 소비나 독서, 시청 이외의 작품의 '이용 방식'의 한 예이다. '팬 문화'나 '동인 문화'로 알려진 것은 이런 활동의 형식과 장을 만들고 있다. 코스프레라는 활동도 그 속에서 탄생한 놀이이다.

캐릭터 문화에 위치시키면, 2차원(이미지)을 3차원(신체)으로 실현하기 때문에 애니메이션-만화 연구자 스가와 아키코(須川亜紀子)가 말하는 '2.5차원' 문화의 한 예로 코스프레를 볼 수도 있다[8]. 이러한 활동은 개인의 취향에 의한 취미이면서 동시에 여러 명이 함께 하고, 또 형식화되어 있으며, 뚜렷한 목적과 역할 분담이 있다. 즉, 취미의 세계에서 하나의 '사회제도'가 형성되어 있으며, 본 장에서는 그 사회활동을 가능하게 하는 구조의 의미도 포함하여 '동인활동'이라고 부르고자 한다.

3. 동인 활동에서의 코스프레 표현

동인 활동과 팬 커뮤니티

팬이란 본래 종교의 신자를 의미하며, 현재는 열광적인 애호가라는 의미로 사용되고 있다. 또한 아마추어라는 단어도 있다. 아마추어는 초심자(素人)라는 뜻으로 사용된다. 그 어원에는 '사랑(愛)'이라는 의미도 포함되어 있으며, 어떤 활동이나 일을 좋아서 한다는 의미에서 유래했다. 둘 다 스포츠계에서 현재 쓰이는 의미와 같은 뜻이 되었다.

팬은 응원하는 사람을 가리키고, 아마추어는 실천하는 사람을 가리킨다. 그런데 표현의 세계에서 이 두 단어의 의미는 서로 겹치기도 한다. 팬이면서 동시에 아마추어라는 것은 곧 받는 사람인 동시에 보내는 사람이라는 뜻이 된다. 팬 활동에서 보이는 이 이원성은 일본 문학계에서 '동인잡지(同人雜誌)'의 '동인'의 의미와 비슷할지도 모른다. 에도 시대부터 사용되던 '동인(同人)'이라는 단어가 '잡지'와 함께 사용되기 시작한 것은 다이쇼(大正) 중반으로, 1925년 무렵의 문학 동인지가 폭발적인 인기를 누렸다는 것을 자료를 통해 확인할 수 있다[*9]. 예를 들어 1923년 『동인잡지 경영책(同人雜誌の経営策)』이라는 동인지 매뉴얼의 서문은 다음과 같이 시작한다.

근래에 이르러서는 매우 큰 문화적 진보를 보여 왔다. 그 반향으로 전국 각지에서 동인문예지가 엄청난 기세로 증가해 온 것은 당연한 현상이라고 말할 만하다고 생각한다[*10].

그리고 다음 문장에서 "좋아하는 친구들이 2~3명 이상 모여서 노래 가사 등을 필기한 회람잡지가 시발점이 되어, 세 명, 다섯 명씩 모여서 규모가 커졌다[*11]"고 하여 소수의 수제 회람잡지에서 좋아하는 사람이 늘어나면서 활발한 잡지가 되기까지의 과정을 서술하고 있다. 여기서 나오는 '동호회'나 '동인'은 2000년 이후 인터넷의 보급으로 특정 관심사를 중심으로 형성되는 커뮤니티 'community of interest'에 가깝다고 할 수 있다. 또한 80년대 후반부터 취미 세계에서 이미 팬 커뮤니티라고 불렸던 것과도 유사하다.

현대 일본의 만화나 애니메이션 문화 등 취미 세계를 둘러싼 '동인 활동'이라는 말에는 활동의 중심이 되는 작품이 있고, 그 작품에는 평가할 만한 가치가 있다는 취향의 공유를 전제로 다양한 표현과 작품을 둘러싼 활동이 이어진다. 작품은 넓은 활동 네트워크의 중심에 놓인다. 그것은 활동의 원동력이자 네트워크의 입구이기도 하다. 작품의 등장인물을 중심으로 한 코스프레도 그 중 하나이며, 동인 행사 속에서 성장한 코스프레의 형식도 동인 활동으로 볼 수 있다.

코스프레라는 단어

코스프레는 'costume play'에서 유래한 일본식 영어다. 주로 만화, 애니메이션, 게임 캐릭터의 의상을 입는 활동을 가리키는 경우가 많다. 이 활동의 실천자를 '코스플레이어(コスプレイヤー)' 또는 줄여서 '레이어'(レイヤー)라고 부른다[*12]. 가장(仮装)이나 무대의 역사와 관계 없진 않지만, 동인 활동으로서의 코스프레의 역사는 비교적 짧다.

'코스프레'라는 단어의 기원은 1983년 6월 1일에 발행된 『마이 아니메(マイアニメ)』(아키타 서점[秋田書店])에서 시작된 '코스튬 플레이 대작전'이라는 연재에 있다고, 그 기사를 제작한 스태프 중 한 명인 다카하시 노부유키(高橋信之)가 말했다. 그 기사에서는 아래와 같이 '코스프레'가 소개되었다.

비디오 수집, 동인지 제작 등 폭넓게 전개되는 애니메이션 팬 활동. 그중에서도 애니메이션 캐릭터의 패션을 직접 입는 것이 코스튬 플레이다.

어떤 캐릭터를 선택할 것인가? 그 의상을 어떤 소재로 만들 것인가? 코스프레 놀이의 요령을 익혀서 당신도 영웅이 되어보자![*13]

이 기사에서 코스프레는 주로 코믹마켓이라는 동인지 즉석 판매회

등에서 행해진다고 소개되어 있어, 이미 인기 있는 활동임을 알 수 있다. 칼럼니스트 시노미야 아키(篠宮亜紀)에 따르면[*14], 코스프레라는 단어는 코믹마켓(코미케[コミケ])이라는 동인지 즉석 판매회 대표였던 요네자와 요시히로(米澤嘉博)[2)]를 중심으로 행사 회원들이 생각한 명칭이라고 하는데, 동인지 즉석 판매회 회원들이 이 기사의 영향을 받았을 가능성도 생각해 볼 수 있다.

코스프레가 대중화되기 전, 학교 등의 문화제에서 애니메이션이나 만화 캐릭터의 분장은 이미 인기가 있었다. 시노미야는 코믹콘의 코스프레에 대해 그런 분장의 지류로 탄생한 것으로 보고 있다. 코스프레라는 단어가 일반화되기 전, 코믹스에서 볼 수 있었던 밀리터리나 애니메이션 계열의 의복은 단순히 '가장(仮装)' 또는 '아니메 가장(アニメの仮装)'이라고 불렸는데, 자료를 조사한 시노미야에 따르면 1978년부터 코믹마켓(줄여서 코미케[コミケ])에서 이러한 가장을 확인할 수 있다고 한다.

SF팬 컨벤션에서의 가장(仮装)

역사를 거슬러 올라가면, 코스프레는 팬, 즉 아마추어 문화 속에서 하나의 표현으로 탄생한 것이다. 위에서 살펴본 바와 같이 이러한 활동은 일본에서는 동인 활동으로 다이쇼 시대(1912~1916) 문예의 동인지까지 거슬러 올라갈 수 있다. 이러한 '아마추어'는 관동대지진(1923)을 계기로 일본에서 활발해졌다[*15]. 그러나 코스프레는 전후의 SF팬

---

2) 요네자와 요시히로(米澤嘉博, 1953~2006): 일본의 만화평론가, 대중문화평론가, 편집자. 코믹마켓 준비회의 제2대 대표였다.

활동인 '컨벤션', 특히 동인지 즉석 판매회라는 팬 활동 속에서 성립된
것으로 독특한 형식이 형성되었다.

　일본의 동인지 즉석 판매회의 발전에는 동인지 팬 서클의 대회 '컨
벤션'의 역사가 있으며, 미국의 SF팬들과의 교류도 일본의 활동 형식
과 장르 등에 영향을 미쳤다. 미국과 일본의 팬문화 역사 연구로 성과
를 거둔 프레드 패튼(Fred Patten)이 말했듯이, 세계 최초의 SF팬잡지
『어매이징 스토리즈(Amazing Stories)』의 창간은 SF팬문화의 출발점
이라고 할 수 있다[*16]. 1926년 미국에서 창간된 『어메이징 스토리즈』
의 영향으로 여러 SF팬클럽이 생겨났는데, 그중에서도 뉴욕의 The
Scienceers 팬클럽(1929년)과 LASFL(The Los Angeles Science Fiction
League)(1934년)가 가장 오래된 예이다. 후자는 국제적인 SF 팬 조직인
Science Fiction League의 로스앤젤레스 지부이며, 유명한 SF 작가
레이 브래드버리(Ray Bradbury)[3]도 회원으로 활동했다. 그리고 1940
년부터 Los Angeles Science Fantasy Society라는 이름으로 독립된
조직으로 2차 세계대전 이후 미국과 일본의 팬 문화 교류에 크게 관여
하고 있다.

　이들 팬클럽은 SF 소설이라는 장르의 발전을 위해 작품 발표의 장
으로 '팬진(팬 매거진)'이라는 자비 출판도 하고 있다. 이는 실제로 만날
수 없는 다른 팬들과의 소통 매개체이기도 하며, 팬클럽의 중심적인
활동이었다. 또한, 이들 팬클럽이 확대되면서 팬클럽 대회로서 SF팬
미팅이 시작되었다. 그 중 하나가 1939년 뉴욕에서 제1회가 개최된

---

3) 레이 브래드버리(Ray Bradbury, 1920~2012): 미국의 소설가이자 시인. 『화성연대기
　(火星年代記)』가 대표작이다.

〈The World Science Fiction Convention〉이다. 그 컨벤션에서 이미
SF 캐릭터로 분장한 참가자들의 사진을 확인할 수 있다. 적어도 좋아
하는 작품의 등장인물로 분장하고 팬 이벤트에 참가하는 놀이는 미국
에서 60년대부터 나름대로 확대되고 있었음을 확인할 수 있다[*17].

　일본에서는 50년대 후반부터 SF팬 단체를 확인할 수 있다. 유명한
것은 미시마 유키오(三島由紀夫)[4]도 회원으로 활동했던 1955년 7월에
결성된 '일본 비행접시 연구회'가 있다[*18]. 1957년 일본 최초의 SF동인
지『우주 먼지』가 '과학창작클럽'에 의해 창간되었다[*19]. 이는 일본에
서 제록스 복사기 수입이 시작된 시기와 같은 시기이다. 1962년 4월에
'간사이 SF 모임(関西SFのつどい)', 5월에 '제1회 일본 SF대회(MEG-
CON)'가 개최되었고, 요시모토가 말했듯이 이러한 흐름 속에서 일본
SF 팬덤(팬 집단)이 탄생했다. 당시 마이너한 장르였기 때문에 팬들끼
리 협력하고 정보를 공유할 필요성이 초기 팬 활동 형성을 촉진했다고
할 수 있다.

　이처럼 아마추어 잡지의 발간과 동호회 설립으로 강력한 활동 네트
워크가 형성되기 시작한다. 그 중 '대회'나 '컨벤션', 후에 '동인지 즉석
판매회'로 불리게 되는 행사는 팬들 간의 교류의 장이 되었고, 각 그룹
이나 개인이 하고 있는 활동을 공개할 수 있는 장, 즉 표현과 정보
및 작품 교류의 장이 되었다. 요시모토가 말했듯이[*20], 1960년대 말부
터 1970년대 초에 걸쳐 특히 만화, 특촬물, 애니메이션, 동인지 행사도

4)　미시마 유키오(三島由紀夫, 1925~1970): 일본의 소설가, 극작가. 전후 일본문학을 대
　　표하는 작가 중 한 명으로『가면의 고백』,『금각사』등 대표작들을 여럿 남겼다. 1970년
　　자위대 앞에서 쿠데타를 요구하는 연설을 하고 할복자살하였다.

개최되기 시작했고, 동시에 SF소설이 만화, 애니메이션, 영화가 되면
서 일반인의 인지도도 높아져 팬 문화는 수많은 하위 장르를 형성하게
된다.

이러한 흐름 속에서 1978년 SF대회에서 훗날 '코스프레'로 인식되는
가장(仮装)을 처음으로 등장시킨 것으로 보인다. 시노미야에 따르면,
이미 60년대 후반부터 미국의 'SF 컨벤션'에서 열리는 미국 코믹 히어
로(アメコミヒーロー)와 SF 등장인물들의 '마스커레이드(masquerade=
가장 파티)가 일본에 소개되었고, 1972년 교토에서 열린 팬 이벤트 '미
야콘'에서는 코스프레 무대 쇼가 개최되었다. 시노미야는 이것이 아마
도 일본 최초의 마스커레이드 무대였을 것이라고 말한다[21]. 그 이후부
터 코스프레가 SF팬 이벤트의 퍼포먼스(무대)로서 정착하게 되었다고
한다.

인식된 코스튬 플레이어

한편 코미케의 경우, 1977년에 만화 〈바다의 트리톤〉(데즈카 오사무
(手塚治虫), 1969~71년, 1972년 애니메이션화)의 코스튬을 한 여성이
등장해 화제가 되었다고 한다[22]. 아마도 시노미야가 언급한 것은 유명
한 SF·판타지 평론가 고타니 마리(小谷真理)[5)]가 행한 『화성의 비밀병
기(火星の秘密兵器)』(Burroughs, 1930)라는 SF 소설의 여주인공 분장일
가능성이 높다. 요시모토에 따르면, 이 〈바다의 트리톤〉으로 추정되
는 가장은 1978년 개최된 〈ASHINOCON〉이라는 SF대회에 등장했다

---

5) 고타니 마리(小谷真理, 1958~): 『女性状無意識』으로 제15회 일본SF대상을 수상. '젠
   더 SF연구회' 발기인이기도 하다.

고 한다. 2017년 인터뷰에서 고타니는 1978년 당시를 회상하며 "코스프레의 시초라고 하지만, 엄밀히 말하면 내가 일본 최초가 아니라 70년대부터 코스튬쇼가 있었다"고 말했다[*23].

시노미야로서는 이 가장의 영향이 컸다고 한다. 이후 무대가 아닌 팬들이 동인지 즉석 판매회 등에서 가장하는 놀이가 널리 퍼졌다. 예를 들어, 1980년 8월 25일에 간행된 『팬 로드(ふぁんろーど)』(라포트[ラポート])(훗날 『팬 로드(ファンロード)』) 창간호에는 「일요일의 하라주쿠는 불타고 있었다 – 토미노코족 출현!?(日曜日の原宿は燃えていた──トミノコ族出現!?)」[*24]이라는 제목으로, 거리를 차지하고 춤을 추는 많은 사람들(타케노코족)에 섞여 춤을 추는 건담, 자쿠, 샤아 아즈나블, 아무로 레이 등 〈기동전사 건담〉의 등장인물이나 로봇 분장을 한 젊은 이들이 컬러와 흑백 페이지의 기사로 소개되었다. 그리고 "코스튬을 입은 영웅, 히로인을 찾습니다. 괜찮으시면 카메라맨이 촬영하러 갑니다"[*25]라는 호소도 있다. 제2호(11월 25일 발행)에서는 「코믹마켓에서 찾은 히로인짱♡50명(コミケットで見つけたヒロインちゃん♡50人)」[*26]이라는 특집으로 코스튬과 사복의 참가자 사진을 모았고, 제3호에서는 「전국의 코스튬 팬 여러분, 기다리세요♡ 가장흉내놀이 세미나가 시작됩니다!(全国のコスチューム・ファンお待ちどう♡仮装ごっこのゼミナールの始まりだ!)」[*27]라는 제목으로 가장용 의상을 만드는 방법을 알려주는 연재가 시작되는 등, 이후 코스프레로 불리는 활동의 기사와 연재를 연이어 확인할 수 있다. 따라서 80년대에는 확실히 코스프레가 정착되어 있었다고 할 수 있다. 1991년 코믹콘에서는 하루에 200명 정도의 코스프레 등록이 있었던 반면, 1997년에는 많은 날에는 8천 명 정도의 등록으로 확대되었다[*28].

코스프레 취급 문제

코스프레가 활동으로 정착하기 시작한 시기를 보면, 70년대 후반의 〈우주전함 야마토(宇宙戰艦ヤマト)〉 붐, 80년대 초반의 〈기동전사 건담(機動戰士ガンダム)〉 붐, 그 후 〈시끌별 녀석들(うる星やつら)〉의 TV 애니메이션판도 붐이 일어나고 전반적으로 동인 서클 수도 늘어나는 등, 만화보다 애니메이션이 더 주목받기 시작한 시기였다. 시작하는 시기였다. 그 배경에는 동인지 문화에서 비주얼을 중시하는 경향이 강해졌고, 상업 출판을 통한 애니메이션 팬 문화 전문지의 출현과 증가도 있었으며, 동인 관련 행사도 늘어나고 있었다. 코스프레의 증가와 확대는 이러한 동인 활동의 확대와 병행하여 보다 쉽게 활동과 표현에 참여할 수 있는 환경으로 발전하고 있었다. 그런 가운데 표현에 있어 이미지 중시, 놀이와 축제의 분위기도 더해져 소비의 연장선상에 있는 팬문화의 대중화 흐름에 코스프레 문화가 있었다고 할 수 있다.

그리고 코스프레의 증가와 함께 회장(会場)과 코스프레를 할 수 있는 장소의 확보, 그리고 매너에 관한 여러 가지 문제들이 나타났다. 〈시끌별 녀석들〉 코스프레를 중심으로 노출이 문제시되기 시작했고, 언론에 의한 코스프레에의 주목도 좋지 않은 형태로 시작되었다. 이 때문에 1983년부터는 관외에서의 코스프레가 금지되고, 코스튬 플레이어와 동인지 즉석 판매회 참가자와의 트러블이 반복적으로 발생하게 된다. 그 결과, 시노미야 씨에 따르면 코스프레가 금지된 이벤트가 늘어났다고 한다. 코미케에서도 1991년 미소녀계 18금 동인지에 대한 경찰의 적발이 있었고, '외설 문제'가 되어 코스프레에도 영향을 미쳐 노출에 대한 외부의 자숙 요청이 나오는 등 어려운 상황에 빠지게 된다[*29]. 동인 활동이 보도될 때 특히 눈에 띄는 코스프레에 관심이 집중되는 경우가 많아 편파적인 보도로 언론에 다루어지면서 동인지 즉석 판매 회에서는 다루기 어려운 활동이 되었다.

예를 들어, 1992년 마이니치신문은 코스프레를 다룬 가장 오래된 기사 「[시류어사전] 코스프레족([時流語事典]コスプレ族)」에서 코스프레를 다음과 같이 설명하고 있다.

> 왠지 모르게 귀여운 이미지이지만 꼭 그렇지도 않다고 한다. 기본적으로 몸에 딱 맞는 야한 옷을 입는 것을 말하지만, 예를 들어 보디콘(ボディコン)이나 요즘 유행하는 T백 수영복 등은 오히려 건강하기까지 하다. …… 보일 듯 말 듯이 보이지 않는 것이 코스프레의 원칙이라고 하는데, 아무리 누드보다 섹시하다고 해도 남성 입장에서는 보이는 편이 더 고마운 것일지도 모르겠다[30].

이 기사를 통해 당시부터 미디어에서 확대 재생산된 코스프레의 이미지를 확인할 수 있다.

현재도 코스프레 문화에서 규칙과 매너를 중시하는 것은 이러한 코스프레의 장소가 사라질지도 모른다는 위기감에서 비롯된 것임에 틀림없다. 코스프레는 다른 동인 활동과 달리 자신의 몸을 활동의 재료로 사용하기 때문에 활동의 장을 만드는 데 있어 세밀한 조정이 필요하다. 노출뿐만 아니라 소품이나 위험물 반입, 옷 갈아입기, 촬영장소 설치 등 안전 문제까지 다양한 문제를 경험하고 조정을 반복하면서 80년대 이후 조금씩 코스프레 활동의 '상식'이 만들어졌다.

참여하기 쉬운 코스프레 활동

여기서도 코믹스의 역할이 컸다. 코미케는 일관되게 코스프레를

'참가자의 하나의 표현 형태'[*31]로 간주하고 있으며, 표현의 장을 확보
한다는 측면에서 단 한 번도 코스프레를 금지한 적이 없다. 스태프에
게도 코스플레이어를 참여시켜 여러 가지 시행착오를 거치면서 코스
프레를 둘러싼 규칙을 만들었다. 그 규칙은 이후 다른 행사에서도 채
택되어 코스프레 규칙의 표준이 되었다.

한편, 코스프레를 다루는 미디어도 등장한다. 70년대 초반부터 이
미 애니메이션이나 마니아적인 취미의 정보를 다루는 상업 잡지가 창
간되어 팬 문화를 촉진하고, '정보가 적다'는 상황은 점차 정보의 범람
으로 바뀌었다. 그 긴 변천 과정에서 위에서 인용한 『팬 로드』(라포트,
1980년 창간)와 『마이 아니메』(아키타 서점, 1981년 창간, 1986년 휴간)가
좋은 예이다. 이들 매체는 『아니메쥬(アニメージュ)』(도쿠마서점[德間書
店], 1978년 창간)라는 애니메이션 전문지에 비하면 마이너한 잡지였고,
팬들의 취미와 활동 등 메이저가 아닌 부분까지 다루고 있었다. 『아니
메쥬』를 예로 지적한 것처럼[*32], 이러한 미디어는 애니메이션 팬층 확
대에 폭넓게 기여한 것이다. 팬 활동이나 서클을 소개함으로써 새로운
서클의 형성을 촉진하고, 분산되어 있는 마이너한 활동들을 연결하는
허브와 같은 역할을 하며 활동의 활성화와 확대에 크게 기여하고 있다.
대기업의 경우 전국의 팬들을 연결하는 역할도 했다.

90년대 초반부터 신문 등에서 코스프레에 대한 언급이 조금씩 늘어
나면서 '코스프레'는 일반적인 용어가 되었다. 마이니치신문, 아사히
신문, 요미우리신문 등에서 확인할 수 있는 당시 신문 기사에서 코스
프레 활동은 기본적으로 단독 가장에 의한 놀이로 다루어졌으며, TV
애니메이션과 게임 관련 행사, 또는 예술로서의 코스프레가 다뤄졌
다. 아직은 밴드 관계나 비주얼 관련 기사가 많았지만, 90년대 후반부

터 동인지 즉석 판매회에 대한 언급과 함께 다루어지는 경우가 늘어났
고, 마을 부흥, 코스프레 퍼레이드와 같은 행사를 소개하는 기사도
늘어났다.

2000년대에 들어서면서 코스프레의 인기는 해외에서도 확인할 수
있게 되었고, 2003년에는 나고야에서 제1회 '세계 코스프레 서미트(世
界コスプレサミット)'이 개최되었다. 그리고 2005년부터는 '소프트 파
워'론과 연계하여 코스프레 문화나 애니메이션, 만화 등 해외 팬들을
소개하는 기사도 늘어나면서 '쿨 재팬' 담론의 일환으로 코스프레도
다루어지기 시작했다. 가장 이른 사례는 1997년 아사히신문이 다룬
프랑스 파리의 BD(프랑스 만화) 엑스포에서 열린 코스프레 콘테스트
기사 '애니메이션이 잇는 일본–프랑스 파리에서 코스프레 콘테스트'
이다[*33].

현재 코스프레 관련 미디어와 코스프레 전용 이벤트도 다수 존재하
며, SNS나 인터넷에서 코스프레가 커뮤니케이션의 하나로 자리 잡았
다고 할 수 있다. 코스플레이어가 직접 자신의 코스프레 사진을 업로
드할 수 있는 'World Cosplay'라는 코스프레 전용 커뮤니티 사이트가
'C'ure'라는 이름으로 2011년에 서비스를 시작했다. 2011년 5월부터는
'Curecos Plus'라는 사이트도 서비스를 시작했다. 또한 인기 코스프레
잡지 『코스프레 모드(コスプレイモード)』가 2012년 『코스 모드(コスモー
ド)』라는 이름으로 창간되었다.

동인 문화의 일반화에서도 볼 수 있듯이, 팬 활동, 즉 아마추어의
활동 외에도 상업적 목적으로 코스프레와 관련된 미디어와 이벤트도
크게 늘어나면서 위와 같이 정형화된 코스프레 문화 콘텐츠를 대량으
로 소비할 수 있게 되었다. 90년대 말 시점에서 이미 시노미야는 이러

한 상황을 지적하며 소극적으로 변한 코스프레에 대해 창의성 저하로 '코스프레 무브먼트(コスプレムーブメント)'는 끝났다고 단언했다. 지금의 코스프레는 확실히 동인 활동과 콘텐츠 비즈니스 사이에 놓여 있다기보다는 소비되는 문화라는 측면이 더 클지도 모른다. 동인 활동이 제도화되면서 스스로 표현의 장과 방법을 만들기보다는 이미 만들어진 문화에 참여하고 즐기는 자세가 많아진 것도 한 원인일 수 있다.

그러나 동인 활동이라는 '탈용 제도'에는 커뮤니티와 네트워크 형성이라는 측면도 있다. 여기에는 '표현'과는 또 다른 중요한 측면, 즉 '놀이'라는 측면이 있다.

4. 설문과 인터뷰로 본 코스프레의 상식

> 필자: 여러분은 코스플레이어인가요?
> C씨: 코스플레이어입니다……
> D씨: 그렇습니다!
> E씨: 이전에 했습니다.
> F씨: 가끔씩……
> 필자: 전직 코스튬 플레이어라는 건 이제 그만두신다는 뜻인가요?
> E씨: 솔직히 말해서, 다이어트 후부터 하려구요(웃음). 지금은 카메라를 하고 있어요[34].

다음은 일본과 대만에서 진행한 코스프레 조사에 대해 소개하겠다. 코스프레라는 놀이에 신체 관리가 수반된다는 것은 레이어에게는 상식이다. 코스프레에는 이미지가 선행되어 있고, 그 이미지에 가까워지고 싶다는 마음으로 행해지는 표현 활동이다. 그러나 예술가가 지향하는 것처럼 개인의 독창적인 감성의 발견이나 새로운 표현 방법의 실현 등 자기다움을 드러내는 자기표현은 아니다. 공유된 이미지가 재현하는 표현이며, 평가는 '같은 취향의 친구'에 의해 이루어진다. 주로 픽션 작품의 등장인물이 코스프레의 대상이지만, 자신이 생각한 오리지널 캐릭터나 교복과 같은 특정 직업을 '재현'하는 것도 있고, 유명인의 코스프레도 있다. 즉, 기본적으로 코스프레를 하는 사람이나 코스프레 커뮤니티 모두 공유하는 이미지를 취향의 대상으로 삼고, '사랑'이라는 전제가 없는 한 코스프레는 단순한 가장에 불과하다.

코스프레 실천 조사 중 일부는 타이베이(台北)에서 실시했으며, 조사 대상의 절반 정도(401명 중 199명)를 차지한다. 설문 조사 항목에서 대만과 일본의 코스프레 활동은 큰 차이를 보이지 않았기 때문에, 본 장의 고찰에서는 하나의 표본으로 취급하여 조사 대상의 일부만 다루었다[*35].

코스프레 활동의 기본 특징

코스플레이어를 대상으로 한 설문조사를 통해 어떤 활동을 볼 수 있을까? 먼저 [표 1]과 [표 2]에 설문조사의 범위와 내용을 표시했다.

설문에 응한 코스플레이어의 83퍼센트가 여성이고, 57·6퍼센트는 학생이다. 평균 연령은 20.57세, 처음 코스프레를 한 평균 연령은 17세였다. 즉, 대략 3년 정도의 코스프레 경험이 있다고 볼 수 있다(표 3. 퍼센테이지는 무응답 등을 제외한 유효 퍼센트이다. 이후 표도 마찬가지다). 그 코스플레이어들에게서 들은 실천의 특징을 확인한다.

[표 1] 코스프레 조사의 기본정보

제82회 〈코믹마켓〉, 〈옆에서 코스프레博in TFT〉 일본: 도쿄 빅사이트 주변에서 실시	2012년 12월 10일~12일 ·앙케이트 조사 202명(일본어) ·청취 몇 명(일본어)
〈Cosmic World Taiwan 32〉 대만: 타이베이 국립대만대학 총합체육관 주변 에서 실시	2012년 12월 15일~16일 ·앙케이트 조사 199명(중국어) ·청취 몇 명(영어)
모대학 코스프레 서클이 개최한 촬영회 일본: 고베	2013년 5월 5일 ·인터뷰 6명 (일본어)

[표 2] 분석에 사용한 질문항목

① 기본속성	⑥ 코스프레를 하는 동기나 계기
② 연령과 코스프레 경험	⑦ 코스프레 활동에서 중요하다고 생각하는 것
③ 코스프레 실천의 장	⑧ 동인지를 만든 경험 유무
④ 코스프레 대상	⑨ 코스프레 전용 SNS의 사용
⑤ 코스프레 동료	

[표 3] 기본속성과 코스프레 경험

		사람수(인)	비율(%)
성별	남성	64	16.6
	여성	322	83.4
직업	학생	221	58.2
	학생 이외	159	41.8
연령(평균)		20.57	
경험	처음 코스프레를 시작한 연령(평균)	17세	
	코스프레 경험년수(평균)	3년간	

[표 4] 코스프레 실천에서의 중요한 특징(복수 선택 가능)

카테고리	회답	회답수	비율(%)
실천의 장	동인지 즉석판매회, 코스프레 이벤트 회장	356	89.0
대상	만화, 애니메이션, 게임 등의 캐릭터	378	94.5
동료	학교 친구나 동급생	314	78.9
	코스프레 이벤트 참가가 계기가 되어 알게 된 친구나 동료	274	68.8
	인터넷이 계기가 되어 알게된 친구나 동료	250	62.8
동기 및 계기	가장하고 싶은 선호 캐릭터가 있어서	248	65.8
활동에서 중요하다고 생각하는 것	캐릭터를 향한 애정을 가지는 것	330	87.3
동인지를 만든 경험	있다	147	37.8
	없지만 관심 있다	116	29.8
코스프레 전용 SNS의 사용	어카운트(계정)가 있다	302	75.6
	매일 사용한다	114	29.5
	2, 3일에 1회 사용한다	49	12.7
	주 1회 사용한다	45	11.6

　코스프레 활동은 표4에서 볼 수 있듯이 동인지 즉석판매회와 강한 연관성이 있음을 확인할 수 있으며, 일부는 동인지를 만든 경험이 있는 것으로 나타났다. 활동의 동기, 계기는 캐릭터에 대한 관심이며, 활동에서 가장 중시하는 것은 캐릭터에 대한 애정이다. 동료의 대부분은 활동을 통해 형성된 것으로, 코스프레 전용 SNS를 사용하는 것으로 보아 네트워크 형성에 대한 강한 지향성을 확인할 수 있다.

코스프레는 패션이나 개성 표현이 아니다!

　설문지의 [표 5](복수응답)를 보면, 캐릭터에 대한 선호도(65.8%)에

이어 코스플레이어의 권유로 시작했다는 응답이 55.3%였다. 여기서 캐릭터에 대한 취향이 기본 전제이며, 커뮤니티와 네트워크 형성에 대한 지향도 확인할 수 있다. 세 번째 동기는 '가장이나 변신'(40.8%)에 대한 흥미였다. 그러나 가장 흥미로운 점은 패션이나 옷에 대한 관심 (16.4%)이나 자기다움(10.9%)이 낮게 나타나, 이것들이 코스프레의 동기가 되기는 어려워 보인다는 점이다.

[표 5] '⑥코스프레를 하는 동기 및 계기'의 결과(복수 선택 가능)

회답	회답수	비율(%)
1) 플레이어인 친구나 플레이어인 가족으로부터 권유받아서	208	55.3
2) 플레이어가 아닌 친구나 플레이어가 아닌 가족으로부터 권유받아서	27	7.2
3) 가장이나 변신에 흥미가 있어서	154	40.8
4) 패션이나 옷에 관심이 있어서	62	16.4
5) 가장하고 싶은 선호 캐릭터가 있어서	248	65.8
6) 새로운 자신을 체험하고 싶다고 생각해서	115	30.6
7) 자기다움을 표현할 수 있다고 생각해서	41	10.9

이 패션과 자기다움을 표현하는 것이 코스프레와 다르다는 점은 인터뷰에서도 확인할 수 있었다. 코스플레이어에게 '캐릭터'가 없는 코스프레가 가능한지 물었더니 다음과 같은 답변이 돌아왔다.

B씨: 가능하죠. 우리끼리 어떤 설정이나 스토리를 딱딱하게 생각하고 찍는 경우도 있어요. 캐릭터를 직접 만들어서 찍기도 하고요. 집에 있는 물건을 입는 것만으로 오리지널이라고 할 수도 있어요. 저는 로리타 가게에서 일한 적도 있지만, 로리타 옷은 코스프레가 아니라 사복이기 때문에 (로리타 옷을) 코스프레로

입는 건 별로 좋아하지 않아요.

A씨: 코스프레는 코스프레고, 로리타는 패션이에요. 그래서 로리타 씨를 보고 '아, 코스프레다'라고 하면 너무 무례한 것 같아요.

필자: 코스프레와 패션의 차이점은 무엇인가요?

B씨: 사람마다 선을 긋는 방법이 다르죠 …… 의상을 팔고 안 팔고 하는 것일 수도 있고요. 사복으로 일반 옷가게에서 파는 옷과 '코스프레 의상'으로서 코스프레 의상 가게에서 파는 옷은 역시 구분해서 생각해요.

A씨: 코스프레 의상을 파는 곳에서 로리타 옷을 파는 것은 진짜가 아니지 않나요?

B씨: 네네, 로리타도 로리타 브랜드가 있어요. 그래서 역시 사복으로 입는 사람이 많아요. 코스프레 가게에서 파는 로리타 옷은 코스프레용으로 입는 옷이잖아요.

A씨: 일반인들이 할로윈에 잠깐 파티를 하고 싶을 때 ……

B씨: 네, 맞아요! '다 같이 예쁘게 꾸미자!'랄까, '다 같이 흉내 내자!' 라는 것이 코스프레 감각이랄까 ……

코스프레는 '사복과 다른' 것으로, 이미지를 위해 입는 것으로 인식되고 있다. 하지만 할로윈 파티와는 또 다르다.

B씨: 그것은 할로윈의 분장이지, 소란을 피우는 것은 플레이어가 아닌 것 같아요. '축제니까!' 보고 싶은 놀이기구 아니겠어요?

다소 긴 인용문이 되었지만, 이야기의 흐름으로 이어지는 '캐릭터 없는 코스프레', '사복(私服)', '로리타', '패션', '가장' 등의 키워드로부터 코스프레에서 캐릭터 이미지의 중요성뿐만 아니라, 코스프레 이미지(예를 들어, 오리지널 캐릭터)와 자신과의 거리도 엿볼 수 있다. '캐릭

터 없는' 코스프레를 코스프레로 인정받기 위해서는 분장이나 사복이
아닌 캐릭터 설정 등을 만들어야 했다.

　로리타 패션은 '자기다움'의 표현으로 이어진다고도 추측할 수 있
다. 설문조사 결과, 아이돌이나 탤런트, 비주얼 계열, 영화–드라마
캐릭터, 가수–밴드 멤버의 코스프레에 대한 관심은 상당히 낮은 것으
로 나타났다. 특히 유명 비주얼 밴드의 코스프레는 다른 장르라고 할
수 있다. 그리고 그에 따라 로리타에 대한 관심도 낮은 것은 패션의
하나로 보기 때문인 것으로 보인다(표 6).

[표 6] '④코스프레 대상'의 결과(복수 선택 가능)

회답	회답수	비율(%)
1) 만화, 애니메이션, 게임 등의 캐릭터	378	94.5
2) 아이돌이나 탤런트	13	3.3
3) 비주얼계	24	6.0
4) 로리타	37	9.3
5) 영화, 드라마 캐릭터	26	6.5
6) 제복	91	22.8
7) 가수·밴드의 멤버	29	7.3
8) 남장·여장	113	28.3
9) 버추얼 아이돌(보카로이드 등)	174	43.5

캐릭터에 대한 애정이 중요

코스프레 활동 중 물건 만들기 활동이 큰 비중을 차지하고 있다.
설문조사를 보면 거의 절반에 가까운 코스플레이어들이 의상 제작에
몰두하고 있다(표 7). 상업 잡지에서 코스프레를 다루는 방식에서 확인

했듯이, 처음부터 의상 제작의 요령, 방법 등에 관한 내용이 많이 실리고, 코스플레이어들끼리 기술을 공유하는 것도 중요한 활동의 한 측면이다.

예를 들어, 인터뷰 중 코스프레를 하면서 가장 즐거운 점을 묻자 "보람은 좋아하는 작품으로 친구가 늘어나는 것"(A씨), "좋아하는 것을 공유할 수 있는 것과 좋아하는 친구들과 좋은 사진을 남길 수 있을 때 성취감을 느낀다"(B씨)고 답했다. 그리고 가장 힘든 것은 의상 제작이라고 한다. "저는 만드는 편이에요. 거의 다 만들어요. 셔츠 같은 건 사지만, 팔지 않는 건 의상 가게에서 사는 게 아니라 직접 만들어요."(B씨).

그리고 자신의 사진을 찍을 경우, "블로그에 올리거나, 코스프레 SNS가 있으니 거기에 올리기도 하고요"라고 A씨는 말한다. 이렇게 자신의 사진을 다른 코스튬 플레이어들도 볼 수 있도록 하는 경우가 많다. 또 모르는 플레이어, 만난 적 없는 플레이어의 사진도 자주 본다. "'이런 촬영 방법도 있구나' 같은 것"(A씨), "화장을 봅니다"(C씨), "나는 역시 일본인이기 때문에 외국인 캐릭터라면 얼마나 비슷하게 표현했는지, 작품을 재현했는지 등을 확인하죠"(B씨)라고 말했다. 설문조사를 보면, 코스프레 전용 SNS에 등록한 코스플레이어는 75.6%이며, 사용 빈도는 매일(29.5%)을 포함해 적어도 일주일에 한 번 이상은 53.8%이다(표 4).

또한 설문조사를 통해 보면 활동에서 의상 제작도 중요하지만, 그보다 캐릭터에 대한 지식이 더 중요하게 여겨지는 것으로 나타났다(표 7). 특히 '캐릭터가 되는 것'과 '예쁘게 꾸미는 것'에 주목하고 싶다.

[표 7] '⑦코스프레 활동에서 중요하다고 생각하는 것'의 결과(복수 선택 가능)

회답	회답수	비율(%)
1) 의상 제작에 신경쓰는 것	190	50.3
2) 캐릭터의 배경과 작품의 세계관을 아는 것	250	66.1
3) 캐릭터가 되는 것	236	62.4
4) 예쁜 것	103	27.2
5) 캐릭터를 향한 애정을 가지는 것	330	87.3
6) '카메코·누이코·플레이어(カメコ·ヌイコ·レイヤー)' 네트워크를 중요시하는 것	158	41.8

　캐릭터의 이미지 재현을 중시하고 복장과 메이크업을 중시하는 코스프레에서 특히 흥미로운 것은 '예쁘게 꾸미는 것'이 낮은 평가를 받고 있다는 점이다(27.2%). 캐릭터의 이미지를 중요시하는 것이 대전제인 코스플레이어에게 '예쁘다는 것'은 캐릭터가 아닌 자신에 대한 평가로 이어지기 때문에 '코스프레 활동에서 중요하다고 생각하는 것'에 대한 응답에서 가장 낮은 비율을 보인 것으로 보인다.

　예를 들어, 인터뷰에서 캐릭터를 선택하는 기준에 대해 물어보면 '좋아하는 것'뿐만 아니라 '재현할 수 있는 것'이 매우 중요하다는 것을 알 수 있다.

　　저는 키가 작아서 키가 큰 남자 캐릭터 같은 건 좋아해도 할 수 없어요. 좋아하는 캐릭터 중에서 제가 해도 이상하지 않을 것 같은 캐릭터를 선택해서 하고 있어요. (B씨)

　이렇게 볼 때, 공유된 캐릭터의 이미지를 소중히 여기는 것이 중요하며, 그 이미지를 깨뜨리는 것은 바람직하지 않다는 것이다. 이 부분

에 대해서는 다른 인터뷰에서도 같은 의견을 여러 번 들었다. 캐릭터
에 대한 애정은 개인적인 범위를 넘어, 코스프레 활동에 있어서는 항
상 다른 코스튬 플레이어나 캐릭터 팬의 시선을 의식하며 활동한다는
것을 알 수 있다.

　하지만 캐릭터를 재현하더라도 '캐릭터가 되는 것'은 표면적으로만
이루어지는 것이 일반적이다. 인터뷰에서는 '말투를 바꾸거나 하는
것은 별로 하지 않는다', '옷차림', '캐릭터 같은 행동을 하는 것'을 강
조하고 있었다.

5. 신체와 거리를 둔다

타자(他者) 흉내 내기

　코스프레에서 이미지와 신체는 어떤 관계를 유지하고 있을까? 2007
년 아사히신문에 실린 코스프레 활동의 탄생과 관련된 인터뷰에서 고
타니 마리는 다음과 같이 말한다.

　　처음에는 그 캐릭터가 되어 이야기의 세계에 들어가고 싶다는 욕망
　에서 시작된 것 같아요. 일본은 본심과 체면의 나라라서 그런지 일시적
　으로 가면을 쓰는 '흉내내기' 문화가 깊고, 그래서 가라오케도 탄생했습
　니다. 하지만 코스프레는 창의력이 자유롭기 때문에 완전 모방에서 한
　탕주의까지 그 폭이 넓습니다.
　　현실 세계에서 '옷'은 상식에 얽매인 억압적인 존재입니다. 코스프레
　는 그 상식을 벗어던지는 파격적인 것이에요. 이차원 세계의 가치관을
　입음으로써 현실을 상대화하고 자신을 재발견할 수 있습니다. 그것은

현실 도피일지도 모르지만, 비일상 속에서 자신이 몰랐던 자신을 발견하는 것은 새로운 자신을 만드는 첫걸음이기도 합니다[36].

고타니는 새로운 나를 발견할 수 있는 가능성을 지적하고 있다. 한편, 위의 조사에서 볼 수 있듯이 그 가능성을 굳이 택하지 않는 실태도 있다. 이러한 상황에 대해서는 코스프레에서 이미지와 신체 사이의 거리와 접근의 긴장 관계라는 관점에서 접근할 수 있다. 그것은 신체로부터 거리를 두고 이미지에 접근하는 것이다.

코스프레 활동에는 커뮤니티와 네트워크 지향성이 강한 동시에 자신의 몸을 이용한 퍼포먼스에 가까운, 강한 정서적 측면이 있다. 코스프레는 멋진 포즈나 귀여운 포즈를 취하는 것을 사람들과 함께 촬영하여 사진으로 남기고, 그것을 다른 사람들에게 보여줌과 동시에 친구도 사귈 수 있는 놀이이다. 즉 코스프레에는 쾌락과 정서적 측면이 있지만, 동시에 자신의 몸과는 항상 거리를 두고 있는 것이다. 코스프레 활동에서는 본명을 밝히지 않고 코스프레 이름으로 교류하며, 코스프레 활동 때만 만나는 네트워크를 만드는 경향이 강하다. 앞서 말했듯이 그것들은 자기표현이라기보다는 자신의 모습을 활동의 소재로 삼고, 타인의 시선을 통해 캐릭터의 이미지를 확인하는 놀이이다.

즉, 코스프레라는 놀이는 삶의 현실적 영역과 일정한 거리를 두고 있다. 동시에 그 현실의 담보가 되는 자아의 신체와도 거리를 두고 있다. 고타니가 지적하는 '현실의 상대화'와 '현실도피'라는 측면, 더 나아가 이 장의 서두에서 언급한 '도피의 쾌락'도 여기서 말하는 '신체로부터의 거리두기'에 수반되는 측면이다.

그러한 거리를 만드는 것은 캐릭터의 이미지에 접근하기 위함이다.

코스프레는 자기 자신을 표현하기 위한 수단이 아니며, 옷은 사복이나 패션과 달리 '진짜'로 볼 수 없다. 실명을 사용하지 않고, 캐릭터에 몰입하는 것은 피상적인 것이지 진심이 아니다. 이 거리를 둔 '흉내놀이 공간'에서 유일하게 진정성이 있어야 하는 것은 캐릭터에 대한 애정이다. 캐릭터의 이미지를 재현하는 것, 캐릭터를 이해하는 것, 캐릭터의 모습이 됨으로써 이미지와 신체의 거리는 제로가 된다. 이미지와 몸의 거리가 가까워지는 동시에 자신의 몸은 자신과 거리를 두게 된다. 즉 코스프레 사진에 찍힌 이미지는 자신인 동시에 자신이 아닌 것이다.

가상적인 신체

'코스프레 운동'은 끝났다고 단언한 시노미야의 입장에서 보면, 이미 만들어진 활동 형식에 참여하고 이미 존재하는 캐릭터를 빌려서 부담 없이 코스프레를 즐기는 행위는 '새로운 것을 만들어내는 창조력'이라기보다는 오히려 소극적인 태도의 것이라고 할 수 있다. 확실히 코스프레의 상상력은 공동의 이미지인 '캐릭터'에 의해 좌우되기 때문에 자기표현을 추구하는 활동은 아니다. 그러나 코스플레이어는 '내가 아닌 타자'를 재현하고자 할 때, 일단 자신과 거리를 두며 자신의 또 다른 가능성을 구현한다. 고타니는 '모르는 자신의 발견'을 위해서는 먼저 알고 있는 자신의 현실성(액츄얼리티)에서 잠시 벗어나야 한다고 지적한다. 코스프레의 '도피의 쾌락'은 외모를 바꾸는 것에서 시작된다.

시노미야가 추구하는 무브먼트의 창조력이나 고타니가 지적하는 '새로운 자신 만들기'를 위해서는 먼저 '자기'라는 것을 주장할 수 있는 신체가 필요하다. 어쩌면 코스프레의 탈용 제도가 제공하는 것은 오히려 그 '자기'를 억지로 괄호 안에 넣은 채 참여할 수 있는 활동과 연결의 장일지도 모른다.

　코스플레이어들의 네트워크에서는 이미지가 공유되고 유통된다. 네트워크 안에서 그 이미지를 평가할 수 있는 특정한 가치관이 공유되고 있을 것이다. 코스프레의 재현도를 평가할 때 자신뿐만 아니라 다른 코스플레이어, 네트워크 참여자 등도 필요하기 때문이다. 코스프레 활동 참여에는 이 평가를 받는 재미가 있다. 그러나 보통은 놀이에 그치고, 자기표현이나 정체성 주장이 가능하다고 해도 그것이 활동의 목적은 아니다. 이 전제를 가지고 노는 코스플레이어에게 신체는 일시적으로 가상의 존재가 된다.

　여기서 가장 주목해야 할 것은 코스플레이어의 가상적인 신체[37]에서 캐릭터의 이미지는 규범이며 '타자(他者)'가 된다는 의식이다. 즉, '내가 아닌 타자'의 이미지는 코스플레이어와 코스프레 네트워크의 선호 대상이라는 점에서 강제력을 가지며, 코스플레이어의 가상적 신체에 현실성(리얼리티=현실 같음)을 부여한다. 즉 재현되는 캐릭터의 이미지는 '나만(自分だけ)'이 아니라 네트워크라는 집단의 시선을 통해 만들어지는 이미지이며, 따라서 그 이미지를 재현한 신체는 집단으로부터 승인된다. 다만 그 몸은 '내가 아니다'라는 놀이로서의 전제가 있기 때문에 가상으로 취급된다. '타자'인 캐릭터의 이미지를 차용함으로써 일시적으로 '자기'를 전제하지 않고 다른 사람과 놀 수 있는 것이 코스프레의 매력 중 하나일지도 모른다.

원저자 주

*1 三田村蕗子, 『コスプレ──なぜ、日本人は制服が好きなのか』(祥伝社新書、二〇〇八年)、杉浦由美子『コスプレ女子の時代』(ベスト新書、二〇〇八年)、小泉恭子と鈴木裕子「ヴィジュアル系コスプレ──模倣とコピーの身体技法」(成実弘至編、『コスプレする社会──サブカルチャーの身体文化』、せりか書房、二〇〇九年).

*2 예를 들어, 나루미 히로시(成実弘至) 편, 『코스프레하는 사회──서브컬처의 신체문화(コスプレする社会──サブカルチャーの身体文化)』(세리카 쇼보, 2009). 팬 커뮤니티에의 귀속의식에 관해서는 오카베 다이스케, 「코스플레이어의 배움──문화적 실천으로서의 코스프레는 어떻게 달성되는가(コスプレイヤーの学び──文化的実践としてのコスプレはいかに達成されるか)」(宮台真司・監修、辻泉、岡部大介、伊藤瑞子編『オタク的想像力のリミット──〈歴史・空間・交流〉から問う』、筑摩書房、二〇一四年).

*3 이 책에서는 특히 앤서니 기든스와 폴 리쾨르를 참고로 하고 있다. Giddens, Anthony, Modernity and Self-identity: Self and Society in the Late Modern Age, (Polity Press, 1991). Ricoeur, Paul, "Narrative Identity", Philosophy Today, 35:1 (1991).

*4 斎藤環, 『キャラクター精神分析 マンガ・文学・日本人』(筑摩書房 双書舎 双書舎, 2011), 伊藤剛, 『テヅカ・イズ・デッド 開拓されたマンガ表現論へ』(NTT出版, 2005).

*5 Fiske, John, Understanding Popular Culture (Routledge, 1989 / 2011).

*6 Ricoeur, Paul, "Narrative Identity", Philosophy Today, 35:1 (1991). Ricoeur, Paul, trans. John B. Thompson, Hermeneutics and the Human Sciences: Essays on Language, Action and Interpretation (Cambridge University Press, 1981).

*7 Jenkins, Henry, Textual Poachers: Television Fans and Participatory Culture (Routledge, 1992). Hills, Matt, Fan Cultures (Routledge, 2002).

*8 須川亜紀子, 『2・5次元文化論 舞台・キャラクター・ファンダム』(青弓社、二〇二一年).

*9 小林昌樹編, 『文藝同人雑誌出版マニュアル──戦前版』(金沢文圃閣、二〇一七年).

*10 전게 주 9, p.10.

*11 전게 주 10.

*12 ヒロヤス・カイ『オタクの考察』(シーアンドアール研究所、二〇〇八年).

*13 「コスチューム・プレー大作戦」(『マイアニメ』、秋田書店、一九八三年六月一日、一〇六頁).

*14 篠宮亜紀, 「二十分でわかる！コスプレの超常識」(『私をコミケにつれてって！』、宝島社、一九九八年).

*15 大塚英志, 「「私」とアマチュアの時代(1900~1920)」(日文研大衆文化研究プロジェク

ト編著『日本大衆文化史』、KADOKAWA、 二〇二〇年、一六六頁。

*16 Patten, Fred, "The start of Organized SF Fandom", The Los Angeles Science Fantasy Society, The Los Angeles Science Fantasy Society. http://www.lasfsinc.info/index.php?option=com_content&task=view&id=56&Itemid=154 (2020.05.25 참조)

*17 Winge, Theresa, "Costuming the Imagination: Origins of Anime and Manga Cosplay", Mechademia (University of Minnesota Press, 2006). Lotecki, Ashley, "Cosplay Culture: The Development of Interactive and Living Art through Play"(Canada: Ryerson University, 2012).

*18 小泉信一・編集委員, 「(UFO伝説をたどって：1)核の脅威を考えた三島由紀夫」(『朝日新聞』二〇一七年十月三日夕刊).

*19 吉本たいまつ, 『おたくの起源』(NTT出版、二〇〇九年)、ばるぼら・野中モモ『日本のZINEについて知ってることすべて同人誌、ミニコミ、リトルプレス──自主制作出版史1960~2010年代』(誠文堂新光社、二〇一七年).

*20 전게 주 19 요시모토 저서.

*21 전게 주 14.

*22 전게 주 14, pp.56~57.

*23 小谷真理、吉川啓一郎・聞き手, 「(リレーおぴにおん)ヘンシン！：2コスプレで脱ぎ捨てる常識小谷真理さん」(『朝日新聞』二〇一七年十一月一日朝刊、一七面).

*24 「日曜日の原宿は燃えていた──トミノコ族出現!?」(『ふぁんろーど』、ラポート、一九八〇年八月二十五日、三八~三九頁).

*25 전게 주 24, p.2.

*26 コミケットで見つけたヒロインちゃん♡50人」(『ふぁんろーど』、ラポート、一九八〇年十一月二十五日、四六~四九頁).

*27 『ふぁんろーど』(ラポート、一九八一年一月二十五日)七〇頁.

*28 전게 주 14.

*29 전게 주 14.

*30 「[時流語事典]コスプレ族」(『毎日新聞』一九九二年八月六日東京夕刊、一〇面).

*31 전게 주 14.

*32 近藤和都, 「アニメブームのインフラストラクチャー『機動戦士ガンダム』をめぐる放送格差と雑誌読者」(永田大輔、松永伸太朗『アニメの社会学─アニメファンとアニメ制作者たちの文化産業論』、ナカニシヤ出版、二〇二〇年).

*33 小山内伸・構成, 「アニメが結ぶ日仏パリでコスプレコンテスト」(『朝日新聞』一九九七年十月二十三日朝刊、二三面).

*34 2013년 5월 5일에 진행된 고베시, 대학 코스프레 서클과의 인터뷰 내용으로부터.

*35 Hernandez. H. Alvaro. D., =Activities and Participation in the Aesthetic-Rhetoric Field of the Japanese =Subculture=; Focusing on the Interinstitutional System of the Japanese Animation Contents Industry, the Dōjin Culture, the Cosplay Practices and the Vocaloid Scene=(神戶大学人文学研究科、二〇一六年三月二十五日).

*36 전게 주 23. 또한 요시모토가 말했듯이, 고타니의 코스프레 활동은 남성이 무의식적으로 가지고 있는 여성혐오에 대항하는 측면이 있으며, 또한 팬 문화에서 여성의 지위를 높이는 활동이기도 했다(전게 주 19).

*37 스가와는 2.5차원의 무대에서 '허구적인 신체제(新体制)'(전게 주 8, pp.68~81)라는 말로 비슷한 감각을 분석한다.

제3부

신체에 회귀하다

제7장

소망을 그림에 담다

- 근현대의 작은 그림자 -

야스이 마나미(安井眞奈美)

1. 그림을 그리는 행위

대중이 그린 에마(絵馬)

몸을 움직여 무언가를 표현하는 것 – 그 중 하나로 그림을 그리는 것을 들 수 있다. 전문 화가나 장인뿐만 아니라 그런 일을 생업으로 삼지 않는 사람들도 다양한 계기로 그림을 그려왔다. 하지만 그것은 반드시 남에게 보여주거나 공공장소에 전시하기 위한 것이 아니었기 때문에 제3자가 볼 수 있는 기회가 적었다. 그런 가운데 주목해야 할 것은 사람들이 소망이나 맹세를 그림이나 글자로 표현해 신사나 절에 봉납한 에마(絵馬)이다. 특히 경내 한 켠에 걸려 있는 작은 에마는 그 자리에 가면 누구나 볼 수 있다.

이 장에서는 작은 에마를 '대중'이 그린 그림으로 보고 논하며, 대중이 스스로 그리는 것을 용이하게 한 '장소'와 '장치'에 대해 밝히겠다. 이 책과 관련된 『일본대중문화사』에서는 대중을 문화를 향유하는 자이자 문화를 만드는 주체로 보고 있다. 이 책은 대중의 '만드는' 행위에 대해 "사람들은 무에서 유를 만들어내는 것이 창조적 행위라고 생각하기 쉽지만, 실제로는 많은 표현이 선행하는 표현의 수용과 재창조에 의해 생겨나는 것"이라고 지적하고 있다[*1]. 본 장에서는 에마를 소재로 하여 선행하는 표현을 모방하여 다시 만들거나 이미 있는 도안에 덧붙임으로써 대중이 새로운 표현을 만들어내는 행위에 주목하고자 한다.

야나기타 구니오(柳田國男)[1]는 에마에 대해 쓴 논고에서 그림을 그리는 것에 대해 다음과 같이 논하고 있다[*2].

> 사람이 마음속의 생각을 강력하게 하기 위해 그것을 그림으로 그려서 오래도록 남길 수 있는 형태로 남겨두려고 하는 것은 에마뿐만 아니라 그림 자체의 기원일지도 모른다. 다만 이를 구현하는 기술이 부족하다고 느낀 사람이 차츰 이를 특별한 기예를 가진 사람에게 의뢰하게 되면서 그림은 발전하는 대신 명맥이 끊어지고 멀어져 온 것이 아닌가 싶다.

마음속의 생각을 강하게 하기 위해 그림으로 남겨둔다는 점은 그림을 그리는 행위를 생각할 때 매우 시사하는 바가 크다. 야나기타는 그림에 소질이 있는 사람은 상관없지만, 그렇지 않으면 특별한 기예를 가진 사람에게 의뢰하게 되었고, 이를 통해 그림은 발전했지만 그 대신 각자의 기대와는 멀어져 왔다고 지적한다. 그러나 '기술이 부족하다'고 느끼는 사람도 쉽게 그림을 그릴 수 있는 '장치'가 소에마에는

1) 야나기타 구니오(柳田國男, 1875~1962): 일본의 민속학자이자 관료. 일본 민속학의 개척자이자 아버지로 평가받으며 오늘날까지 다수의 저작들이 대중에게 읽히고 있다.

있었다. 이 '장치'를 생각해본다.

민속학 연구를 참고하면, 에마는 크게 두 가지 유형으로 나뉜다[3]. 하나는 전문 화가에게 그려서 에마당(絵馬堂) 등에 봉납하는 대형 액자 같은 대에마(大絵馬)이고, 다른 하나는 작은 판에 그림이나 글자를 그려서 경내에 거는 소에마(小絵馬)이다[4]. 에마의 역사는 나라 시대까지 거슬러 올라간다고 하지만, 소에마의 종류와 화제가 풍부해진 것은 막부 말기 분카·분세이 시대(文化·文政, 1874~1830)이다[5]. 근대 이후 의 에마에서는 기존 그림의 주제가 계승되기도 하고 새롭게 그려지기 도 했다. 시대에 맞는 방법과 표현으로 사람들의 다양한 소망이 가시 화되어 온 것이다.

그리는 것과 소통

인류학자 팀 잉골드는 일상생활의 다양한 행위, 예를 들어 걷기, 베틀로 짜기, 관찰하기, 노래하기, 이야기하기, 이 모든 것에 공통적으 로 나타나는 라인(line), 즉 선(線)이라는 단순하지만 잘 알려진 개념에 주목한다[6]. 모든 것이 선을 따라 진행된다고 보고, 선의 비교인류학이 라고 부를 수 있는 토대를 만들었다.

에마를 라인이라는 개념에 비추어 보면 그림을 그리고, 장소를 이동 하고, 봉납하는, 혹은 장소를 이동하고, 그림을 그리고, 봉납하는 일련 의 행위로 파악할 수 있다. 또한 에마를 봉납한 후, 각각의 소원을 이루기 위해 행동으로 옮기는 것도 라인의 흐름으로 볼 수 있다. 또한 신사나 사찰을 방문한 사람들이 다양한 에마를 보고 공감하거나 직접 에마를 그려보는 등 새로운 라인이 만들어지기도 한다. 민속학 연구는 에마를 신과 인간과의 교류, 교감의 수단과 방법으로 간주했지만[7],

그뿐만 아니라 에마를 봉납한 사람의 마음을 에마를 본 사람들이 받아
들이는, 사람과 사람 사이의 커뮤니케이션을 가능하게 하는 매개체로
서도 볼 수 있다.

　예를 들어 자녀의 성장과 무사안녕을 기원하는 에마에는 부모의
간절한 소망이 담겨져 있다. 니가타현 가시와사키시의 아와시마 신사
에 봉납된 수많은 에마 중 묶은 여성의 검은 머리카락을 붙인 에마가
있다. 전쟁에 내보낸 아들의 무사함을 기원하며 어머니가 봉납한 것으
로[8], 머리카락을 자르는 행동에 어머니의 강한 염원이 담겨 있다. 또
한 야마가타현 무라야마 지방의 무카사리 에마처럼 죽은 자녀가 사후
에 결혼할 수 있도록 결혼식을 그려서 에마를 봉납하는 풍습도 있다[9].
제니퍼 로버트슨은 전쟁 중에 그려진 군인 에마를 분석하여, 에마를
보는 것, 즉 말하지 않는 힘을 사람과 사람을 이어주는 소통의 한 양식
으로 해석하고 있다[10]. 이러한 소통의 양식은 큰 에마에도 경내에 걸려
있는 작은 에마에서도 동일하게 발견할 수 있었다고 할 수 있다.

　[그림 1]은 이시카와현(石川県) 와지마시(輪島市)에 있는 시게쿠라 신
사(重蔵神社) 경내의 고안샤(子安社)에 봉납된 소에마이다. 2018년 개
띠 해를 맞아 순산을 상징하는 종이로 만든 개 그림에 아이의 건강한
성장을 기원하는 문구와 '경찰관이 되고 싶다', '피아노를 잘 치고 싶
다'와 같은 아이의 꿈과 소망이 적혀 있다. 고안샤에는 칠순을 축하하
기 위해 자녀를 데리고 방문하는 부모들도 많은데, 이러한 에마를 보
며 자녀의 무탈한 성장을 기원하는 부모의 마음을 공감하고 자신의
자녀라면 어떤 꿈을 꾸게 될지 생각해보게 될지도 모르겠다. 그런 것
또한 소통의 하나로 볼 수 있다.

[그림 1] 시게쿠라 신사(重藏神杜) 경내에 걸려진 에마(境内の子安社に吊るされた絵馬)

손으로 그린 표현

소에마에는 현대에는 소원을 비는 사람의 이름을 적기도 하지만, 예전에는 소원을 비는 사람의 띠와 나이, 성별만 적고 자세한 정보는 생략했다. 에마의 목적이 '소원, 즉 소원의 표시*11'였다면 굳이 자신에 대해 자세히 밝힐 필요가 없었기 때문이다.

[그림 2]는 '남자와의 결별'을 기원하는 에마였다. 세로 15.0cm, 가로 23.5cm의 판에 그려진 작은 그림으로, 오사카시 기타구의 다이유지 벤자이텐(太融寺弁財天)에 봉납된 것으로 추정된다. 다이유지는 구 기타노무라의 고찰이며, 인근 소네자키무라에는 근사한 『소네자키 신쥬(曾根崎心中)』의 배경이 된 노천신사(통칭 오하츠텐진[お初天神])가 있다.

[그림 2] 봉납자 자신이 그린 '남자와의 결별(男斷ち)' 에마
(덴리대학 부속 덴리참고관(天理大学附属天理参考館) 소장)

다이유지(太融寺)에 봉납된 이 작은 에마에는 '쇼와 10년 12월 29일'
이라고 봉납된 연도(1935년)가 명기되어 있다. 그림의 오른쪽에는 기
모노 차림의 여성이 손을 맞잡고 경배하는 모습이 그려져 있고, 왼쪽
에는 남편 외에 남자를 만들거나, (남자를 만들지 않겠다고) 소원하는
것을 취하하며 어떤 벌도 마다하지 않겠다는 서약이다. 그렇다면 '남
자를 끊어달라'는 이 여성은 어떤 상황에 처해 있었던 것일까? 남편이
아닌 다른 남자와 사랑에 빠질까봐 에마를 봉납했다기보다는 질투심
많은 남편이 일부러 아내에게 맹세하게 만들었을 가능성도 있다.

또한 같은 시기, 1932년 3월 11일에 봉납된 '개띠 남자(戌年男)'의
에마에도 '만4년 간 여자를 금한다(満四年間女禁ず)'라는 글귀만 적혀
있다*12. 이쪽은 스스로 4년이라는 기한을 정해놓고 여성과의 관계를
끊기까지 해서 이루고 싶은 것이 있었음을 짐작할 수 있다. 자신의
서약을 표명하는 수단으로 에마를 사용한 예이다.

그런데 앞서 말한 여성은 봉납하는 에마에 자신의 모습을 닮은 기모

[그림 3] '배예에마' 도안 - 교토부근 일대의 에마
(西澤笛畝編, 『諸国絵馬集』2 芸艸堂, 1918년)

노 차림의 여인을 그린 것일까? 그럴 수도 있지만, 에마에는 이미 비슷한 도안이 확립되어 있었기 때문에 이를 모방한 것으로 보인다. 그중 하나가 '배례에마(拝み絵馬)'로*13, 여성과 남성, 혹은 엄마와 아이가 각각 손을 맞잡고 공손히 기도하는 도안이다(그림 3). 화가가 미리 그려 놓은 그림이 있기 때문에 봉납자는 여백에 자신의 소원을 적기만 하면 된다. [그림 2]의 남자 거절의 에마는 '배례 에마'의 배례하는 인물을 본떠서 손으로 그린 것으로, '남자 단절(男断ち)'의 소원을 문자로 적은 것으로도 볼 수 있다.

또한 절연(인연 끊기[縁切り])의 에마에도 금줄이 감긴 팽나무를 향해 기도하는 여성의 모습이 그려져 있다(그림 4). 절연 소원은 도쿄도 이타바시구(板橋区) 혼마치(本町)의 절연 팽나무가 유명하며, 에마에 팽나무를 그린 것이나 기모노를 입은 남녀가 등을 맞대고 있는 도안이 많지만,(그림 5), 여성이 혼자 소원을 비는 모습도 그려졌다. 이러한 에마의 도안과 '남자 단절' 에마에 그려진, 왼쪽을 바라보며 손을 맞잡

[그림 4] '절연 에마' 여성이 팽나무를 향해 기도하는 모습(天理大学附属天理参考館藏)]

[그림 5] '절연 에마' 남녀가 등을 돌리고 있는 도안 (宮尾しげを編 『足利小絵馬集』, 1950년)

고 있는 여성의 모습이 매우 흡사한 것으로 보아, 봉납자는 배례 에마나 인연 끊기 에마의 도안을 참고하여 '남자 단절' 에마를 그렸을 것으로 추측할 수 있다.

현대에는 인연 맺기를 기원하는 에마가 인기가 있지만, 과거에는 이별을 기원하는 에마도 많이 봉납되었다. 에마를 통해 자세한 내용은 알 수 없지만, 그 배후에는 남녀의 얽히고 설킨 인간관계가 있었을 것으로 추정된다. 예를 들어 쇼와 초기에 오사카에서 종교직능자로서 사람들의 상담을 받던 한 여성은 '팔백 명의 병을 낫게 해달라'는 계시를 받고 일을 시작했는데, 가장 먼저 참배하러 온 것은 '남편'과의 인연 맺기 또는 인연을 끊어 달라는 오사카의 게이샤들이었다고 한다[*14]. 끊고 싶어도 끊을 수 없는 인연은 가급적이면 원만하게 끊고 싶어서 종교인을 찾아가거나 에마에 그려서 남몰래 소원을 빌었던 것 같다.

대중이 에마에 그린 그림은 원본이 아니라 도안이 존재했다는 것이 밝혀졌다. 에마 도안의 존재는 하나부터 열까지 모든 것을 그릴 수 있는 재능이나 기교가 없어도 사람들이 비교적 쉽게 그림을 그릴 수 있게 했다. 다음으로 어떤 도안이 있었는지 조금 더 살펴보기로 하자.

2. 에마에 그려진 신체

쌍으로 그리기

에마에 맡겨 기원하는 내용은 인연 맺기, 인연 끊기 등 인간관계 외에도 건강, 장수, 질병 치유를 기원하는 것 등 신체에 관한 것이 대부분을 차지해 왔다. 병이 나으면 신불에게 감사하고, 다시 그것을 에마에 그려서 봉납한다. 몸은 이중적인 의미에서 에마의 출발점이었다. 에마를 그려서 봉납하는 대중문화를 만드는 몸이며, 또한 기원의 대상으로서 에마의 도안이 되는 몸이다. 여기서는 근현대 에마 중 특히 신체와 관련된 에마를 살펴본다.

신체 부위를 그린 에마 중 가장 많은 것은 안병치유(眼病平癒)의 에마이다. 가마솥을 사용하던 쇼와(昭和) 전기 무렵까지 사람들은 집안에 가득 찬 연기로 인해 눈을 다치거나 감염성 눈의 결막질환인 트라홈(トラホーム) 등에 걸리는 경우가 많았다. 눈병의 회복을 기원하며 에마에 눈 자체를 그려서 봉납했다. 에마로 효고현(兵庫県) 아카시군(明石郡) 이가와야무라(伊川谷村, 현 고베시 니시구 이가와야마치)의 다이산지(太山寺)에는 안병치유의 에마가 봉납되어 있다. 다이산지는 후지와라 가마타츠(藤原鎌足)의 장남 정혜 화상(定惠和尚)이 창건한 것으로 알려져 있으며, 아카이(閼伽井)의 물이 눈병에 좋다고 알려져 있다. 거기에 봉납된 에마 그림에는 두 눈과 두 눈썹이 그려져 있고, '삼세유년녀(三才酉年女)'라는 아이의 나이와 띠가 적혀 있다. 눈병이지만 자칫하면 아이의 얼굴 전체를 그릴 수도 있는 부분을 눈만 그린 것은 다음과 같이 눈병의 치유를 기원하며 눈만 그린 도안이 있었기 때문일 것이다.

쌍으로 된 두 눈을 그린 것은 눈의 개수가 8 또는 16 등 대부분

 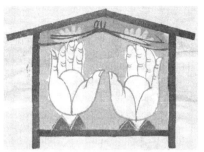

[그림 6] 질병치유의 에마(미야오 시게오[宮尾しげ
を] 편, 모리타 긴지로[森田欽次郎] 그림, 『足利小
絵馬集』, 1950년)

[그림 7] 손을 그린 에마 〈양손(両手)〉(미야오
시게오 편, 모리타 긴지로 그림, 『足利小絵馬集』,
1950년)

8의 배수로 그려져 있다(그림 6). 이는 '여덟 눈(八ん目)'과 '병든 눈(病ん
目)'의 어감에서 비롯된 것이다. 설령 병든 것이 한쪽 눈이라 할지라도
반드시 두 눈을 그린 것은 그것이 회복된 상태를 의미했기 때문이다.
두 눈이 모두 있으면 눈의 개수가 많아도 상관없었고, 일부는 '눈'의
한자를 나이 수만큼 나열한 소에마도 있었다.

　손의 부상이나 질병 등의 치유를 기원하는 에마에도 양손이 그려져
있었다(그림 7). 참고로 그림의 눈 에마, 양손 에마 모두 좌우 대칭으로
그려진 것은 화가가 연습용으로 그렸던 도안이 그렇게 되어 있었기
때문이다.

　또한 발의 부상이나 질병의 치유, 건강한 다리와 여행의 무사고를
기원하는 에마에는 발 자체보다 신발을 그리거나 신발 모형을 붙인
에마가 많이 보였다. 도쿄도 다이토구(台東区) 야나카 엔주사(谷中延寿
寺) 히카도(日荷堂)에 메이지 시대에 봉납된 수많은 대형 에마에는 갓,
나막신, 나막신, 나막신, 족두리 등의 실물 또는 그 모형이 부착되어
있다[*15]. 또한, 현재도 많은 신도가 모이는 미야기현(宮城県) 다가조시

[그림 8] 유방과 옷자락부터 맨발까지 나온 도안의 에마(春日大社末社·赤乳 神社/白乳神社)

(多賀城市)의 아라하바키 신사(荒脛巾神社)에 봉납된 대에마에도 발에 감는 각반이나 다리끈을 가리키는 '하바키(はばき)'[2]의 모양을 본뜬 판이 부착되어 있다. 현재는 에마 대신 운동화나 신발, 슬리퍼, 샌들 등의 신발이 많이 걸려 있다. 반드시 좌우 한 쌍으로 되어 있는 것은 눈이나 손의 경우와 마찬가지로 한쪽이 결손된 상태에서는 회복을 기원하는 것으로 간주되지 않기 때문일 것이다.

또한 여성의 질병 중 주로 상체 질환의 치유를 기원하는 그림에는 그 신체 부위를 상징하는 양쪽 유방이 그려져 있다. 이에 반해 하반신 병의 에마에는 예전에는 여성의 성기 자체를 그렸지만, 그 완곡한 표현으로 기모노 밑단에서 맨발이 드러난 도안도 사용되었다[*16](그림 8).

이와 같은 유방 그림은 병의 치유뿐만 아니라 육아 시 젖이 잘 나오기를 기원하는 에마에도 사용되었다. 히로시마현(広島県) 후쿠야마시(福山市) 토모노우라(鞆の浦)에 있는 반다이지(磐台寺) 관음당에는 순산과 풍요로운 젖을 기원하며 유방을 바느질로 만든 에마가 다수 봉납되어 있다(그림 9).

이 외에도 오사카시 시텐노지(四天王寺) 호테이도(布袋堂)의 에마는 여성의 유방에서 젖이 힘차게 튀어나오는 도안으로 현재도 사용되고

---

2) 하바키는 일본도의 부분 중 하나로 칼날의 손잡이 부분에 끼우는 쇠장식을 가리킨다.

[그림 9] 유방 모형을 단 에마
(広島県福山市鞆の浦·磐台寺観音堂)

[그림 10] 오사카시 시텐노지 호테이도의
에마(大阪市四天王寺布袋堂の絵馬)

있다(그림 10). 이 에마는 표현의 발상이 흥미로워 후술하겠지만, 도안집에 자주 등장한다. '모유 수유가 좋다'는 규범이 강해진 것은 근대에 들어와서인데, 어머니의 젖이 충분하지 않을 경우 이웃이나 친척 여성에게 젖을 얻어먹는 등 보충했다[*17]. 분유와 같은 대체재가 없던 시절, 풍부한 모유 생산은 간절한 소망이었다.

에마는 아니지만, 자연의 조형물에서 유방 모양과 비슷한 것을 찾아내어 이를 기원하는 사례도 있다. 진주(鎮守)[3]의 숲 등에 있는 거목인 은행나무의 줄기나 가지 등에서 뿌리의 일종인 기근이 늘어져 있는 경우가 있다. 이를 젖이 흘러내리는 상태에 비유하여 젖이 잘 나오기를 기원했다. 그 중 하나가 미야기현 센다이시에 있는 우바가미 신사(姥神神社) 옆에 있는 '유방 은행나무(乳銀杏)'이다. 수령 120년으로 추정되는 이 은행나무는 국가 천연기념물로도 지정되어 있다(그림 11).

또한, 병은 없지만 아이가 기분 좋게 목욕을 하기를 기원하는 그림도 있다. 욕조에 몸을 담그고 있는 아이나 엄마와 함께 목욕하는 아이

---

3) 신사(神社) 주변을 감싸고 있는 나무숲.

[그림 11] 유방 은행나무(乳銀杏)(仙台市・姥神 神社隣)

[그림 12] 〈입욕(入浴)〉(니시자와 데키호[西澤笛畝] 편, 『쇼코쿠에마집(諸国絵馬集)』 2권, 운소도[芸艸堂] 1918년)

의 모습이 그려져 있다. '한 살배기 소녀'라고 적힌 손그림 에마는 봉납 시기가 불분명하지만, 아이의 표정에서 동네의 '○○짱'이 구체적으로 떠오르는 듯한 그림이다. 이 에마도 [그림 12]와 같이 에마 모음집에 실려 있던 기존의 목욕 도안을 참고하여 그린 것으로 보인다.

질병치유 에마의 특징

에마에 그려진 신체 부위에는 몇 가지 특징이 있었다. 첫째, 비록 병에 걸렸더라도 회복된 건강한 상태의 신체를 그렸다. 회복된 바람직한 상태를 기원하는 것이기 때문에 병에 걸리거나 다쳐서 결손된 상태의 신체를 그리지 않은 것은 당연하다고 할 수 있다.

또한 소에마에 그려진 신체 부위는 발, 눈, 가슴(유방), 손 등 일상생활에서 다치기 쉬운 부위가 주를 이루었다. 와타나베 마사시는 에마에 그려진 소재를 분석하면서 "신체와 관련된 직접적인 표현에서 신체 전체를 표현한 것은 찾아볼 수 없고, 그려진 것은 상체 혹은 하체, 신체 부위로는 눈, 손, 유방에 한정되어 있다. 이는 민간전승과 밀접한 관계가 있는 것으로 생각된다"고 지적하고 있다*18. 소에마에 그려진 것은 생명의 위험과 직결되는 질병이 아니라 일상에서 흔히 발생하는 부상이나 통증 등이 많았다. 예를 들어 수두 등 사망에 이를 위험이 있는 감염 질환은 발병 후 회복을 기원하는 그림보다는 미리 감염을 예방하거나 가볍게 하기 위한 부적이나 부적 등이 사용되었다.

또한 내장의 질병에 대한 그림은 소에마에 거의 그려지지 않았다. 1774년 스기타 겐파쿠(杉田玄白) 등이 『타헬 해부학(ターヘル・アナトミア)』의 번역서인 『해체신서(解体新書)』를 출간하면서 서양의학 서적들이 차례로 번역되기 시작했고, 장기의 상태도 자세하게 그려지기 시작했다. 『해부신서』의 간행은 해부를 통해 입증된 인체의 구조를 믿는 분위기를 가져왔지만, 서양의학에 기반한 신체관이 널리 받아들여진 것은 메이지 유신 이후였다*19. 그러나 서양의학 지식이 보급되어도 장기의 질병은 굳이 소묘에 그려지지 않았다. 위나 장의 병을 시각적으로 표현하는 것이 어려웠을 것으로 생각된다. 도안 집에도 소장되어 있는 '가슴을 부여잡고 기도한다'라는 제목의 나라현 에마에는 내장 자체가 아닌, 큰 그릇의 밥을 먹는 여인의 모습이 그려져 있다(그림 13). 이 도안에는 가슴을 움켜쥐고 있는 상태를 나타낸다는 약속이 공유되고 있는 것이다.

또한 기침이나 천식 등의 증상도 그

[그림 13] 나라의 가슴 부여잡은 채 올리는 기원(奈良胸つかへ祈願), 다니구치 도센(谷口桃僊), 『에마백종(絵馬百種)』, 다루야마 서점(だるまや書店), 1917년.

림으로 그리기 어려웠기 때문에 대신 가위를 봉납하여 병이 낫기를 기원했다. 가위는 뿌리를 자른다는 상징적인 의미로 절연의 소원 등에도 사용되었다. 비슷한 발상으로 귀병이나 난청을 치유하는 기원에는 나라현(奈良県) 호류지(法隆寺) 니시엔도(西円堂)에 봉납된 에마처럼 실물 크기의 원뿔을 판자에 붙였다[*20]. 원뿔로 무언가를 관통하는 주술적인 의미에서 귀가 들리기를 기원했던 것이다.

다양한 소망과 정형화된 표현들

지금까지 사람들의 다양한 소원을 표현한 소에마에는 정형화된 도안이 존재했음을 살펴보았다. 신체를 소재로 한 에마를 살펴보았는데, 그 외에도 어떤 도안이 있었을까? 이와이 히로시미(岩井宏實)는 다음과 같이 분류하고 있다. ① 말의 그림, ② 기원의 대상이 되는 신불의 상 또는 그것을 상징하는 그림, ③ 기원의 대상이 되는 신불과 인연이 있는 권속을 그린 그림, ④ 기원의 내용을 그린 그림, ⑤ 기원의 대상인 자신의 모습을 그린 그림, ⑥ 기원의 대상인 신불과 인연이 있는 권속을 십이지로 표현한 그림, ⑦ 기타이다[*21]. 예를 들어 ③의 '신불과 인연이 있는 권속류'에는 이나리 신사(稲荷神社)의 여우, 경신당(庚申堂)의 원숭이, 교토 미시마 신사(三島神社)의 사신인 장어, 교토 이마쿠마노즈루기 신사(今熊野劍神社)의 사신인 날치 등

[그림 14] 도박 근절의 에마(博打断ちの絵馬), 다니구치 도센(谷口桃僊) 그림 『에마백종(繪馬百種)』 다루야마 서점(だるまや書店), 1917년

이 있다. 각 신사의 신하들은 장어나 날치 등을 금식하고, 이들 사신을 그림으로 그려서 기원을 했다*22.

⑤와 ⑥과 같이 기도자 자신의 모습이나 기도자의 띠를 그린 도안은 앞서 말한 '배례 에마'에 해당한다. '기도하는 모습을 미리 그려서 기도한다는 메타 메시지적인 틀을 표현하고, 구체적인 소원의 내용은 봉납자 자신이 자유롭게 그리는 것이다.'의 기도 내용을 그린 에마 중에는 금주, 금연 등의 서약을 표명하는 자물쇠에 술잔과 담배를 그린 에마가 있다. 예를 들어 도박 근절(博打斷ち) 자물쇠에 연통 그림이 그려진 기성품 에마(그림 14)는 연관을 잠그고 금연을 다짐하는 도안으로, '담배 앞으로 1년 끊겠습니다 쇼와 24년 4월 3일 쥐띠 남자 25세(タバコ 向う一年ヤメマス 昭和二十四年四月三日 子年男 二十五歳)'라고 적혀 있다.

같은 발상으로 '마음(心)'이라는 한자에 자물쇠가 걸려진 기성품 에마도 있다. '쇼와 26년 히로뽕을 끊는다 호랑이띠 25세(昭和二十六年

[그림 15] 이코마산 쇼텐의 에마(生駒山聖天の絵馬), 다나카 준지(田中俊次)
편찬 『에마 가가미(繪馬かゞ美)』 에마도감간행회(絵馬鑑刊行會), 1917년

ヒロポン止メマス 寅年男 二十五才'라고 적혀 있는데, 종전 직후 많이
유통되던 히로뽕을 끊을 것을 맹세하고 있다. 마음에 자물쇠를 채운
쇼텐사마(聖天樣)[4]의 다이콘(大根) 무늬를 그린 나라현 이코마산(生駒
山) 중턱에 있는 호잔지(宝山寺)의 에마도 있다(그림 15). 그 절에서는
현재에도 자물쇠를 그린 에마를 팔고 있다.

3. 에마에 관련된 사람들

에마의 제작자

다음으로 에마의 도안을 그린 사람들에게 주목하고 싶다. 에마 전
문 장인이 있었다는 것은 근세까지 거슬러 올라가 1960년에 간행된
그림 백과사전 『인륜훈몽도휘(人倫訓蒙図彙)』에 기록되어 있다[*23].

> 【에무마사(ゑむま師)】 사찰에 말을 그리는 것은 제반 소원 성취를 위
> 한 것이다. 옛날에는 그림에 말을 그려서 사당에 바치는 것이 소원성취를
> 위한 것이다. 이 세상에는 여러 가지로 다양한 물건이 거래되고 있다.
> 데라마찌 니조부터 산조 사이에 있음(寺町二条より三条間にあり).

에마사(絵馬師)가 뺨에 손을 얹고 그리는 것은 대형 액자화라고 불리
는 에마이다(그림 16). 이미 에도시대에 물건을 좋아하는 사람들을 위
한 에마를 그려서 장사를 하고 있었음을 알 수 있다. 그런 에마 장인의

---

4) 불교를 수호하는 신. 환희천이라고도 불린다.

가게가 교토의 데라마치 니조와 산조 사이에 있었다. 또한 에도 시대, 기타마에선(北前船)[5]의 기점이었던 오사카에서는 항해의 무사함을 기원하며 배 그림을 봉납하는 경우가 많았고, 배그림을 전문으로 그리는 그림가게도 많았다[*24]. 또한 아오모리현에서 메이지 시대에 활약한 뱃사공들은 반드시 낙관(落款)이 있는 대형 에마만 그리는 것이 아니라 작은 에마도 그렸다고 여겨진다[*25].

[그림 16] 『인륜훈몽도휘』의 에마사(国文学研究資料館)

에도 시대에는 목판인쇄 기술과 함께 기뵤시(黄表紙), 골계본(滑稽本), 닌조본(人情本) 등의 독본이 많이 출판되어 사람들에게 친숙하게 다가왔다[*26]. 또한 홍역, 천연두, 콜레라 등의 전염병이 유행할 때 이를 예방하거나 경감시키는 수두 그림, 홍역 그림 등이 많이 유통되었다[*27]. 소에마의 도안도 이러한 인쇄물에 그려진 도안의 영향을 받은 것으로 보인다. 예를 들어, 수두 그림에 자주 등장하는 역병을 퇴치하는 미나모토노 다메토모(源為朝)는 소에마에도 그려졌다.

근대 이후에도 눈길을 끄는 도안을 그린 에마를 파는 장인들이 존재했다. 예를 들어, 축제 전날까지 에마(絵馬)를 기정사실화하여 당일에

---

5) 에도시대부터 메이지시대에 걸쳐 오사카와 시모노세키를 경유하여 홋카이도에 이르는 해운선을 가리킨다.

팔기도 하고[*28], 전후에도 에마 가게가 전국에서 희귀한 에마를 팔기도 했다. 사이타마현(埼玉県) 히가시마쓰야마시(東松山市) 묘안사(妙安寺) 경내에 있는 가미오카 관음(上岡観音)에서는 매년 2월 19일에 성대한 축제가 열리는데, 이 때 에마 가게가 문을 열고 성수기에는 백 개가 넘는 경우도 있었다고 한다[*29]. 이러한 에마는 취미로 에마를 수집하는 수집가들에게도 큰 자극을 주었다.

도안집을 내다

메이지 시대부터 다이쇼 시대에 걸쳐 고판본(古版本), 완구, 납폐, 에마, 우표 등을 대상으로 다양한 취미 모임이 만들어져 수집을 자랑하며 놀았다고 한다[*30]. 교토의 향토사학자였던 다나카 롯코(田中緑紅)[6] 등의 주도로 1918~1919년(다이쇼 7~8년) 경에 에마 수집이 유행하여 각지에 수집가들이 생겨났다. 이에 따라 전시회가 개최되고, 화집 출판 조사 보고 등이 잇따르면서 전국의 작은 에마가 소개되기 시작했다[*31]. 에마의 다양성, 그려진 그림의 '소박함' 등에 매료된 사람들이 전국의 에마를 수집하고 출판하게 된 것이다.

1917년(다이쇼 6년)에 출판된 다니구치 도센(谷口桃僊)의 『에마백종(絵馬百種)』도 그 중 하나다[*32]. 다니구치는 오래된 작은 에마 도안의 '재미있는 진품'을 모사하여 그 첫머리에 '오사카 덴노지(天王寺) 유방 호테이(乳の布袋)'와 '야마토 지방의 신혼 기원'을 꼽았다(그림 17). 쏟아지는 우유가 '재미있는 진품'에 어울린다고 생각해서 선택한 것 같다.

---

6) 다나카 롯코(田中緑紅, 1891~1969): 다이쇼 시대부터 쇼와 시대에 걸친 일본의 향토사학자. 민속학을 연구하며 50년에 걸쳐 『롯코총서(緑紅叢書)』를 간행하였다.

[그림 17] 「오사카 덴노지 유방 호테이」와 「야마토 지방의 신혼 기원」
(谷口桃僊, 『絵馬百種』, だるまや書店, 1917年)

다니구치는 해설에서 "오늘날에는 재미있는 에마를 거의 찾아볼 수 없게 되었다"고 한탄하며, 그 이유로 에마를 바치는 정직한 사람이 점점 줄어드는 것, 사찰에서도 오래된 에마를 버리는 것, 호사가들이 찾아다니며 실례를 범하는 것 등을 들었다[33].

이러한 에마의 도안은 '소박한 것'으로서 다양한 사람들을 매료시켰다. 민예운동에 참여한 세리자와 케이스케(芹沢銈介, 1895~1984)는 1919년, 24세 때 에마 수집을 시작했다고 한다[34]. 그의 에마 컬렉션에는 아시카가시(足利市) 오오테 신사(大手神社)의 '쌍수(双手)', 사이타마현 히키군(比企郡) 아라시야마마치(嵐山町) 기진 신사(鬼鎮神社)의 '아카노키 아오키(赤鬼青鬼)' 등의 에마도 포함되어 있다[35]. 또한 1904년 아이누 연구를 위해 처음 일본에 온 미국의 인류학자 프레드릭 스타(Frederick Starr, 1858~1933)는 일본 체류 중 에마 수집을 위해 도치기현 아시카가를 방문해 그 종류가 많은 것에 놀라워하며 '아시카가는 에마의 보물창고'라고 말했다. 당시 스타는 취미 집단 '가라쿠타종(我樂他宗)'의 멤버로, 미타케 박사로 불리며 납패의 권위자로서 도쿄와 게이한(京阪)의 취미인들의 존경을 받고 있었다고 한다[36]. 스타의 발언에 영향을 받아 이후 아시카가에는 에마에 관심을 가진 수집가들이 많이 찾아오게 되었다. 만화가이자 에도 풍속사학자 미야오 시게오(宮尾茂雄, 1902~1982)는 스타의 일화를 소개하며 1950년에 에마의 화집을 출판했다[37]. 이처럼 전국의 에마를 모아 그 화재를 바탕으로 다색판화를 제작하거나 다시 그려서 화집을 간행하는 등 '2차 창작'이 자유롭게 이루어졌다.

평가받는 에마

에마를 즐기는 것뿐만 아니라 에마의 도안을 평가하는 사람들도 등장했다. 민예운동을 추진한 야나기 무네요시(柳宗悅, 1889~1961)는 에마를 '민화(民畵)'라 칭하며 "화가가 아닌 화공의 그림이며, 천재가 그린 그림이 아닌 범인이 그린 그림"이라고 평했다[38]. 그리고 "그 그림은 항상 여유를 잃지 않고, 자유자재의 선과 점이 뻗어나가면서 생동감을 확보하여 무한한 확장성을 가졌다. 거의 도안의 영역에 가까운 조화된 그림을 완성했다[39]"고 에마의 표현력을 높이 평가했다. 그리고 "순박하고 소박한 업은 전통의 기교에 의해 지켜져 질리지 않는 친근감을 느끼게 한다. 이것은 무엇보다도 민화의 본질을 잘 보여주고 있다[40]"며 에마를 극찬했다. 대중이 만들었다는 점뿐만 아니라 그 표현이 '꾸밈없고', '생동감', '순박하고 솔직한', '질리지 않는 친근함' 등 대중이 가진 '소박함'으로 평가받고 가치 있게 여겨졌다.

근세부터 근대에 걸쳐 봉납된 대에마는 현재도 신사의 에마당에 전시되어 있거나 박물관에 소장되어 있다. 박물관에는 신사나 절에서 기증받은 것도 있고, 고서점에서 구입한 작은 에마 컬렉션도 있다고 한다. 에마는 '질리지 않는 친근함'을 가진 '민화'로서뿐만 아니라 당시 사람들의 생활 그 자체를 그린 자료로 수집되어 왔다[41]. 수집을 촉진한 한 가지 요인으로, 소에마는 많은 신사에서 1년에 한 번 불태워지는 것과도 관련이 있다.

4. 글자에서 다시 손그림으로

창작 에마란 무엇인가

소에마에 큰 변화가 찾아온 것은 1960년대부터라고 한다. 에마사에게 의뢰하거나 직접 그려서 봉납하는 에마와는 별도로 신사나 절에서 에마를 수여하게 되었다[42]. 신사나 절에 따라서는 독창적인 것도 만들어지기 시작했다. 예를 들어 장사 번창의 신으로 숭배되는 교토의 야스이곤피라 궁(安井金毘羅宮)에는 비가 내리는 가운데 배를 저어 조류를 베고 있는 '모가리부네(藻刈舟)'의 에마가 있다. 이 그림은 '조류를 베는 것'과 '돈 버는 것'의 합성어로 '비가 올수록 돈 버는 것'을 표현한 것이다. 여기에는 '돈 버는 일방(一方)'이라고 불린 화가 모리이치호(森一鳳)를 본떠서 모퉁이에 '일방(一芳)'이라고 적혀 있다[43].

또한 봉납을 목적으로 한 것이 아니라 취미로 좋아하는 도안을 그린 에마도 있다. [그림 18]은 요괴 누라리횬(ぬらりひょん), 우바가비(姥が火), 덴구(天狗), 고카쿠쵸(姑獲鳥)의 에마이다. 그 밖에도 유령, 인면수(人面樹), 하시히메(橋姫), 데노메(手の目) 등 요괴를 하나하나 그린 에

[그림 18] 누라리횬(ぬらりひょん, 좌상), 우바가비(姥が火, 우상),
덴구(天狗, 좌하), 고카쿠초(姑獲鳥, 우하)를 그린 요괴 에마.
(湯本豪一記念日本妖怪博物館[三次もののけミュージアム]소장)

마가 현존하는 것만 해도 101점이나 된다[*44]. 제작자는 알 수 없지만,
제작 시기는 1965~1975년경 이후로 추정된다. 18세기 후반에 제작되
어 인기를 끌었던 도리야마 세키엔(鳥山石燕)의 『화도백귀야행(画図百
鬼夜行)』의 요괴 등도 다수 포함되어 있는 것으로 보아, 에마라는 표현
형식을 이용하여 요괴도감을 만들려고 했던 것 같다. 이와이 히로미
(岩井宏實)는 에마 제작에 관심을 가진 사람들의 에마를 '창작 에마'라
고 부르며, '취미인들이 모여 각자 만든 에마를 가지고 서로 보여주며
그 완성도를 기뻐하는 것을 주된 목적으로 한 에마'라고 했다[*45]. 요괴
의 에마도 그 중 하나라고 볼 수 있다.

그림보다 문자로 표현

간지(干支)나 신전(神殿) 등의 그림을 인쇄한 에마가 사무소에서 판매되기 시작하면서 기원의 표현 방식도 변화했다. '가내 평안', '건강기원', '질병 치유', '무병장수' 등의 진부한 문구를 쓰거나 소원의 내용을 자세한 문장으로 적는 에마가 늘어났다. 에마에 그림을 그리는 것은 더 이상 주류가 아니게 된 것이다.

1979년 도쿄의 유시마텐진(湯島天神)과 교토의 기타노텐만궁(北野天満宮)에서는 스가와라노 미치자네(菅原道真)을 모티브로 한 한 장당 30엔짜리 '합격기원' 에마를 수만 개나 팔아 그 수입이 너무 많다는 비판을 받았고, 그래서 에마 판매의 수익으로 소정의 장학금을 조성했다[*46].

또한 1980년경부터 태아 공양(水子供養)이 유행하면서 태아인 '내 아이'에게 보내는 메시지를 적은 태아 공양 에마가 늘어났다. '우리 아이'의 이름과 함께 '○○짱, 하늘에서 지켜봐 주세요'와 같은 메시지가 적혀 있었다[*47]. 이러한 에마에 쓰여진 메시지는 수자공양을 위해 방문한 여성들에게 공감을 불러일으켰다.

그림이 아닌 글자로 소원을 적음으로써, 예를 들어 질병치유 에마에 구체적인 병명 등 '지극히 사적인 사정'이 적히게 되었다[*48].

그것이 발전하여 현재는 에마에 이름, 주소, 소원 등을 적은 글자 위에 개인정보 보호용 스티커를 붙여 읽을 수 없도록 한 에마도 있다. 시모가모 신사(下鴨神社[賀茂御祖神社])의 말사(末社)인 아이쇼샤(相生社)에 봉납된 인연 맺음의 에마는 현재 거의 대부분 스티커가 붙어 있다. 굳이 에마에 개인 정보를 기재하지 않아도 되지 않을까 하는 의문이 들 수도 있다.

인연 맺기로 유명한 교토의 지주 신사의 에마에는 과거에는 인연 맺기의 소원과 함께 나이, 키, 학력, 직업, 주소, 전화번호 등의 개인정보가 상세히 기재되어 마치 '개인 광고'처럼 에마가 '만남과 중매의 의식'을 가지고 있었다고 한다[49]. 그것은 타인에게 보여야만 기능하는 것이기 때문에, 도장을 붙이고 나면 아무런 의미가 없다. 에마를 통해 타인과의 만남을 원하는 커뮤니케이션은 개인정보 보호 스티커로 인해 단절되어 버렸다. 그 대신, 정보로 기록한 개인의 소원은 꼭 들어주기를 바라는 현세적 이익 의식이 강해진 것일지도 모른다.

2003년에 출판된 『소원을 들어주는 신불·효험안내』[50]는 건강, 승승장구, 예능의 향상 등을 기원하며 어느 신사에 가면 좋은지 효험을 상세히 알려주고 있는데, 이러한 경향은 이미 근세 명승지 도회 등에서도 볼 수 있었다. 이를 계승한 1881년(메이지 14년)의 『교토명소안내도회(京都名所案内図会)』[51]에도 상세히 기록되어 있다. 근래의 현세 이익 중에는 예를 들어 교토 시모가모 신사 셋샤(下鴨神社摂社)·가와이 신사(河合神社)의 '아름다움 소원(美麗祈願)'을 들 수 있다. 봉납자는 '거울 에마 화장실'이라는 곳에서 눈, 코, 입이 미리 그려진 에마에 자신의 화장 도구로 표정을 그려 넣어 경내에 봉납한다(그림 19). '아름다움 소원'의 에마는 신사 공식 사이트에 따르면 '에마에 소원을 빌면 외모뿐만 아니라 내면도 가꾸어 아름다워진다는 의미의 에마'라고 설명되어 있다. 표정을 그리는 '시카케(しかけ)' 에마는 신체 부위 중 얼굴이 중시되는 현대 사회의 특징을 반영하고 있어 흥미롭지만, 문자로 적는 에마에서 다시 손으로 그리는 에마로의 변화도 주목해 볼 만하다.

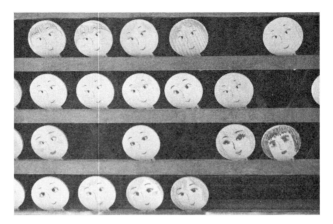

[그림 19] 시모가모 신사 셋샤·가와이 신사의 거울 에마

다시, 에마에 그림을 그리다

현대의 에마 중 하나는 애니메이션 작품에 등장하는 캐릭터를 그린 '이타에마(痛絵馬)'라는 에마가 있다. 애니메이션에 등장하는 장소나 그에 비유되는 장소를 팬들이 '성지'로서 방문하는 것을 '성지순례'라고 한다. 오카모토 료스케(岡本亮輔)에 따르면, 2000년대 이후 '성지순례'라는 단어는 애니메이션의 무대 방문에 대해 가장 많이 쓰이게 되었다고 한다[52]. 특히 '성지'가 신사나 절인 경우, 그 장소를 방문한 기념으로 '이 작품이 더 인기를 얻게 해 주세요', '그림을 더 잘 그리게 해 주세요'라며 애니메이션의 인기나 자신의 화력 향상을 기원하기도 한다.

[그림 20]은 후쿠오카현(福岡県) 다자이후시(太宰府市)에 있는 호우만구 가마몬 신사(宝満宮竈門神社)에 걸린 에마이다. 만화 〈귀멸의 칼날(鬼滅の刃)〉의 등장인물을 손으로 그린 에마가 다수 봉납되어 있다. 〈귀멸의 칼날〉은 만화와 애니메이션 모두 큰 인기를 끌었으며, 영화 〈극장판 귀멸의 칼날 무한열차편〉은 2000년 10월 개봉 이후 일본 내 역대 박스

[그림 20] 〈귀멸의 칼날〉 이타에마
(가와무라 기요시[川村清志] 촬영)

오피스 1위를 기록하는 대히트를 기록했다. 호우만구 가마몬 신사는
그 명칭이 만화의 주인공인 가마몬 탄지로(竈門炭治郎)의 성씨와 같다는
점 등으로 인해 팬들이 찾게 되었다. 가마몬 신사에서 판매되고 있는
벚꽃 그림이 그려진 에마(絵馬)의 뒷면에는 캐릭터인 탄지로와 그의 여
동생 네즈코(禰豆子)를 그린 '모두가 건강하고 즐겁게 지낼 수 있기를',
팬데믹을 일으킨 신종 코로나 바이러스 감염증의 종식을 기원하는 '鬼
滅(귀멸)'에 붙인 '멸(滅) 코로나'와 같은 문구가 쓰여져 있다.

　　요시타니 히로야(由谷裕哉)[7]는 애니메이션 성지와 에마가 처음 연결
된 작품으로 꼽히는 〈미소녀 전사 세일러문(美少女戦士セーラームーン)〉
이후 애니메이션 성지에 봉안된 에마의 소원을 분석한 결과, "지진

---

7)　요시타니 히로야(由谷裕哉, 1955~): 성지순례를 주된 연구 테마로 하는 일본의 종교민
　　속학자.

피해 복구 기원이나 세계 평화 기원도 포함돼 있어 일반적인 합격 기원이나 질병 치유와 같은 현세 이익적이고 이기적인 기도나 소원과는 확연히 다르다. 새로운 유형의 기도가 애니메이션 성지에서 생성되고 있다"는 지적을 2004년에 한 바 있다[*53]. 〈귀멸의 칼날〉의 '귀멸'을 연상시키는 '멸코로나(滅コロナ)'와 같은 소원이 애니메이션 성지에서 생성된 것인지, 아니면 일반 신사 불각에서도 같은 소원을 빌고 있는 것인지는 앞으로의 조사가 필요하겠지만, 흥미로운 대목이다.

관광으로 방문한 신사에서 이렇게 잘 만든 이타에마를 봤다. 나도 이런 에마를 그려서 봉납했다며 SNS에 올리는 것으로 현대의 에마는 더욱 확산되고 있다. 그런 와중에 굳이 애니메이션 성지를 찾아 직접 그린 에마를 봉납하는 것은 의미가 있다고 할 수 있다.

'선(線, Line)'을 따른 소에마의 의례적 행위라는 점에서 볼 때, 이러한 현대의 이타에마도 특정 장소를 찾아가 애니메이션 작품의 캐릭터를 그려서 에마를 봉납하고 그곳을 찾은 사람들과 그림을 통한 소통이 가능하다는 에마의 특징이 충분히 살아있다고 할 수 있다.

손으로 그리는 즐거움

최근에는 앞서 소개한 교토의 가와이 신사처럼 사람 얼굴의 윤곽을 그린 에마에 직접 표정을 그려 넣거나, 교토의 후시미이나리타이샤(伏見稲荷大社)처럼 여우 얼굴의 윤곽을 형상화한 에마에 눈과 코를 그려 자신만의 에마를 만들어 소원을 적어 넣는 '장치(しかけ)'를 볼 수 있다(그림 21). 관광으로 방문한 신사에서 평소에는 잘 그리지 않는 그림을 조금 그려보는 것 – 부분적이지만 손을 움직여 그림을 그리는 것은 관광의 즐거움 중 하나이다. 후시미이나리타이샤를 방문하는 수많은 외

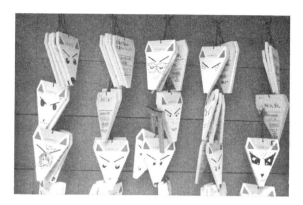

[그림 21] 교토 후시미이나리타이샤의 여우 에마

국인 관광객들에게도 여우의 얼굴을 완성하는 '장치'는 쉽게 이해할 수 있다. 하지만 이 '장치'를 이용하지 않고, 여우 얼굴을 무시하고 오오에마(痛絵馬)처럼 애니메이션 캐릭터를 그린 에마(絵馬)도 볼 수 있다.

에마를 다시 한 번 대중문화의 하나로 본다면, 대중이 스스로 창작자로서의 역할을 해왔다는 점이 주목할 만하다. 이를 촉발한 것은 화가에 의해 그려진 다양한 소에마의 도안들이었고, 또 그릴 때 성립된 약속이었다. 이미 있는 도안을 모방하거나 미리 그려진 것에 조금 더 그려 넣는 에마의 '장치'는 대중이 그림을 그려 소원을 형상화하는 것을 용이하게 해왔다고 할 수 있다.

부분적이긴 하지만 스스로 무언가를 만들고 참여한다는 대중문화의 특징을 지금도 에마에서 찾을 수 있는 것은, 그 장소를 찾아가 소원을 그림으로 표현하는, 현대에는 보기 드문 비일상적인 행위에 사람을 끌어당기는 매력이 있기 때문이 아닐까.

원저자 주

*1 大塚英志, 「序 日本大衆文化史は可能なのか」(日文研大衆文化研究プロジェクト編著 『日本大衆文化史』, KADOKAWA, 二〇二〇年, 一四~一五頁).

*2 柳田國男, 「板絵沿革」(『定本 柳田國男集』二十七, 筑摩書房, 一九六四年, 三四八頁).

*3 岩井宏實, 『ものと人間の文化史 12·絵馬』(法政大学出版局, 一九七四年)九七頁, 佐藤健一郎·田村善次郎(写真 : 若尾和正)『小絵馬──いのりとかたち』(淡交社, 一 九七八年) 一五二頁.

*4 이와이 히로시미[岩井宏實]는 대략적인 기준으로 가로 세로 30센티미터 이상의 크기 로 편액 형식으로 된 것을 대에마, 그 이하로 매달린 형식으로 된 것을 소에마로 보고 있다. 전게 주 3, p.97.

*5 전게 주 3, pp.79~81.

*6 팀 잉골드, 에토신(工藤晋) 역, 『라인즈-선의 문화사(ラインズ──線の文化史)』(사 유사[左右社], 2004) pp.17~24.

*7 전게 주 3, 사토·타무라(佐藤·田村) 저, p.152, 이시코 순조(石子順造) 편저, 『소에 마 도보(小絵馬図譜)』(芳賀書房, 1972).

*8 早川美奈子, 「여성의 생각──아와시마 신사 봉납물의 일부(女性の思い──淡島神 社奉納物の一端)」(『柏崎市立博物館館報』23, 2009).

*9 오다지마 겐지(小田島建己), 시가 유키(志賀祐紀), 모리 나츠코(毛利夏子) 편, 「『무 카사리 에마」전 - 그려진 죽은 자의 결혼식(「ムカサリ絵馬」展──描かれた死者の結 婚式)」(「무카사리 에마」전 실행위원회, 2010), 마츠자키 켄조(松崎憲三)「동북지방 의 명혼에 대한 일고찰 - 야마가타현 무라야마 지방을 중심으로(東北地方の冥婚に ついての一考察──山形県村山地方を中心として)」(『세이조대학 민속학연구소 기요 (成城大学民俗学研究所紀要)』 제16호, 1992).

*10 제니퍼 로버트슨 저, 후지노 요헤이(藤野陽平) 역, 「에마에서 읽는 상상의 공동체── ──전중기 일본의 에마와 전략적 이율배반성(絵馬から読み取る想像の共同体──戦中 期日本における絵馬と戦略的二律背反性)」(고쿠가쿠인대학연구개발추진기구 일본 문화연구소[国学院大学研究開発推進機構日本文化研究所], 2009).

*11 전게 주 2, p.347.

*12 덴리(天理) 대학 부속 덴리기념관, 『기원소 에마 에마집(祈願小絵馬絵馬集)』Ⅱ(천리 대학출판부, 1978), p.12.

*13 전게 주 3, pp.188~191.

*14 안느 붓시, 『신과 인간의 틈새에 살다 - 근대 도시의 여성 무녀(神と人のはざまに生 きる──近代都市の女性巫者)』(도쿄대학출판사, 2009).

*15 다이토구 교육위원회, 『하키노모노에마(着物の絵馬)──야나카연주사 닛카도 에마 군 조사보고서(はきものの絵馬──谷中延寿寺日荷堂絵馬群調査報告書)』(다이토구

교육위원회, 2000년), p.22.

*16 Manami Yasui ＝Depictions and Modelings of the Body Seen in Japanese Folk
     Religion: Connections to Yokai Images, ＝ Advances in Anthropology, Special
     Issue on Folk Life and Folk Culture (Walter Edwards, transl.), May 2017, p.90.
     야스이 마나미(安井眞奈美)「민속신앙에 나타난 신체의 도상화·조형화──요괴화의
     배경을 찾아서(民間信仰にみる身体の図像化·造形化──妖怪画の背景を求めて)」(덴
     리대학 고고학·민속학연구실 편『사물과 도상으로부터 탐구하는 괴이·요괴의 동서양
     (モノと図像から探る怪異·妖怪の東西)』(勉誠出版, 207년), p.112.

*17 미카코 다다미코(沢山美果子),『에도의 젖과 아이(江戸の乳と子ども)』(요시카와 고
     분칸(吉川弘文館), 1996년).

*18 와타나베 마사시(渡邉昌史),「에마에 그려진 신체 및 기예의 표상 분석(絵馬に描かれ
     た身体及び技芸の表象分析)」(『무코가와여자대학(인문·사회과학편) 기요』 제62호
     (2012), p.47.).

*19 사카이 시즈(酒井シズ),「17,18세기 일본인의 신체관(一七、一八世紀の日本人の身
     体観)」(山田慶兒·栗山茂久 공편,『역사 속의 병과 의학』, 사분카쿠(思文閣), 1947
     년, p.453)

*20 이와이 히로시미(岩井宏實),『소에마(小絵馬)』(三彩社, 1946년) 권두화 마지막 페
     이지.

*21 전게 주 20, p.34.

*22 전게 주 20, p.43.

*23 『인륜훈몽도휘(人倫訓蒙図彙)』六(교토대학 귀중자료 디지털 아카이브, 142코마째)

*24 곤 마사아키(昆政明),「아오모리현의 배 에마(青森県の船絵馬)」(『青森県立郷土館研
     究紀要』36, 202년, pp.67~69.), 이시이 겐지(石井健治)「선박화로서의 배 에마와
     그 유파(船舶画としての船絵馬とその流派)」(『海と日本人』, 도카이(東海)대학출판
     사, 197년).

*25 전게 주 24, 곤의 논문, p.82.

*26 다이몬 스크리치(タイモン·スクリーチ), 다나카 유코·다카야마 히로시 역,『대(大)
     에도 시각혁명──18세기 일본의 서양과학과 민중문화(大江戸視覚革命──十八世紀
     日本の西洋科学と民衆文化)』(사쿠힌사[作品社], 198년).

*27 H. O. Rotermund,「수두그림·홍역그림에 나타난 서민신앙의 여러 형태(疱瘡絵·麻疹
     絵に見たる庶民信仰の諸形態)」(『금박그림에 보이는 병과 기도 ─ 수두·홍역·호랑이
     열매(錦絵に見る病と祈り──疱瘡·麻疹·虎列刺)』, 마치다시립박물관(町田市立博
     物館), 1951년, p.9.)

*28 전게 주 3, 사토·다무라 저서, p.2222.

*29 전게 주 3, pp.121~123.

*30 모리타 토시오(森田俊雄), 「장난감 화가·인형동문고 주인 가와사키 고이즈미(川崎巨泉)——우키요에(浮世絵師)에서 장남감 화가로의 궤적」(『오사카부립도서관 기요』제38호(大阪府立図書館紀要), 2009).

*31 시즈오카시립 세리자와 케이스케 미술관 편, 『또 하나의 창조——세리자와 케이스케의 수집품(もうひとつの創造——芹沢銈介の収集品)』(시즈오카시립 세리자와 케이스케 미술관, 2009), p.34.

*32 다니구치 도센(谷口桃僊), 『에마백종(絵馬百種)』(다루마야 서점, 1917).

*33 전게 주 32.

*34 시즈오카시립 세리자와 케이스케 미술관 편, 『세리자와 케이스케 그 생애와 작품(芹沢銈介その生涯と作品)』(시즈오카시립 세리자와 케이스케 미술관, 2008년) p.92, 편집부 「특집 소에마」(『민예』 제785호, 2008, p.4.)

*35 전게 주 31, p.8.

*36 전게 주 30, p.13.

*37 미야오 시게(宮尾しげ) 편찬, 모리타 긴지로(森田欽次郎) 그림, 『아시카가 소에마집(足利小絵馬集)』(1950).

*38 야나기 무네요시(柳宗悦), 「민화에 대하여(民画について)」(『야나기 소에츠 전집 저작편』 제13권, 치쿠마서방, 1982년, p.503.)

*39 야나기 무네요시, 「에마(絵馬)」, (『야나기 무네요시 전집 저작편』 제13권, 치쿠마쇼보(筑摩書房), 1982년, p.512.)

*40 전게 주 39, p.523.

*41 본 장에서는 대그림에 대해서는 언급하지 않았지만, 스도 이사무(須藤功)의 「대에마이야기(大絵馬ものがたり)」시리즈 다섯 권(『벼농사의 사계절』『제직의 기술』『기도의 마음』『축제의 정경』『전설과 전설의 사람들』, 농산어촌문화협회, 2009~2010년)에는 일상의 모든 소재가 그려진 대그림이 수록되어 있다. 사람들의 생활을 알 수 있는 상세한 자료로 자리매김하고 있다.

*42 전게 주 20, pp.25~26.

*43 전게 주 20, p.26.

*44 유모토 고이치 기념 일본 요괴박물관(산지모노케 뮤지엄) 소장.

*45 전게 주 20, p.27.

*46 상기 주10, p.8.

*47 최근 태아 공양 에마의 내용을 분석한 것으로 김율리, 「태아 공양 그림마에서 본 사자 이미지」(『동경대학교 종교학 연보』 30, 203년)가 있다.

*48 마부치 료고(間淵領吾), 「그림으로 보는 여론(絵馬に見る世論)」(『종합연구소 소보』 11, 2003년, p.218.)

*49 상기 주10, p.14.

*50 고마츠 가즈히코(小松和彦) 외 감수, 『욕망을 실현하는 신불·효험 안내 – 목적별, 어디로 가는가·어떻게 바라는가(欲望を叶える神仏·ご利益案内——目的別、どこへ 行く·どう願う)』(광문사, 2003).

*51 엔도 시게히라(遠藤茂平) 편, 『교토 명소 안내도회』건, 곤 (正宝堂, 1881).

*52 오카모토 료스케(岡本亮輔), 『성지순례——세계유산에서 애니메이션의 무대까지(聖 地巡礼——世界遺産からアニメの舞台まで)』(중공신서, 1995), p.189.

*53 요시타니 히로야(由谷裕哉), 「제2장 애니메이션 성지에 봉납된 에마에 나타난 기도 와 소망(第二章アニメ聖地に奉納された絵馬に見られる祈りや願い)」(요시타니 히로 야·사토 기쿠이치로(佐藤喜久一郎)『서브컬처 성지순례——애니메이션 성지와 전국 시대 사적(サブカルチャー聖地巡礼——アニメ聖地と戦国史蹟)』、이와다쇼인(岩田書 院), 2004, p.19.)

제8장

휠체어의 탄생

기노시타 도모타케(木下知威)

1. 휠체어에 대한 시선

전혀 다른 시선

우리는 서 있을 때뿐만 아니라 앉아있을 때에도 몸이 정지되어 있지 않다는 것을 알고 있는가? 인간의 근육은 이완, 긴장, 수축의 상태를 가지고 있으며, 앉기 편한 의자는 이 세 가지 상태를 반복함으로써 안정감을 얻는다[*1]. 그 앉은 자리에서 자세를 바꾸면서 근육을 이완시키고 몸을 안정시키고 있는 것이다. 이러한 인간과 의자의 역동적인 관계가 있기에 다양한 의자 디자인이 전개되어 왔다. 그것은 지그프리트 기디온이 지적했듯이 19세기의 앉는 방식은 이완이라는 특징이 있었고, 이를 위해 특허 의자가 만들어지기 시작했으며, 몸과 의자가 '일체화되어 탄력이 있는 좌석을 만드는' 관계가 만들어졌다는 것이다[*2]. 많은 사람들은 몸을 맡길 수 있다는 점에서 흔들의자나 리클라이닝 의자를 떠올릴 것이다. 그러나 가장 예리한 형태로 반응하는 것은 휠체어(車椅子)이다.

휠체어는 질병 등으로 걷기가 어려운 사람이나 지체장애인이 앉아서 이동할 수 있다는 특징 때문에 장시간 이용하기 쉽다. 욕창을 예방하기 위해서는 체위변환이 가능해야 한다. 체위 변환이 어려운 사람들을 위해 몸과 의자가 일체형으로 리클라이닝이 가능한 제품들이 고안되어 왔다.

하지만 대중이 휠체어를 바라보는 시선은 휴식을 위한 의자와는 다르다. 사회학자 이치노카와 야스타카(市野川容孝)는 혼자 있을 때와 휠체어를 밀고 있을 때 주위의 시선이 전혀 다르다는 것을 발견했다*3.

휠체어를 밀면서 장애를 가진 사람과 처음 거리에 나갔을 때 가장 먼저 느낀 것은 주변 사람들의 시선의 차이였다. 내가 '비장애인'으로서 혼자 걸을 때 쏟아지는 시선과 내가 '장애인'과 함께 걸을 때, 그리고 내가 '장애인'으로서 함께 걸을 때 쏟아지는 시선은 전혀 달랐다. 후자의 시선은 나 자신을 향한 것이라기보다는 내가 보조하는 '장애인'에게 …… 향하고 있는데, 그 시선은 위치 관계상 휠체어를 밀고 있는 나에게도 자연스럽게 향하고 있었다.

이치노카와에 따르면, 지나가는 사람들에게는 어빙 고프만(Irving Goffman)[1]이 말한 것처럼 상대방을 잠시 쳐다보지만 곧 무관심한 척하는 '의례적 무관심'이 발동된다고 한다. 또한 휠체어 이용자처럼 어떤 특징이 노출됨으로써 특징화되는 존재에게는 오히려 시선이 집중되는 '무례한 관심'이 있다고 한다. 지체장애를 가졌던 시인 신도 히로시(新

---

1) 어빙 고프만(Irving Goffman, 1922~1982): 캐나다의 사회학자. 일상생활에서 사람들의 사회적 상호작용의 방법을 해명하기 위한 방법론으로서 드라마트루기(dramaturgi)를 최초로 사회학에 도입했다.

堂廣志)는 그 시선에 대해 "새로운 휠체어를 탄 나를 보고 사람들은 뭐라고 말하는가"라고 표현했으니, 이치노카와만이 느낀 것은 아니다[*4].

일본에서 휠체어가 유명세를 얻은 기회는 두 번 있었다. 첫 번째는 1964년 도쿄 패럴림픽을 통해 현재도 사용되는 철제 프레임 휠체어가 널리 보급되는 계기가 되었다는 점이다[*5]. 다른 하나는 1969년 국제재활협회(Rehabilitation International : RI)가 장애인이 접근할 수 있는 건축물과 시설을 표시하는 마크를 제정한 것이다. 이 마크는 휠체어를 탄 사람을 파란색 바탕에 그려 넣은 것으로 '국제 심볼마크'라고 부른다. 신체장애인뿐만 아니라 임산부나 노인 등 어떤 도움을 필요로 하는 사람들도 포함되며, 일본을 비롯해 세계 각국의 공공시설이나 교통수단에서 자주 볼 수 있다.

이 마크의 모티브로 휠체어가 선택된 것은 전 세계적으로 휠체어가 널리 보급되어 있고, 다른 장애에 비해 눈에 띄기 때문일 것이다. 또한 장애인이 되는 것에 대한 두려움이 거세 불안과 동일시되고 있다는 지적과 근현대 영화 제작자들은 휠체어에 유머, 악, 무력감, 갇힘, 속임수, 영웅주의, 인간성 상실 등을 대입해 표현하고 있다는 지적이 있다[*6]. 여기서 근현대사에서 휠체어가 복지용구의 역할을 넘어선 존재가 된 요인을 생각해 볼 필요가 있다. 휠체어의 역사에 대해서는 사회복지사, 군사사, 재활사 등에서 기왕의 연구가 있는데, 그 개요를 정리하면 다음과 같다[*7].

휠체어의 역사

휠체어의 발생은 고대 중국에서 의자와 바퀴를 합친 것이 확인되며, 중세와 근세에는 프랑스와 스페인 왕족 등 상류층의 간병에 필요한 특주품으로 사용되었다. 근세 유럽의 대규모 전쟁인 미국 독립전쟁, 나폴레옹 전쟁에서 장거리 이동에 대응하기 위해 가구를 운반하는 수요가 생겨났다. 이는 분해 및 접을 수 있는 접이식 암체어(Folding Armchair)의 제조 및 개발로 이어졌다. 또한 근대 전쟁으로 인한 화약 사용으로 회복할 수 없는 부상과 의학의 발달로 상이군인이 탄생하게 되었다. 그 요양으로 리클라이닝, 즉 몸을 쉬게 하고 안정을 취하는 것이 중시되어 바퀴와 롤러가 달린 의자가 만들어지게 되었다. 그 기능으로 이용자가 스스로 움직일 수 있느냐 없느냐의 차이를 볼 수 있다.

현대의 일반적인 휠체어는 이용자에 따라 스스로 움직일 수도 있고, 보조자가 밀어줄 수도 있는 디자인이지만, 현대의 휠체어는 그러한 기능이 어느 정도 구분되어 있었다. 국내 휠체어는 1921년경부터 '회전식 자재차(廻転式自在車)'가 개발되었고, 1940년 군사보호원이 상이군인을 수용할 목적으로 하코네 요양소(箱根療養所, 현 국립병원기구 하코네병원)를 설립한 것과 관련하여 '수동운동차(手動運動車)'가 기타시마 도지로(北島藤次郎)에 의해 만들어졌다[8]. 이것이 국내 휠체어의 시초라고 할 수 있다[9]. 전후에는 신체장애인에 관한 법 정비, 1964년 도쿄 패럴림픽 개최에 따라 휠체어의 보급이 이루어졌고, 현재는 일상생활용부터 스포츠용까지 다양한 종류의 휠체어가 만들어지고 있다.

휠체어를 둘러싼 역사의 큰 틀을 파악하면 알 수 있는 것은 해외에서는 이미 19세기부터 휠체어 생산이 시작되었음에도 불구하고, 메이지부터 다이쇼 초기의 일본에서는 휠체어에 대한 설명이 부족하여 거의 인식되지 않았고, 쇼와 시대에 이르러서야 갑자기 등장한 것 같은 인상을 받는다는 것이다. 메이지-다이쇼 시대에는 휠체어가 탄생할 수 있는 조건이 없었던 것일까? 이 장에서는 근대의 국제교류와 근세

지체장애인의 적토물에서 휠체어의 탄생이 어떤 것인지를 밝혀보자.

2. 오사카 사밀국과 런던의 가구 제조

어느 단체 사진

1869년 5월 1일(음력), 일본 최초의 이화학 전문학교인 오사카 사밀국(大阪舍密局)이 오사카성 서쪽에 문을 열었다. 교장은 네덜란드인 과학자 쿤라드 벨텔 하라타마(Koenraad Wolter Gratama)가 취임했으며, 개강을 기념하는 단체사진이 있다[*10](그림 1). 사진에는 13명의 일본인과 외국인이 찍혀 있다. 이 사진은 적어도 하라타마, 미세 모로부치(三瀬諸淵)[2)], 다나카 요시오(田中芳男)[3)]가 소장하고 있었던 것으로 알려져 있다.

사진 앞줄 오른쪽 끝에 미세, 그 왼쪽에 하라타마, 위에 다나카가 있다. 그 외에는 우에다 조(上田穰)[4)]가 지적한 바와 같이 이견이 있지만, 하라타마의 연설 『사밀국 개강연설(舍密局開講之説)』에 따르면 네덜란드, 프랑스, 미국 등의 영사가 내한했을 때 촬영한 사진으로 추정된다[*11]. 그 중 사진의 왼쪽 끝에 휠체어 같은 것을 타고 있는 남성이 있다. 오십 대로 보이는 이마가 넓은 중년 남성이다.

이 인물에 대해 우에다에 따르면 하라타마의 자필로 "Bobech, vice

---

2) 미세 모로부치(三瀬諸淵, 1839~1877): 막부말~메이지기의 의사.
3) 다나카 요시오(田中芳男, 1838~1916): 막부말~메이지기의 박물학자, 동물학자, 식물학자, 농학자, 원예학자. '일본 박물관의 아버지'라고 불린다.
4) 우에다 조(上田穰, 1892~1976): 일본의 천문학자이자 교토대학 명예교수.

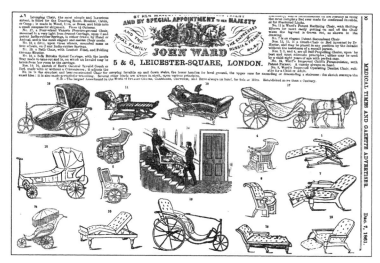

[그림 1] 존 워드의 광고("Medical Times and Gazette" 1861년 12월 7일)

consul der vereeinigde staten"이라고 적혀 있고 미국 부영사라고
한다. 스펠링이 다소 의심스럽지만 오가타 게이지로(緖方銈次郞)[5]는
미국 부영사 윌리엄 로비넷(William Robinet)으로 판단하고 있다. 다만
미세가 예전부터 가지고 있던 사진에는 '미국 대사(米國コーンシーユー
ル)', 다나카 요시오가 소장한 사진에는 '영국 부대사(英國副コンシユル
[consul]'라고 적혀 있다[*12]. 당시 오사카의 미국 영사는 T. 스콧 스튜어
트, 영국 부영사는 존 F. 로우더였다. 이 중 로비넷은 아시아를 중심으
로 활약한 상인이었고, 라우더는 법조인이라는 프로필이 밝혀졌지만,
다리에 장애가 있었다는 기록은 보이지 않는다[*13].

  그보다 더 문제가 되는 것은 그가 앉아 있는 의자인데, 언뜻 보기에

5) 오가타 게이지로(緖方銈次郞, 1871~1945): 일본의 의사.

휠체어처럼 보인다. 의자의 등받이가 그물 모양의 곡면으로 되어 있는 점과 엮은 무늬로 미루어 보아 등나무로 만들어졌을 것으로 추정된다. 휠체어에서 말하는 풋 서포트(발을 받쳐주는 발판)도 있고, 팔걸이에 둥글게 말린 도르래 모양의 디자인이 있다. 바퀴는 의자 좌우에 두 바퀴, 뒤쪽에 보조 바퀴가 한 바퀴, 전체적으로 세 바퀴이며, 핸드림 (바퀴 바깥쪽에 있는 고리 모양의 손잡이)이 달려 있다. 확실히 휠체어와 닮았지만 현대의 휠체어와 같은 것일까?

19세기 영국의 가구 제조

배경을 설명해보자. 먼저 19세기 초 영국 조지 3세 장남의 섭정 시대(1811~1820)의 가구 양식을 리젠시 양식이라고 한다. 이 시대에 활약한 토마스 호프(Thomas Hope)의 디자인으로 의자가 발판으로 전환되는 장치가 있고, 고급 목재인 마호가니가 많이 사용되었다[14]. 특히 주목해야 할 것은 가구 제작자 윌리엄 포콕(William Pocock)이다. 그는 독자적으로 고안한 가구에 관한 특허를 1800년부터 1830년 사이에 65건이나 취득할 정도로 가구 개발에 열성적인 인물이었다[15].

포콕의 "POCOCK's Improvements in FURNITURE & various Inventions for INVALIDS."(포콕의 가구 개선과 병자를 위한 다양한 발명품)이라고 적힌 트레이드 카드에는 책걸상이 달린 휠체어와 유사한 모양의 가구가 게재되어 있다[16]. 특허가구(特許家具)의 뿌리는 가구 장인들이 여행자나 종군 군인의 요청에 부응하고자 했던 것, 1760년대 이후 창의적인 발명에 대한 기쁨, 중산층 시장의 확대에 있다[17].

포콕이 사망한 1835년 이후에도 여러 업체가 환자용 가구를 제작했지만, 눈에 띄는 활동은 빅토리아 시대 런던 중심부에서 활동한 존

[그림 2] 존 앨더만의 광고(1856년 3월 22일)
(웰컴 콜렉션 소장)

[그림 3] 존 워드의 자주식 의자
(Private Collection Photo Christie's
Images/ Bridgeman Images.)

워드(John Ward)와 존 앨더만(John Alderman)의 두 회사로 볼 수 있다,
이 회사들은 리클라이닝 침대와 실내외 이동을 위한 의자를 제조하고
있었다[18](그림 1, 2). 워드의 자주식(自走式) 의자(Self-propelling chair)
는 팔걸이의 둥근 모서리와 바퀴 모양, 의자 뒷다리가 오사카 사밀국
의 단체 사진에 있는 것과 매우 유사하여 상당히 가까운 계통의 것으로
추정된다[19](그림 3). 워드는 1857년에 출판된 런던의 제조업자 및 특허
권자들을 칭송하는 책에서 "사람들은 워드 씨 외에는 다른 차나 의자
에 눈도 돌리지 않는다. 모든 형태, 모든 다양한 선 속에서 힘과 아름
다움이 융합되어 위대한 도시에서 빛을 발하고 있다"고 찬사를 받았으
며, 가구 제조업체로서 명성을 떨쳤던 것으로 보인다[20].

엘더만은 1851년에는 'Chapman and Alderman'의 채프먼의 조카

로 활동이 확인된다[21]. 1856년 광고(그림 3)에서는 채프먼으로부터 독
립하여 9번의 자주식 의자에 대해 "환자가 완전히 독립된 상태로 방에
서 방으로 도움 없이 이동할 수 있다"며 혼자서 실내를 이동할 수 있는
의자로 제안하고 있으며, 엘더만은 전년도에 이러한 광고와 관련된
것으로 보이는 특허를 취득했다[22]. 두 회사 모두 1851년 런던 만국박
람회에도 환자를 위한 가구를 출품했는데, 식민지배하의 영국에서는
인도에 장거리 이동에 대응하기 위해 가구를 운반하는 수요가 있었다
는 점에서 자연스러운 흐름일 것이다[23]. 즉, 하라타마와 함께 찍힌
휠체어처럼 보이는 것은 휠체어 그 자체가 아니라, 자주식 의자와 동
등한 것으로 생각된다. 그것은 근대 전쟁의 상이군인의 탄생과 영국
식민주의에 의해 의자의 용도가 다목적으로 사용되던 시기에 탄생한
것으로 일본에 도입되었다.

　이 자주식 의자가 국내에 보급된 상황은 확인할 수 없지만, 1889년
에 발행된 시라이 마츠노스케(白井松之助)의 『의료용 기구도보(医用器
械図譜)』(제2판)의 도판으로 등장한다. 시라이는 구미 각국으로부터 의
료기기를 수입하기 시작한 인물로, 이 책의 서문에 따르면 독일 윈들러
(Hermann Windler)사의 카탈로그를 옮겨 기재한 것으로 되어 있다[24].
이 중 'Kranke(환자)', 'Wagen(자동차)', 'Stühle(의자)'로 구성된 조어
'Krankenwagen und Krankenstühle'의 도구가 '환자용 의자차'로 소
개되어 있다. 이들은 열다섯 종류가 있는데, 실외용은 열한 종류로
'~환자 승차', 실내용은 네 종류로 '~의자'로 구분되어 있다. 실내외로
구분되는 이유로는 일본에서는 기본적으로 다다미 위에서 생활하며
실내에 '차'가 올라갈 여지가 없다는 점을 들 수 있을 것이다.

　반면, 실외에 보급된 것이 '이자리구루마(いざり車)'[6]다.

3. 이자리구루마와 인력거, 의자차(椅子車)

이자리카의 보급

메이지 초기의 일본을 상징하는 것으로는 1869년에 발안되어 이듬해에 제조가 시작된 인력거가 있다. 나루시마 류호쿠(成島柳北)[7]의 『야나기바시 신지(柳橋新誌)』(1874년)는 도쿄의 번화가였던 야나기바시(柳橋, 다이토구 야나기바시)에 대한 수필이다. 이 가운데 야나기바시(柳橋)를 달리는 인력거에 대해 이야기하고 있다.

> 수레(輦)를 닮았으나 수레가 아니며, 가마(轎)를 닮았으나 가마가 아니며, 타는 사람은 엎드려 웅크리고, 밀고 가는 사람은 엎드려서 달려가고, 철륜목 차바퀴 소리(鉄輪木轅轆轆声)를 내며 오는 것은 인력거다. …… 수레꾼도 또한 건강한 목소리로 빠르게 외치며 용기를 북돋는데, 그 목소리가 청량하고 능숙하여 사람으로 하여금 유희를 발동하게 한다. 참으로 이것이 에도 시대의 기상이며, 이 수레의 추한 모습은 거의 거지가 무릎을 꿇고 다니는 모습과 다를 바 없다.

류호쿠(柳北)는 우선 근세의 관점에서 바라본다. 지붕과 바퀴가 있고 여러 사람이 한꺼번에 끄는 '수레(輦)'. 에도시대, 좌석을 막대기로 매달아 두 사람이 운반하는 '가마(駕籠)'. 이러한 중세와 근세를 대표하는 교통수단과 비교하면서 본체에서 뻗어 나온 손잡이를 가마나 소달

---

6) 이 자리쿠루마는 일본 중세부터 태평양전쟁 전후에 걸쳐 장기간 사용된 장애자용 보행 보조구로 달구지처럼 생겼다.

7) 나루시마 류호쿠(成島柳北, 1837~1884): 일본의 한시(漢詩) 시인, 수필가, 저널리스트.

구지와 마찬가지로 가마(轎)라고 부르며 공통점을 찾는다. 이를 본 게이샤는 달리는 바퀴와 운전수의 목소리는 추한 소리라며, 이자리구루마와 같다고 말했다고 한다.

'이자리(膝行/躄/蹇)'는 다리가 불편하거나 절단으로 인해 보행이 어려워 손으로 걷는 것을 말한다. '이자리'는 경멸적인 표현으로 인식되어 온 역사가 있다. 근세까지 지체장애인이 이동하기 위해서는 '토차(土車)', '이자리구루마(いざり車)'라는 수레 모양의 기구가 사용되었다*25. 그 도상(図像)이 처음 등장한 것이 「일편성화(一遍聖絵)」이며, 「연중행사 에마키(年中行事絵巻)」, 「야마이조시(病草紙)」, 「낙중낙외도(洛中洛外図[舟木本])」 등 일본 역사에 등장하는 에마키(絵巻)[8] · 병풍에서 우차(牛車)를 발견할 수 있다*26. 우차 외에도 노가쿠(能楽)[9]에는 '토차(土車)'[10], '모노미구루마(物見車)'[11], '시오쿠미구루마(汐汲車)'[12]와 같은 이동 수단이 존재했는데, 지체 장애인이 사용하는 것을 '이자리구루마(いざり車)'라 부르며, 전쟁 전후에 걸쳐 사용되었다고 한다. 왜 게이샤들이 이자리구루마를 추한 것으로 여겼는가, 라고 하면 근세 문학에서 이자리구루마가 피해야 할 대상으로 다루어졌기 때문일 것이다.

8) 글로 된 설명이 있는 그림 두루마리.
9) 일본의 대표적인 가면 음악극. '노(能)'라고도 한다.
10) 흙을 운반하는 이륜차.
11) 축제 등의 행사를 구경할 때 타는 우차.
12) 바닷물을 넣은 통을 운반하는 차.

근세 문학 속 '이자리구루마'

먼저 간세이(寬政)[13]·분카(文化)[14]기의 적토물의 유행에서 이자리구루마가 등장하게 된 것을 주목해 보자. 그 계기가 된 것은 시바 시소(司馬芝叟)의 『하코네 영험 이자리 복수(箱根靈驗躄仇討)』(1811년)이다. 시바는 나가사키에서 태어난 조루리(淨瑠璃)[15], 가부키 교겐(歌舞伎狂言)[16]의 작가이며, 나가바나시(長咄, 고단[講談][17]의 일종)도 능숙하게 구사했다[*27]. 특히 간세이(寬政)-분카기에 걸친 저술 활동으로 유명하며, 『하코네 영험 이자리 복수』도 그 가운데 쓰여진 작품이다. 이는 덴쇼(天正)[18]시대에 이이누마 가쓰고로(飯沼勝五郎)[19]가 형의 원수를 갚은 이야기를 바탕으로 한 것으로, 줄거리는 가츠고로가 가족의 원수를 갚으려다 병으로 다리가 불편해져 수레를 타고 각지를 돌아다니며 복수를 한다는 내용이다. 1801년 조루리로 공연된 후 곧바로 가부키로 상연되었고, 제목과 내용을 미묘하게 바꾸어 가며 요미혼(読本)[20], 우키요에(浮世絵)[21]로 널리 유포되었다. 이 작품과 영향 관계에 있는 것으로는 난센쇼 소마히토(南杣笑楚滿人)의 『가타키우치고고구루마(仇報

---

13) 일본의 연호 중 하나로 1789년부터 1801년까지의 시기를 가리킨다.
14) 일본의 연호 중 하나로 1804년부터 1818년까지의 시기를 가리킨다.
15) 음악에 맞춰 낭창하는 옛이야기.
16) 가부키에서 공연되는 연극이나 가부키극의 각본.
17) 연예 야담.
18) 1573년부터 1592년까지의 기간으로 '아즈치 모모야마(安土桃山)' 시대 혹은 '모모야마(桃山)' 시대라고도 불린다.
19) 일본의 오다 노부나가, 도요토미 히데요시 시대의 무사.
20) 일본 에도시대 후반기 소설의 하나로서 다소 내용이 복잡한 전기(傳奇)적·교훈적 소설이 많다.
21) 일본 에도시대에 성행한 유녀나 연극을 다룬 풍속화.

孝行車)』(1804년)와 산토 교덴(山東京傳)의 『가타키우치 후타쓰구루마 (敵討両輛車)』(1806년), 『아다치가하라 나스노노하라 이토구루마큐비노 키츠네(安達ヶ原那須野原糸車九尾狐)』(1808년)의 복수물(敵討物)이 있다. 이들을 개괄적으로 살펴보자.

『가타키우치고고구루마』는 한 남성이 살해된 것에 대해 내연녀가 의심을 받아 잡혀간다. 모자가 감옥을 빠져나가려다 어머니가 허리를 다쳐 걸을 수 없게 되었다. 자식은 어머니를 마차에 태우고 구마노(熊 野)로 향했고, 온천에 들어가자 어머니의 허리가 완치되어 아버지의 원수를 갚았다[*28]. 구마노의 온천에서 몸이 완치되는 것은 오구리 판 관 전설(小栗判官伝説)과 오버랩되는 부분이다. 『하코네 영험 이자리 복수』와의 차이로는 여성이 이자리구루마를 타고 있다는 점을 들 수 있다.

교덴은 소마히토와 달리 복수를 이루려는 사람들의 운명이 바퀴에 실려 멈출 수 없는 모습을 표현한다. 『가타키우치 후타쓰구루마(敵討両 輛車)』에서는 '수레에 효양(孝養)의 진심을 드러내고 물레방아에 윤회 의 이치를 깨우치니, 그래서 양수차(両輛車)라고 한다'는 말에서 알 수 있듯이, 이자리구루마와 수차가 이야기 속 등장인물들의 고난의 상징 으로 등장한다. 자토·미츠이치(座頭·三津市)의 아내 오사노(お佐野)가 남편을 찾아 교토로 향하지만, 도중에 낙마해 앉은뱅이(이자리[いざり]) 가 되어 딸이 수레를 만든다. 오사노는 이자리구루마를 타고 기요미즈 (清水)에 도착한다. 오타하(音羽) 폭포에 부딪혀 허리가 낫고, 앉은뱅이 에서 회복하는 부분은 『하코네 영험 이자리 복수』의 하츠하나와 공통 점이 있다.

1. 南朴笑楚満人 『仇報孝行車』
   (1804)

2. 式亭三馬, 『式亭増補箱根靈驗
   蹇復讐』(1807)

3. 飯沼勝五郎中村歌右衛門
   (1808)

4. 曲亭馬琴『蘆名辻蹇児仇討』(1815)

5. 箱根靈驗蹙仇討(1818)

6. 箱根靈驗蹙仇討(1818)

7. 勝五郎 市村羽左
   衛門(1833)

8. けいせい染分總:中之芝居
   (1834)

9. 勝五郎 市村羽左衛門
   (1839)

10. 箱根靈驗蹙仇[討]
    (1844)

11. 忠孝仇討図)会
    (1846-47)

12. 箱根の仇討 蹙の仇討
    (1847)

13. 小田原 東海道五十三次の内(1852)

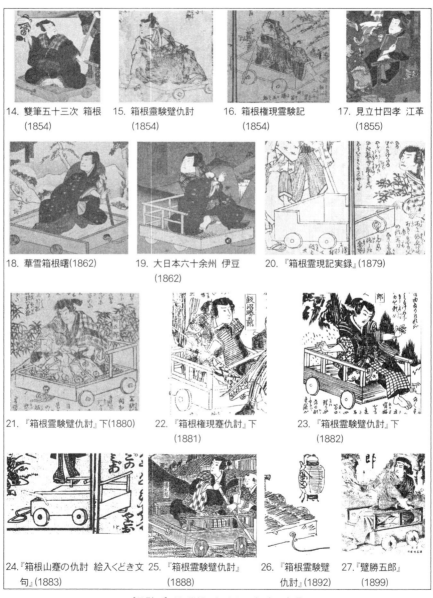

14. 雙筆五十三次 箱根　15. 箱根靈驗蹙仇討　16. 箱根権現靈驗記　17. 見立廿四孝 江革
　　(1854)　　　　　　　　　(1854)　　　　　　　(1854)　　　　　　　(1855)

18. 華雪箱根曙(1862)　　19. 大日本六十余州 伊豆　20.『箱根靈現記実録』(1879)
　　　　　　　　　　　　　　(1862)

21.『箱根靈驗蹙仇討』下(1880)　22.『箱根権現蹙仇討』下　23.『箱根靈驗蹙仇討』下
　　　　　　　　　　　　　　　　　(1881)　　　　　　　　　(1882)

24.『箱根山蹙の仇討 絵入くどき文　25.『箱根靈驗蹙仇討』　26.『箱根靈驗蹙　27.『蹙勝五郎』
　　句』(1883)　　　　　　　　　　(1888)　　　　　仇討』(1892)　　(1899)

[그림 4] 19 世紀におけるいざり車の表現

『아다치가와라 나스노하라 이토구루마큐비노키츠네』는 남편 이코마진스케(生駒之助)의 시신을 공양할 목적으로 여행을 떠나는 소데하기(袖萩)가 허리가 세워지지 않아 두 아이에게 '바퀴가 약한 수레'를 끌게 하고 있다. 초반부, 적군 겐죠자에몬(謙杖左衛門)에게 남편의 목을 보여 준 부모와 자식은 슬픔에 잠긴 채 떠나지만, "소군(小君)은 줄을 잡고 청동이는 뒤를 밀고, 갓과 차에 내리는 눈이 쌓이면 무거운 부모님의 은혜, 얼어붙은 수레바퀴, 떠나기 힘들다고 생각하지만, 인과응보의 순환이 빠르니 눈빛을 의지해 수레를 삐걱거리며 가라"며, 눈이 수레바퀴에 걸려 무겁게 돌아가는 것이 카타르시스를 높이는 요소로 작용하고 있다. 복수물에서 이자리구루마는 신체적 불편함뿐만 아니라 불교의 인과응보와 불행을 시각적으로 표현하는 것으로 등장한다.

이자리구루마가 이야기에서 주인공의 불행을 강조하는 아이콘이 되었다는 것은 19세기 전반의 도상을 확인하면 더욱 분명해진다(그림 5*29)). 먼저, 구사조시(草双紙)22) 그림(1, 2)으로 표현된 것이 있고, 거기서부터 번호가 붙은 그림(4)으로 등장하고 있다. 그 유사성으로 보아 덴포(天保)23) 시대에도 이자리구루마의 형태 및 목적을 이해하고 있다. 동시에 가부키의 표현으로 가쓰고로를 연기하는 배우가 이자리구루마와 함께 등장하는 배우 그림이 있다(3). 이것들이 전개되는 예로서 명소와 그와 관련된 사건을 그린 연작에 이자리구루마가 등장하고 있다(9, 10, 13). 이들은 모두 하코네와 관련하여 오다와라(小田原) 주변이 선택되어 있다. 그 외, 소로이모노(揃物)24)에서는 복수나 이십사효(二十四孝)25)의

22) 에도 시대의 삽화가 든 통속 소설책의 총칭.
23) 일본 연호의 하나. 1830년부터 1844년까지의 시기를 가리킨다.

고카쿠(江革)의 일화를 전하기 위해『하코네 영험의 이자리 복수』가
선정되었다(7, 11). 이러한 확산은『하코네 영험 이자리 복수』가 에도,
오사카, 교토, 나고야에서 가부키 흥행뿐만 아니라 지역민들이 공연하
는 지역연극으로도 상연될 정도로 널리 인식된 작품이었음을 뒷받침
한다[*30]. 메이지 시대가 되어서는 서적의 삽화라는 형태로 계속 표현되
고 있다(14). 이 도상들을 통해 19세기 내내 책과 연극의 장에서 반복적
으로 표현되어 대중에게 인식되어 왔음을 알 수 있다.

　이들 도상에서 보이는 이자리구루마의 기본 구조는 사람이 타는
지지대에 네 개의 바퀴가 달려 있고, 끈이 앞쪽에 부착되어 당겨서
앞으로 나아가는 형태였다. 타는 사람이 막대기를 들고 있는 패턴도
있는데, 이는 배를 젓는 노처럼 차를 움직이기 위한 것으로, 스스로
움직인다는 의지＝적을 물리치겠다는 의지의 강렬함인 것 같다. 그 디
테일은 지지대가 받침대인지 상자인지, 난간이 있는지 없는지에 따라
구분된다. 예를 들어, 시키테이 산마(式亭三馬)의『하코네영험 앉은뱅
이 복수(箱根靈驗蹇復讐)』의 삽화에서 볼 수 있는 수레는 전체가 조금
높고 평평한 형태로 삼면에 난간이 달려 있다(2[*31]). 다음으로, 에즈쿠
시(繪盡)의『하코네 영험 이자리 복수』(1818년)는 상자형 수레로 난간이
붙어 있지 않다[*34]. 그 뒷면이 그려진 우키요에에는 축이 있어 바퀴로
회전하는 구조였음을 알 수 있다. 발행소나 상연 장소에 주목하면,
교토와 오사카(4, 12)는 상자 모양으로 난간이 없는 수레이고, 에도의
발행소(1, 2, 3, 5, 6, 7, 8, 8, 10, 11, 13, 14)는 대형(台狀)[26]에 난간이

24) 한 테마로 여러 장의 우키요에를 시리즈화해서 출판한 것.
25) 옛 중국의 유명한 효자 24명의 이야기.

있는 수레라는 차이점이 있다. 물론 이것만으로 이자리구루마가 동쪽
(에도)과 서쪽(교토와 오사카)에서 형태가 달랐다고 판단할 수는 없지
만, 『하코네 영험 이자리 복수』를 기초로 한 연극과 서적을 통해 상자
형과 대형 두 계통의 이자리구루마가 동서(東西)에 유포되었다고 볼
수 있다.

근대의 이자리구루마

『야나기바시 신지(柳橋新誌)』의 게이샤들이 그것을 혐오스러운 것
으로 여기는 것은 주인공이 몸을 망가뜨리고 인생에서 추락하는 이야
기가 시각적 표현으로 이자리구루마에 투영되어 있기 때문이다. 이러
한 관점은 근대 이후에도 널리 공유되는 관점이었다. 마사오카 시키
(正岡子規)[27]는 병으로 인해 보행이 어려워 1910년 『호토토기스(ホトト
ギス)』에서 이상적인 교통수단으로 유리로 둘러싸인 가마, 즉 현대의
자동차를 연상시키는 것을 상상하고 있는데, 이와 대치되는 것이 바로
이자리구루마였다[*32]. 시키는 "무릎을 꿇은 수레를 만들자는 사람도
있었지만, 하코네 곤겐[28](箱根權現)의 영험이기도 해서 하츠하나(初花)
라는 미인이 끌고 가는 것이라면 모를까, 3척의 막대기를 노로 삼아
스스로 노를 저어 가는 것은 그다지 재미가 없기 때문에 우선은 소원을
빌었다(후략)"라고 말한다. 또 메이지 후기의 어떤 사람은 물건을 받을
때 "불구라고 하면 사람들의 동정심이 생기기 때문에, 자기 스스로가

26) 전체가 조금 높고 평평한 형태.
27) 마사오카 시키(正岡子規, 1867~1902): 일본의 시인, 가인, 국어학연구가. 메이지기를
    대표하는 문학가로서 일본근대문학에 막대한 영향을 미쳤다.
28) 일본에서 신의 칭호 중 하나.

앉은뱅이라고 속이"며, 굳이 노를 타고 다니면서 많은 돈을 받는 사례
도 있었다[*33].

　이러한 관점은 쇼와(昭和)시대에 이르러서도 바뀌지 않았다. 고고학
자 하마다 고사쿠(浜田耕作)가 1928년 히다(飛驒)를 여행할 때 산을 넘
어 시라카와(白川)로 가기 위해 마차 위에 다다미를 깔고 가는 방안을
마련했지만, 여관 여주인이 "그런 이자리구루마 같은 것을 이 여관에
서 내어놓을 수 없습니다"라고 반대했다[*34]. 이 다다미야말로 19세기
이자리구루마의 표현에서 볼 수 있는 깔개(筵)를 떠올리게 하는 것이
다. 전쟁 중이던 1941, 42년에는 시코쿠 88곳을 순례하는 순례자들에
게 걷지 못하는 사람들이 사용하는 이자리구루마가 있었다. 한센병
환자들이 이용하는 것은 '갓타이[29]구루마(かったいぐるま)'라고 불렀으
며, 어린이들이 돌을 던지기도 했다고 한다[*35]. 한센병은 감염력도 약
하고 완치되는 병이지만, 현재까지도 환자와 가족에 대한 편견과 차별
이 남아있다. 근세부터 근대의 갓타이구루마는 불행의 이미지를 동반
하고, 오해로 인한 혐오감과 경멸을 수반했다.

　그런 상황에 개입하는 것이 휠체어다. 이것이 국내에 유통되기까지
는 근대 박람회와 연극을 통해 대중에게 목격되는 과정이 있었다. 먼저
1851년 런던에서 열린 만국박람회에 휠체어가 출품되었다. 그것은 전
시품이었지만, 실제로 행사장에서 사용된 사례로 1876년 필라델피아
에서 열린 만국박람회에서는 '롤링 체어'라는 명칭으로 소개되었다(그
림 5[*36]). 이는 광활한 박람회장을 걸을 수 없는 사람들을 위해 대여할
수 있는 것으로, 요금은 뒤에서 밀어주는 직원이 붙어 1시간에 60센트,

---

29) 한센병, 과거의 차별적 용어로는 나병을 의미한다.

하루에 4달러 50센트, 직원이 필요 없는 경우 3시간에 1달러가 들었다고 한다. 이후 박람회에서도 이런 형태의 휠체어가 출품되기 시작했다.

[그림 5] Rolling Chair ("Philadelohia's 1876 Centennial Exhibition"에서)

일본에서는 1907년 도쿄 산업박람회에 등장한다(그림 6[*37]). 이는 사쿠라이라는 인물의 휠체어 제조소에서 발매 및 광고를 위한 것이었다. 당시 신문과 잡지에 따르면, 십여 대를 준비해 직물과 가죽으로 덮은 원형 의자에 '유모차 같은' 세 바퀴를 달았다고 한다. 옷을 입고 빨간 모자를 쓴 안내원이 밀고, 한 번에 4전, 일일 안내원을 포함한 대절은 70전, 안내원 없이도 40전이라는 가격으로 광활한 부지를 관람할 수 있는 차량이었다. 이에 대해 '의자 수레(椅子車)'라고 적힌 현수막 옆에 여성이 소녀가 타고 있는 의자차에 기대어 있는 삽화가 있는데, 소녀가 지체장애인인지는 알 수 없다[*38]).

이와 유사한 것으로 아키바 상점(秋葉商店)의 아키바 다이스케(秋葉大助)가 제작한 '왕실용 수레(帝室御用の車)'가 있다(그림 8). 아키바는 초대(初代), 2대가 있는데, 초대 아키바는 1869년부터 인력거 제조에 착수하여 지붕을 덮는 지붕, 바퀴에 진흙받이를 붙이는 등의 개발 및 고안으로 내국 권업 박람회에서 수상한 경험이 있다[*39]. 1899년부터 2대가 가업을 이어받아 1905, 6년경부터 인력거에 고무 타이어를 도입하는 데도 관여하여 1907년에는 도쿄의 인력거가 모두 고무 타이어를 사용하게 되었다고 한다. 이러한 업적으로 아키하 상점은 일본 인

[그림 6] 박람회 화보(의자차),
『朝日新聞』 1907년 4월 10일]

[그림 7]
「도쿄박람회」
(『女鑑』 1907년 5월)

[그림 8] 왕실용 수레(帝室御用の車),
『実業の世界』 1910년

력거 제조를 이끈 선구자로 알려져 있다[*40]. 그런데 [그림 8]을 보면 의자에 얇은 프레임이 달려 있고, 앞뒤로 위치 변환을 위해 좌우로 움직이는 작은 바퀴가 달려 있다. 의자 양옆에 두 개의 바퀴가 있어 현재의 휠체어에 가까운 구조를 취하고 있다. 이것이 황실에서 사용되었다면, 거리에서 쉽게 볼 수 있는 것은 아니었을 것으로 추정된다[*41].

모리 오가이가 번역한 '휠체어'

박람회 외에도 휠체어가 대중에게 알려지게 된 계기로는 연극을 들 수 있다. 러일전쟁에서 귀국한 모리 오가오(森鷗外)는 독일 극작가 게르하르트 하우프트만의 희곡 '로제 베르테르'가 집으로 배달된 것을 알게 된다[*42]. 이 연극에는 휠체어를 탄 여성이 등장하는데, 1906년 오가이가 이를 소개할 때 'Rollstuhl'을 '휠체어'로 번역한 반면, 당시 『수진독화신사림(袖珍独和新辞林)』(1988년) 등의 독일어 사전에는 '다리가 달린 의자'라고 적혀 있었다. '휠체어'의 의미가 통하지 않기 때문에 취한 번역이었을 것이다. 같은 시기 휠체어는 연극 무대에도 등장한다.

1908년 도쿄여학관(東京女學館)에서 기후훈맹원(岐阜訓盲院)에 기부한다는 명목으로 자선 연극회가 열렸다. 이때 상연된 것이 아서 히스코트(Arthur Heathcote)의 〈베이즈워터 공작부인 합명회사(ベイズウォーター公爵夫人合名会社)〉(The Duchess of Bayswater and Co.)로, '밑에서 의자 수레를 타는 노인'이라는 휠체어를 탄 인물이 등장한다[*43]. 이 자체가 유럽에서 휠체어가 사회적으로 인식되고 있다는 것을 보여주는 것일 것이다.

국내외 박람회가 개최되면서 메이지 말기에는 박람회와 연극을 매개로 휠체어와 유사한 탈것을 실제로 볼 수 있었다. 그 특징으로는 의자에 바퀴를 달았다는 점, 그리고 이자리구루마라고 부르지 않았다는 점을 들 수 있다. 그것은 사용자가 상류층인 것과 무관하지 않을 것이다. 이자리구루마와의 차별화를 꾀하는 시기였다.

4. 이노우에 카오루(井上馨)[30]와 야마무로 기에코(山室機惠子)[31]

명칭의 불명확성

1910년대는 제1차 세계대전, 즉 근대 전쟁의 시대로 많은 병사들이 부상을 입어 사지를 절단하거나 상이군인이 되었다[*44]. 휠체어는 그 치료로 시설과 거리에서 사용되기 시작했고 그 결과 휠체어가 보급되

---

30) 이노우에 카오루(井上馨, 1836~1915): 일본의 정치가. 농상무대신, 내무대신 등 여러 장관직에 취임하였다.
31) 야마무로 기에코(山室機惠子, 1874~1916): 일본 메이지 시기의 사업가. 부인 홈, 결핵 요양소 설립 등의 업적이 있다.

었다[*45]. 영국에서는 상이군인이 귀국하면서 장애인에 대한 관심이 높아져 장애인 교육이 확대되었다[*46]. 일본에도 휠체어가 의족과 함께 보급되어 정형외과 서적과 사지 절단면과 의족에 관한 연구가 활발하게 이루어졌다고 한다[*47]. 여기서 두 인물의 동향이 일본에서의 휠체어 탄생에 관여하게 된다.

1913년 1월 27일, 원로 이노우에 카오루는 우치다야마(內田山, 현재의 롯폰기 주변)의 자택에서 뇌출혈의 영향으로 왼쪽 반신이 마비되어 보행이 어려워졌다. 마침 양자인 가쓰노스케가 영국에 대사로 가기 직전에 일어난 일로, 가쓰노스케가 현지에서 '실내용 의자 수레와 외출용 유모차'를 보내왔다[*48]. 외출용은 서양에서 Bath Chair라고 불리는 것과 같은 유형으로, 손잡이를 당기거나 뒤에서 밀어서 주행한다(그림 9). 해외에서 보내는 것 자체가 국내에서 만들거나 구하기가 쉽지 않았다는 뜻일 것이다. [그림 9]의 사진에는 '유모차로 운동하는 이노우에 공'이라는 제목이 붙어 있다[*49]. 유모차는 고무바퀴가 달린 세발자전거로, 이노우에 공은 한 시간 동안 저택 내에서 운동하는 것이 일과였다고 한다[*50]. 또한, 이노우에가 미쓰코시 포목점(三越吳服店)에서 '침상 의자에 바퀴가 달린 유모차'를 선물로 받고 매우 마음에 들어 너무 많이 타다가 망가져버려, 앞서 언급한 가쓰노스케가 고무로 된 유모차를 보내준 일도 소개되어 있다[*51]. 1915년 이노우에가 세상을 떠

[그림 9] 유모차로 운동하는 이노우에 공(『세외 이노우에공전(世外井上公伝)』 제5권, 1934년)

났을 때 유모차 세 대가 남았다. 한 대는 등나무제, 두 대는 가죽제. 실외용이었다고 한다. 이노우에가 면회를 받을 때는 '침상 의자'에 기대어 응대했다고 하니, 사망할 때까지 사용했던 것 같다[*52].

유모차라고 하면 유아를 태우고 이동하는 유모차를 떠올린다. 일본의 유모차는 1890년대 전후부터 등나무로 만들어진, 유아나 어린이가 겨우 탈 수 있을 정도로 작은 것이었다. 때문에 이노우에가 탄 것은 크기상 유모차라고 할 수 있는 것은 아니다. 그럼에도 불구하고 유모차라고 표기하는 것은 다른 해당되는 말이 없고, 등나무를 소재로 한 유모차 형태에서 오는 연상이 대중에게 쉽게 작용했다는 소극적인 이유에 기인한다. 왜냐하면 한 잡지가 이노우에가 탄 것을 '이자리구루마'라고 조롱하고 신문이 '유모차'라고 표현하자 이노우에가 화를 내며 '요양 수레'로 정정했다는 이야기가 잡지에 실렸기 때문이다[*53]. 그 진위 여부는 알 수 없지만, 유모차 이외의 호칭을 모색하는 과정이 있었을 것으로 보인다.

야마무로 기에코의 착상

이노우에가 사망한 이듬해인 1916년 7월, 한 여성이 병으로 쓰러졌다. 그 이름은 야마무로 기에코다. 일본에서 구세군을 이끌던 야마무로 군페이(山室軍平)의 아내였다. 구세군은 런던에서 빈곤과 위생 문제에 기반한 사회사업 활동으로 유명하다. 1895년 청일전쟁에서 일본이 승리한 것을 계기로 일본에 머물며 활동하게 되었다[*54]. 구세군을 만난 군페이는 일본인 최초의 장교로서 기에코와 함께 구세군 활동에 몸과 마음을 쏟았다. 기에코는 1874년 이와테의 하나마키(花巻)에서 태어나 1895년 메이지 여학교를 졸업하고, 1899년 군페이와 결혼한 후 구세

군 사업에 힘써 결핵 요양소 개업 등 많은 사업에 관여했다. 그 길목에
서 기에코는 쓰러져 병상에서 군페이에게 말을 건넨다[55].

> 11일(화요일) 아침 5시경, 그녀는 눈을 뜨고 곁에 있는 나를 돌아보며
> "내가 죽고 난 후에 기념할 일이 있으면, 쓸데없는 비용을 들이지 말고,
> 가난하고 병들어 거동이 불편한 사람을 태울 수 있는 수레를 가져다
> 주십시오. 오래전 저는 기노시타의 부인과 함께 혼고아케보노초(本鄕曙
> 町)에서 수레를 보고 '이것은 나의 이상형입니다'라고 말하며 기노시타
> 씨에게 웃음을 준 적이 있습니다. 제발 내 기념으로 이자리구루마를 만
> 들어 주세요. 하나에 78엔만 있으면 만들 수 있습니다." 이에 저는 '그거
> 재미있겠다'고 대답했습니다. 실제로 얼마 전에도 구세군 애린관(愛隣
> 館) 사관이 거동이 불편한 할아버지를 구세군병원에 데려가기 위해 유모
> 차에 태우고 갔다가 주변 사람들에게 비웃음을 샀다는 이야기도 들었습
> 니다. 그러니 '서양의 절름발이를 실어 나르는 등나무 의자와 일본의
> 이자리구루마를 절충한 듯한 것을 만들어서 애린관에 한 대씩 비치하는
> 것이 어떻겠소'라고 말하자 그녀는 기뻐하며 고개를 끄덕였다.

기에코는 도쿄의 거리에서 수레를 본 것을 잊을 수 없다며 군페이에
게 수레를 만들어 달라고 부탁한다. 군페이는 다리가 불편한 사람을
유모차에 태웠을 때 사람들이 비웃었던 일을 회상하며 서양의 의자
수레와 일본의 이자리구루마를 절충한 것을 만들겠다는 구상을 이야
기했다. 실제로 메이지-다이쇼 시대의 지체장애인이 이동할 때는 가
족이 업고 이동하거나 인력거로 이동하는 등, 장애에 대응하는 전용
차량이 없는 상태였다[56]. 두 사람이 말하는 인력거를 근대의 예능 표
현에서 볼 수 있는 일련의 것으로 본다면, 군페이는 인력거에 수반되
는 불행한 이미지를 서양의 '등나무 수레'와 결합해 불식시키고자 했

던 것이 아닐까.

일본제 휠체어의 탄생

군페이가 말하는 '등나무 의자 수레'는 이노우에 카오루가 사용하던 모델과 가까운 것으로 보인다. 이 둘을 조합한 것은 전혀 엉뚱한 발상이 아니라 구세군의 특성이 드러난 것이다. 군페이는 런던의 빈곤과 위생 문제를 현실적으로 직시하는 구세군의 계보를 계승하고 있었고, 기에코의 사상적 도달점은 '구세군에 투신한 정신은 무사도(武士道)를 가지고 기독교를 받아들여 이를 바탕으로 세상에 봉사한다'는 무사도(武士道)를 기초로 한 기독교적 자선활동에서 비롯된 것이다[57]. 실제로 무사도는 청일전쟁과 러일전쟁 사이에 관련 논의가 속속 발표되었고, 니토베 이나조(新渡戸稲造)와 우치무라 간조(内村鑑三) 등의 담론에서 볼 수 있듯이 유럽과 일본 사상의 융합을 꾀하고 있었다.[58]

다음날인 12일, 기에코는 세상을 떠났다. 그 후 군페이의 의뢰로 '환자 수레(病人車)'로 명명된 3대가 아키바 다이스케(2대)에 의해 제작되어 '가난한 환자의 병원 왕복'에 사용되었다[59]. 군페이는 목수나 농업에 종사한 경험도 있어 구세군에는 다양한 직업을 가진 사람들이 모여 있었음을 기관지『시대의 소리(ときのこゑ)』를 통해 알 수 있다[60]. 군페이는 1902년 인력거꾼에 의한 전도(伝道) 조직을 고안했는데, 인력거꾼은 모든 사람을 만날 수 있어 전도에 적합하다는 이유를 들고 있다. 이렇듯 구세군에서 인력거꾼은 필수적인 존재였다[61]. 인력거 제조의 선두주자인 아키바는 앞서 언급했듯이 황실용 수레를 제조한 경험도 있었다. 따라서 환자 수레를 제조할 때 인력거 제조 기술을 전용(転用)한다는 구상은 자연스러운 것이었다. 그 결과로서 의자의 형태, 프레임,

지붕을 갖추고 있다는 공통점을 찾을 수 있다. 후일 1923년 관동대지진 때 구호를 담당한 일본적십자사 본부 병원에는 병실에 휠체어가 놓여 있었고, 지체장애아 재활에 힘쓰고 있던 가시와 학원(柏学園)에서도 수입한 휠체어를 사용했던 것처럼, 1920년대 초반에 이르러서는 보행이 어려운 사람들을 위해 바퀴 달린 의자에 휠체어에 태워 이동하는 것이 의료·양호시설에서 조금씩 퍼져가고 있었다[*62]. 그 시초가 구세군의 환자 수레이며, 이로부터 휠체어의 역사가 쌓이기 시작했다[*63].

5. 이자리구루마에 얽힌 이야기를 불식시키기 위해

탄생의 에너지

메이지부터 다이쇼에 이르기까지 휠체어는 존재하지 않았던 것이 아니라, 일본인의 인식의 바다에 떠다니고 있었다. 우선 오사카 사밀국의 개강식에서 볼 수 있는 휠체어 모양은 빅토리아 시대 영국에서 제조된 것과 매우 흡사하다. 그것은 실내에서의 사용을 전제로 한 것이었다.

근대에 휠체어가 보급되지 않은 이유는 두 가지로 추정할 수 있다. 하나는 '휠체어'라는 것이 지체장애인을 위한 것이 아니라, 많은 바퀴 달린 탈것과 마찬가지로 이동수단의 한 방편에 불과했다는 점이다. 그것은 황실이나 이노우에 카오리와 같은 특정 상류층이 사용하는 것이었다.

또 하나는 간세이·문화기에 유행한 복수물에서 주인공의 인생 몰락과 함께 이자리구루마가 등장해 이야기되었다는 점이다. 이것이 조루리, 가부키에서 상연되고 배우 그림이나 미타테에(見立絵)[32]로도 표현되면서 이자리구루마의 이미지가 널리 퍼져 근현대로 이어져 왔다.

이러한 상황이 바뀌어 휠체어가 생산된 것을 확인할 수 있는 것은 1907년 도쿄 산업박람회에서다. 하지만 이는 박람회의 광활한 부지를 이동하기 위한 수단으로 만들어진 것으로, 지체장애인을 위한 사회복지를 목적으로 한 것은 아니었다. 또한 연극에도 휠체어가 등장하기 시작하면서 그 존재가 인식되기 시작했다. 1907년부터 1915년 사이에 상류층이 실제로 사용하는 모습을 확인할 수 있다. 1913년 이노우에 카오루는 왼쪽 반신이 마비되어 보행이 어려워진 관계로 영국에서 들여온 Bath Chair를 사용했는데, 명확한 명칭이 정해지지 않았기에 이를 유모차라고 불렀다. 휠체어가 신체의 자유가 없는 사람들을 위해 생산된 것은 1916년 구세군의 야마무로 군페이(山室軍平)·기에코(機恵子) 부부가 이자리구루마에서 벗어날 수 있는 방법을 논의한 것이 계기가 되었다. 일본과 서구의 지식이 결합된 형태로 인력거에서 환자 수레가 제조되었다는 점에서 구세군의 사상이 드러난다. 구세군의 그것은 국산 최초의 휠체어라고 할 수 있는 수동 운동차보다 앞선 것이었다.

따라서 휠체어는 인력거의 제조 기술을 차용하면서, 에도 문학 속 수레로 상징되는 피차별과 불행의 이야기에서 벗어나고자 하는 에너지에 의해 탄생한 것이다.

---

32) 이야기나 고사(故事) 등을 가지고 와서 인물·풍속 등을 지금에 맞게 변용해서 그린 그림.

원저자 주

*1　黒川雅之, 『椅子と身体——椅子とは何か?』(デザイントープ、メタ・ブレーン、二〇一八年)一六〜二〇頁.

*2　ジークフリート・ギーディオン, 『機械化の文化史——ものいわぬものの歴史』(鹿島出版会、一九七七年)三七八頁.

*3　市野川容孝, 「「障害者」差別に関する断想——一介助者としての経験から」(坪井秀人編著『偏見というまなざし近代日本の感性』、青弓社、二〇〇一年、二三一〜二三二頁).

*4　新堂廣志, 『はるかなる陽ざし』(風媒社、一九六三年)八六頁.

*5　稲泉連, 『アナザー1964——パラリンピック序章』(小学館、二〇二〇年).

*6　ジークムント・フロイト, 「不気味なもの」(『ドストエフスキーと父親殺し / 不気味なもの』、中山元訳、光文社古典新訳文庫、二〇一一年)、Martin T. Norden, "Reel Wheels: The Role of Wheelchairs in American Movies", The Material World in American Popular Film (Bowling Green State University Popular Press, 1993) pp.187〜204.

*7　휠체어의 역사에 관한 업적으로 다음과 같은 논문이 있다. 田口順子, 「車椅子の変遷序説」(『臨床理学療法』二[二]、一九七六年、三〜一〇頁)、髙橋義信, 「車いすの歴史」(『日本生活支援工学会誌』二[二]、二〇〇三年、七〜一六頁)、山内閑子, 「明治初期錦絵に見る乗物と車いす」(『日本生活支援工学会誌』六[一]、二〇〇六年、四六〜五三頁)、山内閑子, 「意匠から見る手動車いすの発展」(『日本生活支援工学会誌』九[二]、二〇〇九年、九〜一七頁)、沖川悦三, 「車いすの歴史的変遷と今後の展望」(『日本義肢装具学会誌』二七[一]、二〇一一年、二八〜三三頁)、桂律也・中村俊哉, 「車椅子の歴史」(『リハビリテーション・エンジニアリング』三十[三]、二〇一五年)、Karen Bourrier "Mobility Impairment: From the Bath Chair to the Wheelchair", A cultural history of disability in the long nineteenth century, pp.43〜59.

*8　기타시마가 개발한 것은 '하코네식 휠체어(箱根式車椅子)'로 통칭되지만, 당시 광고에 '수동 운동차(手動運動車)'라고 적혀 있는 것을 본 장에서 채택했다. 傷痍軍人箱根療養所編, 『函嶺』三一号(傷痍軍人箱根療養所、一九五六年)裏表紙の広告.

*9　大川嗣雄ほか, 『車いす』(医学書院、一九八七年)一〜四頁.

*10　그림 1은 원본에 대해 하라타마의 사료를 소장하고 있는 Tropenmuseum의 Ingeborg Eggink씨에게 문의한 결과, 원본은 행방불명이라고 했으나, 복제품이 있어 좌우가 뒤바뀐 것을 수정했다. 또한 스즈키 요고(鈴木要吾) 편, 『세키칸사이(関寛斎)』(1936) p.29에도 같은 사진이 게재되어 있지만, 휠체어를 탄 인물에는 이름이 적혀 있지 않다.

*11　ハラタマ述, 『舎密局開講之説』(舎密局、一八六九年)一オ、上田穣「大阪舎密局についての二、三の問題点」(有坂隆道 編『日本洋学史の研究4』、創元社、一九七七年、一八二頁).

*12 ヤン・ヴァンデルカメン、「大阪の居留地会議」(『大阪川口居留地の研究』、思文閣出版、一九九五年、六一頁)、『田中芳男君七六展覧会記念誌』(大日本山林会、一九一三年)一〇五頁.

*13 로비넷에 대해서는 아래에 경력이 기록되어 있다. George Williams Carrington "Foreigners in Formosa, 1841–1874" pp.108~109. 이에 따르면, 로비넷은 영국인 아버지와 미국인 어머니를 두고 미국, 남미, 중국에 거주했다. 한때 페루 해군 중위로 근무했고, 1845년부터 1855년까지 주중 칠레 총영사를 지냈다고 한다. 그 후 공백기가 있었지만 일본으로 건너와 나가사키에 거주했다. 이 무렵 사쓰마번 유학생들의 미국 도항을 지원했다. 이후 오사카로 옮겨 케이스상회(Case & Co.)에 소속되어 1868년 11월에 모스(W. H. Morse)의 뒤를 이어 미국 영사 대리로 부임하여 1869년 11월에 요코하마로 옮겼다고 한다.

*14 中林幸夫, 『図でみる洋家具の歴史と様式』(初版)(理工学社、一九九九年)一五九頁.

*15 E.T. Joy, "Pocock's: The Ingenious Inventors", The Connoisseur, 173 (1970) pp.88~92.

*16 National Archives, FO 185/50, England.

*17 Pat Kirkham, "The London Furniture Trade 1700–1870", Furniture History, Vol.24(1988) p.131.

*18 그림2는 Medical "Times and Gazette"(一八六一年十二月七日)より。図3은 By her majesty's letters patent : comfort for invalids : 8, Denmark St. (https://wellcomecollection.org/works/eq2aawvc)로부터.

*19 CHRISTIE'S "A MID–VICTORIAN WALNUT PATENTED INVALID'S CHAIR"로부터. https://www.christies.com/lot/lot-a-mid-victorian-walnut-patented-invalids-chair-circa-5526360/(아카이브) https://archive.is/ZHLSw

*20 James Torrington Spencer Lidstone, The Londoniad (complete.): giving a full description of the principal establishments, together with the most renowned patentees, manufacturers and inventors in the metropolis of the world (1857) pp.42~43.

*21 "The Lancet" 6 Dec, 1851.

*22 Patent Office, Subject-matter Index of Patents Applied for and Patents Granted, for the year 1855 (1856) p.144.

*23 Official catalogue (Great exhibition, 1851) p. 136. Nicholas A. Brawer, British Campaign Furniture: Elegance Under Canvas, 1740–1914 (Harry N. Abrams, 2001) p.105.

*24 ヴォルフガング・ミヒェル「明治期の医療器械商──大阪の白井松之助について」(『日本医史学雑誌』、五一巻二号、二〇〇五年、一六二~一六三頁)、H. Windler, Preis-Verzeichniss der Fabrik chirugischer Instrumente und Bandagen (1888) pp.

245~247.

*25 高阪謙次, 「"いざり車"とその周辺」(『椙山女学園大学研究論集 自然科学篇』三十五、二〇〇四年、四七~五五頁).

*26 전게 주 25.

*27 『日本人名大事典』三巻、平凡社、一九七九年、二六〇頁、関山和夫『落語名人伝』(白水社、一九八六年)六五~六八頁.

*28 木村薫, 「南杣笑楚満人の黄表紙—『仇報孝行車』翻刻一」(『専修国文』一〇四、専修大学日本語日本文学文化学会、二〇一九年、二三~五七頁).

*29 図5の各図版の所蔵機関は以下の通り([]内は資料番号)。国立国会図書館(1、2、9、10、11)、早稲田大学坪内博士記念演劇博物館(3[201-1035]、5[201-1040]、6[201-1042]、7[201-3038])、大阪府立大学総合図書館中百舌鳥(椿亭文庫)(4)、立命館大学アート・リサーチセンター(8[arcUP7871]、12[arcBK01-0152_051]、13[arcUP2102]、14[arcBK03-0144-2]).

*30 神谷朋衣「近世の東海地方における地域文化の形成 : 歌舞伎・浄瑠璃の受容と地芝居の上演を通じて」(『早稲田大学総合人文科学研究センター研究誌』一、二〇一三年十月、一九四頁).

*31 『箱根霊験甕復讐』(国立国会図書館蔵、請求記号：二〇八-二五七).

*32 「ホトトギス」(明治三十三年一月十日)(『子規選集』 三巻、増進会出版社、二〇〇一年、一六九頁).

*33 楚囚學人, 「躄車と大阪為政者」(『大阪経済雑誌』第九年二十二号、一九〇一年八月、一二頁).

*34 「飛騨の旅の昔話」(『濱田耕作著作集』七巻、同朋舎出版、一九八七年、三五一頁)。初出は一九三六年四月.

*35 岸文雄『望郷の日々に : 北条民雄いしぶみ』(徳島県教育印刷、一九八〇年)六~八頁

*36 『Philadelphia's 1876 Centennial Exhibition (PA) (Images of America) (Arcadia Publishing; Illustrated edition, August 22, 2005).

*37 『朝日新聞』一九〇七年四月十日.

*38 「東京博覧会」(『女鑑』第十七年五号、一九〇七年、一三九・一五一頁).

*39 齊藤俊彦, 『人力車』(産業技術センター、一九七九年、一五八~一五九頁).

*40 秋葉大助, 「人力車」(『教育画報』六巻、一九一八年二月、六八~七〇頁)、秋葉大助「人力車製造業の将来」(『実業の世界』七[二十一]、一九一〇年十一月、六六~六七頁)。図9も同記事に掲載されている.

*41 実業之世界社編輯局 編『財界物故傑物伝上巻』(実業之世界社、一九三六年)二〇頁.

*42 森鷗外, 「ゲルハルト・ハウプトマン(速記)」(『鷗外全集』三巻、鷗外全集刊行会、一九二五年、二二二頁).

*43 荷葉子〔山岸荷葉ヵ〕「芝居見たまゝ：侯爵夫人合名会社」(『演藝画報』第二年第三号、一九〇八年、六六～七三頁).

*44 Elise Brault-Dreux, "Limbs at War: Amputation, Mutilation and Paralysis − Wilfred Owen, Blaise Cendrars and D.H. Lawrence", Études Lawrenciennes, 46, 2015, https://doi.org/10.4000/lawrence.233

*45 John M. Kinder, Paying with Their Bodies: American War and the Problem of the Disabled Veteran (2015) pp.93～95.

*46 Sue Wheatcroft, Worth Saving: Disabled Children During the Second World War (2013) pp.14～15.

*47 保利清、『義肢に血の通ふまで』(汎洋社、一九四三年)二頁.

*48 井上馨侯伝記編纂会 編、『世外井上公伝』第五巻(内外書籍、1934年)四二七頁.

*49 『世外井上公伝』第五巻、四二六～四二七頁.

*50 「流産の跡始末振り」(『読売新聞』一九一四年四月八日).

*51 『朝日新聞』一九一三年十一月八日.

*52 「井上侯薨去」(『朝日新聞』一九一五年九月二日).

*53 「躄車」(『楽天パック』二(十八)、一九一三年九月)九頁.

*54 山室軍平、『救世軍略史』(救世軍出版及供給部、一九二六年)三～五頁.

*55 山室軍平、『山室機恵子』(救世軍出版及供給部、一九一六年)二〇三～二〇四頁.

*56 「躄の通学」(『朝日新聞』一八九九年三月十九日).

*57 山室武甫、『機恵子──山室軍平にふさわしき妻』(玉川大学出版部、一九六五年)二〇頁.

*58 長野美香、「内村鑑三の'武士道'」(『聖心女子大学論叢』一二六、二〇一五年、四三頁).

*59 「附言数則」(前掲注55、二頁)、『ときのこゑ』五〇一号(一九一六年十一月一日)七面.

*60 室田保夫、『山室軍平』(ミネルヴァ書房、二〇二〇年)四六～五二頁.

*61 『ときのこゑ』一六七号(一九〇二年十二月一日)一面.

*62 『日本赤十字社社史稿』第四巻(日本赤十字社、一九五七年)二七五頁
杉浦守邦、『柏学園と柏倉松蔵』(山形大学教育学部養護教室、一九八六年)一五七・一九一頁。이 책에 따르면, 1926년 5월 15일의 사진에는 휠체어가 있으며, 그것은 '영국제 고무바퀴 삼륜차(철제)'로 17엔에 고이시카와의 의료기구 가게에서 구입한 것이다.

*63 휠체어의 역사에 관한 최근 실적은 전게 주 7을 참조.

제9장

음반과 신체

- 근대 일본의 음악과 가무음곡 -

와지마 유스케(木下知威)

1. 시작하며

　근대 일본의 대중음악의 역사를 녹음된 음악(매체를 불문하고 '레코드'라고 부른다)과 신체를 수반하는 실천에 주목하여 개괄하겠다. 레코드를 '음악 그 자체'로 간주하는 것이 아니라, 혹은 구체적인 연주의 단순한 기록으로 간주하는 것이 아니라, 양자의 상호 영향 관계에 대해 '레코드 이전'과의 관계도 포함해서 검토하겠다. 또한 일본의 재래적 실천이 녹음이라는 신기술에 의해 어떻게 재편성되었는지, 그것들이 레코드를 통해 수입된 외래 음악과 어떻게 충돌하고 융합되었는지, 그리고 그 과정에서 어떤 새로운 실천이 생겨났는지에 주목하려 한다. 참고로 레코드에 들어간 일본산 가요는 '유행가', '가요', 어느 시기 이후 '뉴 뮤직', 'J-POP' 등 다양하게 불렸지만, 각각의 의미를 일단 유보하고 그 복제 상품으로서의 공통성을 강조하기 위해 굳이 '레코드 가요'[*1]라는 단어를 사용하겠다.

2. 메이지·다이쇼의 '음악'과 '가무음곡(歌舞音曲)'[1]

국가 장치로서의 음악

　많은 선행연구에서 밝혀진 바와 같이[*2], '음악'이라는 단어는 근대 이전에도 제한적인 용례가 있기는 하지만 기본적으로 메이지 이후부터 널리 사용되기 시작했다. 처음에는 군대(취타대[鼓笛隊], 군악대)와 학교(唱歌)라는 국가장치를 통해 전적으로 그 내부에서 서구 열강을 모델로 한 근대 국가를 구성하는 '국민'을 만들기 위한 신체단련 기법, 즉 국가의 통치기술로 도입되었다. '음악 학교(音楽取調掛)[2]'(현 도쿄예술대학 음악학부)는 아직 일본에는 존재하지 않지만 근대국가에 필수적인 '음악'(국악)을 만들어내고 교육을 통해 보급하기 위한 기관으로 설립되었다. 이에 반해 종래의 노래나 춤, 샤미센이나 그 외의 악기의 연주는 '속악(俗楽)' 혹은 '가무음곡의 일종' 등 비속한 것으로 취급되었다. 그런 이유로 종래의 음악은 근대국가의 권위와 정통성과 결부된 서양에서 유래한 '음악'의 영역으로 편입되지 못했다.

　하지만 '예술'이라는 관념의 수입과 함께, 메이지 말 이후 학교 교육을 받은 엘리트 계층 중에는 근대 국가 수립에 필요한 단순한 구성요소가 아니라 서양 예술 음악('洋楽')을 개인적으로(혹은 계급 문화로) 애호하는 이들이 등장한다. 구제(旧制) 고등학생과 대학생[3]을 중심으로 한

---

1) 음곡(온교쿠[音曲])은 일본식 음악 및 가곡을 가리킨다. '노래하고 춤추는 일본식 음악'이 사전적 의미로 현대식으로 말하면 일본 대중음악이라고도 할 수 있다.
2) '音楽取調掛'는 음악 교육에 대한 연구나 음악 교사를 양성하기 위한 기관으로 1879년 일본 내무성 내에 설치되었다. 여기서는 '음악 학교'로 번역하였다.
3) 1918년 개정고등학교령이 반포되기 이전에 서양식 학교 제도 속의 학생들을 가리킨다.

예술음악 애호가들은 다이쇼 시대 이후 감상회나 음악다방 등의 장소에서 값비싼 수입 음반을 통해 '서양명곡(泰西名曲)'을 수용하게 된다.

물론 이러한 음악을 실연으로 접할 기회는 극히 제한적이었다. 그렇기 때문에 활자나 음반을 통해 수입 음악에 대한 취미를 키운 사람들 사이에서는 미숙한 일본인의 라이브 연주보다 본고장의 일류 연주자가 녹음한 음반이 더 '진짜' 음악을 경험하는 것이라는 가치관이 형성되었다[*3]. 클래식이든 재즈이든 록이든 '서양음악'이라 불리는 음악의 애호가들에게는 외국에서 들여온 음반을 '음악 그 자체'로 간주하고, 일본인의 실연을 그보다 열등한 것으로 간주하는 감각이 어느 시기까지(어쩌면 지금도?) 공유되고 있었을 것이다. 20세기 후반 이후, 스튜디오에서 정교하게 구축·편집된 음반을 '작품 그 자체'로 간주하고, 일회적이고 불안정한 요소가 많은 라이브 연주보다 음반 등을 통해 반복적으로 세세한 부분까지 즐길 수 있는 것이 진정한 예술에 가깝다는 시각이 서구권을 중심으로 확대되었다. 글렌 굴드나 비틀즈 등의 유명 음악가들을 통해 이런 시각이 확대되어 갔지만[*4], 아이러니하게도 일본의 '서양음악' 애호가들은 이러한 가치관과 감상법을 수십 년 앞서서 선점하고 있었다고 할 수 있다.

가무음곡의 근대

한편, 이러한 고급 문화 혹은 예술로서의 음악 관념을 일본의 전통 가무음곡에 적용하려는 움직임도 나타나 1907년에는 도쿄음악학교에

다이쇼 시대(1912~1926)에 들어서 서양의 대중문화가 본격적으로 수입·유행하기 시작하면서 이들은 카페, 재즈 음악 등 다양한 문화를 향유하게 된다.

‘방악 학교(邦楽調査掛)’가 설립된다. 종가 제도(家元制度)나 곡목의 체계화를 통해 ‘전통’을 고정화하고, 혹은 이론화, 오선(五線)에 의한 기보, 작곡 등 서양 근대 예술음악의 구성 원리를 도입함으로써 근대 이전부터 존속하는 가무음곡의 일부는 ‘음악’의 하위 구분인 ‘방악(邦楽)’ 혹은 ‘일본음악’이 되었다[*5].

그러나 그 바깥에는 여전히 잡다한 가무음곡의 영역이 그때그때 변화하고 새로운 예능을 만들어 내면서 확장되고 있었다. 청일전쟁과 러일전쟁을 통해 확산된 신흥 장르인 나니와부시(浪花節)[4]는 서민들의 절대적인 지지를 받으며 20세기 전반을 통틀어 가장 인기 있는 ‘목소리 예능’이었음은 의심의 여지가 없다[*6]. 나니와부시는 국내에서 레코드 취입 초기의 중심적인 공연이 되었고, 나중에는 라디오 방송도 그 인기에 박차를 가했다. 그런 의미에서 나니와부시는 의심할 여지없이 근대적 미디어 환경을 전제로 번성했던 목소리와 소리의 예능이며, 서민들에게 널리 알려진 익숙한 가락과 가사를 제공했다는 점에서 ‘대중음악’에 다름 아니다. 비단 나니와부시에 국한되지 않고, 근세 이후 요미우리(読売)[5]와 자유민권운동의 장사(壯士)나 도쿄유학의 서생(書生)의 생각(意匠)이 결합된 것이라 할 수 있는 거리의 연가사(演歌師)[6]의 실연(演歌)(장사절[壯士節], 서생절[書生節])이나 요세(寄席)[7] 및 극장에서의 공연, 혹은 길거리의 친돈야(チンドン屋)[8] 등에서 사람들의 눈

---

4) 나니와부시는 샤미센을 반주로 의리나 인정을 노래한 대중적인 창을 가리킨다.
5) 에도 시대에 사회적 사건 등을 인쇄해서 거리를 누비며 읽어주고 판매를 하던 사람.
6) 길거리나 장터 등에서 악기를 연주하고 유행가를 부르며 노래책을 팔던 사람.
7) 사람을 모아 돈을 받고 만담 등을 들려주는 대중적 연예장.
8) 특이한 복장을 하고 악기를 울리면서 거리를 돌아다니며 광고를 하는 사람.

길을 끄는 신기한 볼거리의 한 요소로 서양에서 유래한 선율과 악기가 도입되기 시작했다. 물론 이는 학교와 군대 등을 통해 서양음악이 대중에게 친숙해졌기 때문이기도 하다. 그러나 최근까지만 해도 이러한 절충주의적인 여러 실천을 일본 근대 음악사의 중요한 부분으로 간주하는 생각은 희박했다[*7]. 그 자체가 '음악'이라는 관념의 외래성을 말해 주는 것일지도 모른다.

다이쇼시대의 실연 문화와 교차하는 동서(東西)/아속(雅俗)

메이지 말기인 1911년에는 유럽의 국립 및 왕립 극장을 모방한 제국 극장(단 민영[私營])이 도쿄 마루노우치(丸の内)에 개관했고, 이듬해에는 '본고장(本場)'을 모방하여 가극부(歌劇部)도 설치되었다[*8]. 제국 가극부는 1916년에 흥행부진으로 해산됐지만, 일부 단원들은 아사쿠사에서 오락적인 오페라 공연을 시작했다[*9]. 아사쿠사에는 네기시 가극단(根岸歌劇団) 등 많은 극단이 생겨났고, 서양식 음악 어법으로 만들어 번역된 가사를 붙인 신곡을 연주했다. 아사쿠사는 에도 시대부터 이어져 온 유흥가('惡所')였고 계속해서 서양식 공연이 행해져왔지만, 흥행과 수용의 맥락에서 보면 전통 가무음곡 본연의 모습이 성공의 커다란 원인이었다고 할 수 있다. 이런 아사쿠사 오페라는 몇 년 만에 전성기를 지나 관동대지진으로 극장이 파괴되어 종언을 고했다.

아사쿠사 오페라 출신 중 일부는 쇼와(昭和)에 들어서면서 카지노 폴리를 비롯한 서양식 희극('아차라카'라고 불렸다)과 노래와 춤을 중심으로 한 새로운 외래 작품인 레뷰로 전향하였다. 그 중 네기시 가극단 코러스 보이 출신인 에노모토 겐이치(榎本健一)는 '희극의 왕'이 된다. 그러나 아사쿠사 오페라 직후에 아사쿠사에서 유행한 것은 도조스쿠

이(安来節)[9]와 여검극(女剣劇)[10]이었다. 둘 다 기모노 밑단에 맨발이 보이는 것이 인기 요소였다. 아사쿠사 오페라의 가장 큰 매력은 미국에서 보드빌의 쇼 댄서 경험이 있는 다카키 도쿠코(高木徳子)의 토우(발가락) 댄스였다. 또한 가와바타 야스나리(川端康成)의 『아사쿠사 쿠레나이단(浅草紅団)』으로 유명한 카지노 폴리(カジノ・フォーリー)[11]도 '금요일에는 무희가 속옷을 벗는다'는 소문이 돌았다는 것을 고려하면, 당시의 관객에게는 공연의 내용이나 음률이 일본식이냐 서양식이냐 하는 것보다 여성 출연자의 노출된 다리가 더 중요했을지도 모른다.

한편, 제국가극부 공연에 열광하는 소수의 젊은이들의 모습에 영감을 받아 1914년 한큐전철(阪急電鉄, 당시는 箕面有馬電気軌道)의 경영자 고바야시 이치조(小林一三)가 설립한 다카라즈카(宝塚) 소녀가극이 공연을 시작한다[*10]. 역 근처 주민들에게 오락을 제공하는 한편, 가부키의 개량에 의한 새로운 국민극의 확립이라는 큰 목표도 세웠다. 교외 사철(私鉄) 주변 주민들의 소시민적 취미와 연결되는 서양식 관현악단과 극장을 갖춘 다카라즈카 가극의 '서양식' 분위기에는 화류계와의 관계를 기피하는 고바야시의 의도가 반영된 것으로 보인다. 그러나 다카라즈카 가극의 성공을 계기로 다수 설립된 동종 소녀가극[*11]에서는 오사카의 찻집이 주재한 가와이 댄스(河合ダンス)나 '나니와 춤(浪速踊)', 게이샤들의 '미야코 춤(都踊)'을 의식한 '봄의 춤(春のおどり)'을 내세운 쇼치쿠(松竹) 소녀가극 등 화류계의 가무음곡의 맥락을 직접 계승

---

9) '安来節'는 '야스기부시'라는 시마네현의 민요로 이 노래는 술자리에서 불려왔다. 보통 이때 '도조스쿠이' 즉 미꾸라지를 소쿠리로 떠서 담는 듯한 춤이 동반된다.

10) 여성을 주인공으로 한 검극.

11) 불어로 표기하면 Casino Folies. 1929년부터 1933년에 존재했던 일본의 연극 극단.

하는 상연이 많이 이루어지고 있다.

다이쇼 시대에는 극장 객석에서 무대를 보는 것뿐만 아니라 고객이 직접 참여하는 실연의 장인 댄스홀도 번성했다. 그곳에서는 재즈[12]나 탱고[13]와 같은 새로운 오락 음악이 연주되었다. 일본에서는 남녀가 함께 참여하는 사교의 장이 아니라 티켓을 구입한 남성 손님이 홀에 근무하는 여성 댄서들과 한 곡씩 춤을 추는 형태였다. 댄스홀은 미국에서 유행하던 '택시 댄스홀'의 형식을 취해 여성 종업원이 남성 손님에게 접객하는 유흥업으로 자리매김했다[14]. 댄스홀의 춤은 영국의 교본에 기록된 발 모양을 충실하게 따라하는 '북 댄스'가 중심이었고, 연주되는 음악에 대한 관심이 어느 정도였는지에 대해서는 의문의 여지가 있다. 댄스홀에서는 음악다방이나 응접실에서 음반을 듣거나 객석의 어둠 속에서 무대 연주를 응시하는 것과 같은 방식이 중요한 게 아니었다. 서양음악의 기본 감각(주기적인 박자나 화음 진행에 따른 곡 구성 등)이 신체화되는 가운데 음악이 연주되는 장소에서 각자가 몸을 움직이는 것이 댄스홀을 방문하는 사람들에게 중요했을 것이다.

댄스홀에서 재즈나 탱고를 연주한 것은 대부분 군악대나 외국 선박, 시중 악단 출신의 악사들이었다. 오사카의 장어집 소년 음악대 출신으로 오사카 방송국 오케스트라에 참가하고, 도톤보리 주변의 댄스홀에서 실력을 연마한 작곡가 핫토리 료이치(服部良一)는 지진 이후 오사카에서 꽃피운 카페, 댄스홀, 영화관, 극장, 요세 등을 관통하는 잡다한 현대적 오락 문화를 '도톤보리 재즈(道頓堀ジャズ)'라고 표현하고 있다.[15]

한편 중의원 의원의 아버지를 따라 미국에 건너가 악보와 악기, 레코드를 사서 귀국한 게이오대학의 기쿠치 시게야(菊池滋弥)나 도쿄제

대 출신의 가미 교스케(紙恭輔)[12]와 같이 새로운 수입 음악을 열렬히
애호하고 스스로 취미로 연주하는 부유한 젊은이들(대부분 학생)도 등
장했다. 부유한 대학생들이 외래 대중음악을 선구적으로 수용하는 경
향은 현재까지도 두드러진다. 재즈나 탱고에 국한되지 않고 전후의
컨트리나 힙합처럼 현지에서는 서민적이거나 통속적이라고 여겨지는
음악 스타일이라 할지라도, 일본에 수입되면 '외래' 교양으로 권위를
갖게 되는 수용 경향과 깊이 연관되어 있다[*16].

〈카츄샤의 노래〉 이후

1914년에는 제국극장을 발단으로 한 공연 문화와 관련하여, 노래의
형성에 레코드가 본격적으로 관여한 최초의 사례가 나타난다. 바로
신극(新劇, 서양 근대 희곡의 번역 상연)의 예술좌에서 공연된 톨스토이
작품 '부활'의 삽입곡 〈카츄샤의 노래〉이다. 이 노래는 주재자 시마무
라 호게츠(島村抱月)가 그의 서생이자 도쿄 음악학교 출신의 초등학교
창가 교사 나카야마 신페이(中山晋平)에게 명하여 만든 것으로, 주연배
우 마쓰이 스마코(松井須磨子)가 극중에서 무반주로 노래했다. 초연 후
학생층을 중심으로 인기를 얻었고, 곧 교토의 오리엔트 레코드에서
발매되어 비교적 단기간에 연극과 함께 대유행을 일으켰다.

이 곡의 유행을 다룬 저작이『유행가의 탄생(流行歌の誕生)』이라는
제목을 붙인 것처럼[*17], 서양 음악의 어법을 도입한 신작 가곡이 녹음
되어 단기간에 유행했다는 점, 그리고 녹음할 때 2번부터 5번까지의

---

12) 가미 교스케(紙恭輔, 1902~1981): 일본 최초의 본격적 재즈 플레이어. 작곡가이자 지휘
자이기도 하다.

가사가 새로 만들어져 레코드 녹음 시간에 맞춰 개작이 이루어졌다는 점에서도, 이후 음반화를 전제로 제작되는 신작가요(레코드사의 분류명인 '유행가')의 특징을 선점하고 있다. 그러나 신곡의 제작은 레코드 회사 주도가 아니었고, 녹음도 무반주로 같은 선율을 반복할 뿐이었으며, 실연에서 인기를 얻은 공연이 사후적으로 녹음되는 기존의 녹음 관행에 기반한 것이기도 했다. 그 유행에서도 거리의 연가사(演歌師)의 역할이 컸고, 음반에 녹음된 소리 자체가 유행하는 이후의 유행가의 모습과는 다르다. 실연으로 알려진 공연이 사후적으로 녹음된다는 점에서는 당시 아사쿠사 오페라나 서생절의 녹음과 공통점이 있다. 극중 노래로 인기를 얻은 예술좌는 신극 관계자들로부터 '타락했다'는 비판을 받기도 했다[*18].

　얼마 지나지 않아 예술좌는 해체되지만, 이후 나카야마 신페이는 동요 운동과 신민요 창작에 참여하여 일본에서 최초로 상업적으로 성공한 작곡가가 되었다. '동요'와 '민요'는 서양 근대 예술사상에 입각해 '어린이'와 '지방'을 이상적으로 그리는 문예운동 속에서 나온 새로운 개념으로, 당초 이를 담당한 시인들은 멜로디가 있는 노래를 만드는 것을 구상하지 않았다. 그러나 수용자 측의 요청에 의해 전문가에 의한 고정적인 작곡이 이루어지고, 발표회나 악보나 음반을 통해 수용되어 간다[*19].

영화와 실연

　복제 매체에 기반한 공연 문화로서 무성영화 시대의 반주 악사에 의한 일본식과 서양식의 절충적 합주 형태도 볼 수 있다. 가부키의 하야시(囃子)[13]와 공통된 아이디어에 기반한 반주 수법에 서양 악기와 선율이 들어간 것으로[20] 전통 가무음곡의 문맥에 서양 음악의 요소가 도입된 사례라고 할 수 있다.

또한 1926년에는 〈뱃사공의 노래〉, 〈새장에 갇힌 새(籠の鳥)〉와 같은 유행가(小唄)를 영화화한 '유행가 영화(小唄映画)'라는 형태도 등장한다[21]. 무성영화 이야기의 클라이막스에서는 축음기나 라이브 반주악단에 의해 주제가가 연주되고 관객들도 함께 합창했다. 〈뱃사공의 노래〉는 노구치 우조(野口雨情) 작사, 나카야마 신페이(中山晋平) 작곡의 신민요 계보에 속하는 곡으로, 발매된 악보가 거리의 연가사에 의해 발견되어 크게 유행했다. 한편, 〈새장에 갇힌 새〉는 연가사 돗토리 슌요(鳥取春陽)가 작곡하고 자신이 직접 부른 음반도 발매했다(〈뱃사공의 노래〉도 불렀다). 그는 오사카의 닛토 레코드(ニットーレコード)와 작곡가로서 가장 먼저 전속 계약을 맺었다. 이러한 유행은 악보, 음반, 영화와 같은 복제 매체와 거리나 공연장에서의 실연이 상호보완적인 관계를 보여주고 있다.

앞서 언급한 '도톤보리 재즈' 문화에서도 핫토리가 그 상징이라고 부르는 곡 〈도톤보리 행진곡(道頓堀行進曲)〉이 쇼치쿠좌의 영화 흥행 막간에 상영된 레뷰의 삽입곡으로 만들어졌다. 극장 전속작가인 히비 시게지로(日比繁次郎)와 악단장 시오지리 세이하치(塩尻精八)가 작사, 작곡한 이 곡은 닛토 레코드를 비롯한 여러 레코드사에서 발매되어 널리 사랑받았다. 전후에도 음곡만재(音曲漫才)[22]의 플라워 쇼의 테마곡으로, 또 우미하라 센리·마리(海原千里·万里)의 커버로도 알려져 있다.

이렇게 1910년대와 20년대 내내 '재래/외래'와 '비속/고상'이라는

---

13) 가부키 등에서 박자를 맞추며 흥을 돋우기 위해 반주하는 음악.

축이 교차하며 '가무음곡'과 '음악'의 구분이 모호해지는 다양한 실연 형태가 활자나 영화, 레코드와 같은 복제 매체와도 연계되어 형성되었다.

3. 레코드 가요의 탄생

외자계 레코드 회사의 진출

다이쇼 시대에 싹트기 시작한 복제 매체와 실연의 상호 관계에 의한 신작 가요의 유행 회로는 레코드 회사가 독점적으로 대중가요를 제작하는 체제가 확립되면서 크게 변화한다. 1947년에 콜럼비아, 빅터, 폴리도르 3사가 잇따라 일본 수입업자와 협력하여 일본 법인을 설립한다. 외자 진출의 국내적 요인은 관동대지진 이후 부흥 정책의 일환으로 사치품 수입에 대해 높은 관세를 부과하게 된 것이지만, 서양의 메이저 레코드 회사가 이전부터 추진해 온 세계 시장 과점 전략의 일환이라고도 할 수 있다[23]. 수입 원판을 일본 공장에서 프레스 및 축음기 녹다운으로 생산함과 동시에 일본에서 기획된 대중가요 음반의 제작도 시작되었다.

외자계 최초의 히트곡이 된 것은 1928년에 발매된 〈푸른 하늘(青空)〉과 〈아라비아의 노래(アラビアの唄)〉라는 미국의 두 곡이었다[24]. 두 곡모두 미국 뉴욕의 음악 출판사가 즐비한 곳의 통칭을 따 '틴·판·알레이(ティン·パン·アレイ)'(錫鍋橫丁)스타일이라고 불리는 규격화된 AABA형식의 포퓰라 송(일본에서는 '재즈송'이라고 불렸다)이었다. 아사쿠사 오페라 출신으로 당시 아사쿠사 전기관(浅草電気館)의 레뷰 가수였던 후

타무라 데이이치(二村定一)*²⁵가 불렀으며, 타악기 연주자와 부유한 대
학생 애호가들이 섞인 풀밴드가 반주했다. 이 두 곡은 미국 유학에서
귀국 후 일본방송협회의 위촉으로 음악 프로그램에 관여하고 있던 신
진 평론가 호리우치 케이조(堀内敬三)가 수입 악보에서 고른 것이다.
그가 일본어 가사를 붙여 라디오로 방송해 호평을 받았고, 그 후 콜롬
비아와 빅터 양측에 취입되었다.

　이어 앞의 두 곡과 상당히 유사한 기악 편곡과 편곡 기법을 가지고
후타무라가 부른 일본곡 〈너를 사랑해(君恋し)〉가 유행한다. 아사쿠사
오페라 출신인 사사 고카(佐々紅華)가 몇 년 전에 만든 곡을 개작한
것이었다. 또한 이듬해인 1929년에는 대일본 웅변회 고단샤(大日本雄
弁会講談社)가 '국민 잡지'를 표방하며 간행한 『킹(キング)』에 연재된 기
쿠치 간(菊池寛)의 소설을 닛카쓰(日活)에서 영화화할 때 주제가로 기획
된 〈도쿄 행진곡(東京行進曲)〉이 대유행한다. 이는 기획 단계부터 미디
어 간 협업('타이업'이라는 일본식 영어는 아직 정착되지 않았지만)에 의해
제작되는 음반 가곡의 효시라고 할 수 있다. 이미 일본 빅터와 전속
계약을 맺은 나카야마 신페이가 작곡하고, 프랑스에서 귀국한 신진
시인이자 와세다대학 교수였던 사이조 야소(西條八十)가 작사했다.

　그 후 콜럼비아에 입사한 메이지 대학 만돌린 동아리 출신인 고가
마사오(古賀政男)가 〈술은 눈물인가 한숨인가(酒は涙か溜息か)〉, 〈언덕
을 넘어(丘を越えて)〉로 일약 스타 작곡가가 되었고, 목소리가 좋은 게
이샤인 가쓰타로(勝太郎, 훗날 고우타 카츠타로[小唄勝太郎])가 빅터에서
불렀던 〈섬의 딸(島の娘)〉로 '일본풍 음악'의 스타가 되었다. 1931년에는
대일본 웅변회 고단샤가 킹 레코드를 설립하고, 이듬해에는 간사이
자본의 테이치쿠 레코드(テイチクレコード)가 설립되어 고가 마사오를

임원으로 영입하면서 대기업의 한 축을 담당하게 된다. 이로써 외자 3개사에 신흥 2개사를 더한 5개사가 시장을 과점하게 된다. 외자는 중일전쟁 이전에 철수하지만, 국내 자본이 된 3개사를 포함한 5개사의 시장 과점은 전쟁을 전후해 1960년대까지 이어진다. 한편, 외자 진출 이전부터 국내에서 음반을 제작하던 회사나 음반 가요의 인기에 편승해 신규로 진출한 회사들은 대기업에 흡수, 통합되어 도태되어 갔다.

외자계가 가져온 미국 대중가요 형식에 준거한 국산 곡들은 처음에는 '재즈송', '포크송', '유행가' 등 다양한 분류명이 음반에 적혀 있었지만, 결국 '유행가'라는 명칭으로 정착한다. 한편, 음반사 주도의 신문화인 '유행가'의 상업주의적이고 저속한 의미를 지양하려고 일본방송협회는 '가요'라는 용어를 사용했다. 이후 이 두 용어는 사용되는 맥락과 발화 주체와 그 의미는 다르지만 같은 대상을 가리키는 것으로 공존하게 된다.

일본방송협회가 음반회사에서 만든 '유행가'라는 말을 기피한 것에서 알 수 있듯이, 방송과 음반가요의 관계는 처음부터 좋은 편은 아니었다. '도쿄행진곡'이 유행할 때 이 노래의 라디오 실황공연이 예정되어 있었으나, 직전에 감독 관청인 체신성(遞信省)에서 중단을 명령했다. 이를 계기로 요미우리신문 지면에서 유행가의 찬반을 둘러싼(이라는 명목으로 실제로는 이를 비난하는) 논란도 일어났다[*26]. '유행가'를 비속한 것으로 여긴 방송협회는 1936년 '신가요'라는 프로그램을 시작하며 프로그램을 위한 신곡을 제작해 방송하기 시작했다. 같은 해 '국민가요'로 개칭된 이 프로그램은 '대중의 유행가 취향을 바로잡는 것'을 목표로 삼았다. 중일전쟁 발발 후 '국민가요'는 전시 체제를 찬양하는 노래를 많이 제작하고, 이 과정에서 음반사와도 협력하게 된다. '전시

가요' 혹은 '군가'로 불리는 일군의 노래에는 국민가요에서 음반화된 것도 적지 않다[*27].

전기 녹음에 의한 세계 음악 혁명?

그런데 미국의 문화사 연구자 마이클 데닝은 1920년대 후반 전기 녹음의 발명과 1930년대 초 세계 대공황까지의 짧은 기간 동안 세계 각지에서 동시다발적으로 새로운 음악이 탄생한 것에 주목한다. 데닝은 이를 15~16세기 유럽에서 공용어로서의 라틴어의 권위에 대한 각지의 세속어(바나큘러 언어)의 부흥에 빗대어 '바나큘러 음악 vernacular music'에 의한 세계 혁명[*28]으로 파악했다.

삼바, 탱고, 플라멩코, 훌라, 혹은 재즈와 같은 새로운 음악은 모두 사람과 물건, 정보가 국경을 넘어 왕래하는 식민지 항구도시에서 서구 근대 예술음악의 규범적 음악어법(라틴어에 해당)의 영향을 받은 지역 고유의 구어적 음악적 실천으로 싹을 틔웠다. 서양 근대 예술음악의 공식적인 서법을 벗어난 구전성과 청각성이 전기 녹음(활판인쇄에 해당)으로 기록됨으로써 독자적인 어휘와 문법으로 자리 잡게 된다. 또한 그 녹음물들은 복제 상품으로 더 넓은 범위로 유통되고, 때로는 다른 지역의 동종 형식과의 상호 영향을 통해 각각 고유한 일관된 표현 형식(각 지역의 속어에 해당)을 형성한다. 이러한 과정은 17세기부터 20세기에 식민주의를 통해 지구상의 상당 부분에 침투한 서구 근대 예술음악의 권위를 무너뜨리고, 정치적 식민지 해방에 앞서 '귀(耳)의 탈식민지화'를 촉진했다고 데닝은 주장한다.

그렇다면 전기 녹음의 결정적인 영향 아래 형성된 일본의 레코드가요는 데닝이 말하는 '전기 녹음에 의한 세계 음악 혁명'의 일부로

볼 수 있을까. 예를 들어 유럽의 현악기를 사용하여 샤미센과 같은 애절한 음색을 연주하는 이른바 '고가 멜로디(古賀メロディ)'나 오사카 관현악단과 댄스홀 밴드를 넘나들며 활동했던 핫토리 료이치(服部良一)의 민요와 속요의 재즈화, 게이샤 가쓰타로(芸妓勝太郎)로 대표되는 일본식 서양악기를 병행한 접대 음악(座敷調) 등, 서양 근대 예술 음악의 기본적인 어법과 다른 지역에서 형성된 바나큘러 음악과 재래적인 감각이 융합된 독자적인 새로운 혼성적 음악 스타일이 전기 녹음을 매개로 형성되었다는 점에서는 위의 바나큘러 음악군들과 공통점이 있다.

그러나 일본에서는 외자 주도의 전기녹음을 매개로 한 새로운 사운드는 메이지 이후 '음악'의 규범을 내면화한 엘리트들에 의해 '저속하다'는 비난을 받는 한편, 제국의 근대 문화를 구현하는 새로운 상품으로서 생활양식의 서구화 증표 중 하나로 받아들여진 것 같다. 다르게 말하면 일본은 문화적으로는 서구의 패권적 영향에 종속된 반면, 정치적으로는 명백한 식민지 제국으로서 일종의 '유사 서구'로서 행동하려 했기 때문에, 바나큘러 사운드를 통해 제국의 사운드에 도전하는 사상과 실천을 가질 수 없었던 것일지도 모른다.

좀 더 구체적인 맥락에 주목한다면, 외자계 음반사가 구축한 수직적 통합적 제작 시스템으로 인해 실연(実演)의 장과의 관계가 희박해지면서 잡다한 실연 문화 속에서 연주자와 관객의 신체를 통해 길러진 실천 중 목소리 영역만 분리되어 오히려 '식민지화'되었다고 할 수 있을 것 같다.

전속 제도

외자계 음반사는 가수뿐만 아니라 작사가, 작곡가, 편곡가, 악단까지 각 사의 전속 스태프로 신곡 제작을 진행했다. 가수와 음반사의 전속 계약은 세계적인 관행이지만, 작가와 반주 악단까지 전속으로 두는 것은 드문 일이다. 이 '전속 제도'는 1960년대 후반까지 음반 가요의 가장 큰 특징이 된다. 국산 곡의 경우 한 곡이 여러 회사에서 다른 버전으로 발매되는 것은 불가능했고, 소속사를 달리하는 작사가, 작곡가, 가수가 팀을 이루는 것도 불가능했다.

이 전속제도는 외자계 음반사의 시장 과점 전략의 일환으로 볼 수 있는데, 당시 미국의 상업음악 제도와는 현저하게 다르다. 미국에서는 음반사에 앞서 음악 출판사 중심의 상업음악 회로가 형성되어 있었다. 음반사와 계약을 맺은 작곡가가 만든 곡이 무대나 영화, 라디오에서 다양하게 연주되고, 각 음반사의 가수들에 의해 여러 버전이 제작되면서 음반사는 더 큰 수익을 올리게 된다. 이른바 '스탠다드 넘버'는 그러한 회로를 전제로 성립한다. 하지만 일본에서는 음반사가 음악 출판사의 기능을 겸하고 있기 때문에 하나의 곡이 다양한 실연의 장을 통해 표준이 되는 것이 아니라, 특정 가수와 녹음된 사운드가 매우 강하게 연결되게 되었다.

음반사와 전속 계약을 맺은 가수에게 음반 녹음 이외의 활동은 부차적인 것이 되었다. 목소리가 좋은 게이샤로 인기를 얻은 가쓰타로는 레코드 가수로 성공한 뒤 얼마 지나지 않아 게이샤의 자격을 버리고 빅터 전속이 되어 접대 활동을 중단했다. 물론 유행한 레코드 가요가 요세나 극장, 접객장, 거리에서 변형되거나 다른 예능과 혼용되어 공연되는 일은 당연히 있었을 것이다. 예를 들어, 1934년 딕 미네가 일본

어 가사를 붙여 유행한 재즈곡 〈다이나(ダイナ)〉를 전용(転用)한 에노모토 겐이치(榎本健一)의 〈다이나〉('마시게 해 주세요' 등의 말장난을 가사로 바꾼 노래)나 아키레타 보이즈(あきれたぼういず)의 〈로쿄쿠 다이나(浪曲ダイナ)〉(나니와부시[浪花節]의 도라조부시[虎造節]와 절충) 등의 기록이 남아있다. 이들은 원곡이 외국곡이었기 때문에 예외적으로 녹음과 발매가 가능했다고 볼 수 있다.

레코드사가 아닌 배우가 참여한 공연이 레코드화되는 회로는, 예를 들어 쇼치쿠(松竹)나 도호(東宝) 같은 거대 자본이 뒷받침하는 영화나 레뷰를 레코드사가 협업하는 것으로 사실상 한정되었다. '노래하는 영화배우'(이 호칭 자체가 영화배우가 보통 노래를 부르지 않았다는 것을 보여준다) 다카다 고키치(高田浩吉)나 영화 〈아이젠가발〉의 주제가 〈여행의 밤바람〉 등은 쇼치쿠와 콜럼비아의 협력관계에 기반하고 있다. 이는 물론 영화의 토키(トーキー)화[14]와 병행하여 반주 악사들이 레코드 회사로 전향하는 경우도 없지 않았으나, 폐업에 내몰리거나 친돈야로 유입되는 경우도 많았다. 또한 거리의 연가사들은 새로운 노래를 만들어 보급하는 기능을 상실하고, 레코드 가요를 포함한 기존의 유행가를 연주해 생계를 유지하는 부수적인 연가사(演歌師, 속칭 '나가시[流し]'라고 불렸다)로 주변화되었다.

즉, 레코드 가요는 사전에 산업적으로 기획된 '타이업'을 제외하고는 가수나 연주자에 대한 청각 외의 정보를 갖지 않는 측면, 혹은 취입된 소리가 실제로 연주되는 장소에 대한 상상력을 불러일으키지 않는

---

14) 토키는 음성이 들어간 영화를 의미한다. 즉 여기서는 무성영화에서 음성·발성 영화로 바뀌는 시대적 배경을 가리킨다.

순수한 음향적 구축물로서의 측면을 처음부터 강하게 가지고 있었다고 할 수 있다. '사운드스케이프'라는 개념을 제창한 작곡가이자 음악이론가 마리 셰퍼는 소리의 전기적 재생에서 원래의 음원을 특정할 수 없는 상태를 '음 분열증 schizophonia'라고 불렀는데[29], 일본의 레코드 가곡은 처음부터 음 분열증적인 미디어로 성립했다고 할 수 있다. 라고도 할 수 있다.

도쿄음악학교 재학 중이던 마스나가 다케오(增永丈夫)가 학교 밖에서의 연주가 금지되어 '후지야마 이치로(藤山一郎)'라는 가명으로 숨어서 노래를 불렀다는 이야기나, 같은 학교 재학 중이던 마쓰바라 미치오(松原操)가 '복면가수 미스 콜롬비아'로 팔려 나갔다는 등, 가요사에 잘 알려진 에피소드는 모두 도쿄음악학교의 편협함을 이야기할 뿐만 아니라, 레코드 가요가 구체적인 실연의 맥락이나 가수의 신체와 분리된 '목소리만'의 미디어였음을 뒷받침하고 있다.

전속제도는 스태프의 사회적 지위와 수입의 안정성을 보장하고, 작가나 연주자의 착취를 어느 정도 막았다는 점에서 음악가 측에도 일정한 이점이 있었다고 볼 수 있다[30]. 그러나 시중의 다양한 음악(가무음곡) 실천 속에서 길러지는 창의성과 혁신성을 지속적으로 수용하는 것을 저해하는 요인이 되기도 했다. 그 결과, 1926년에 성립된 레코드 가요의 기본적인 사운드는 대체로 1970년 전후한 시점까지 크게 변화하지 않고, 그 이후에도 현재까지도 '엔카(演歌)' 장르 안에서 존속하게 된다.

4. '목소리만의 노래'와 그 재(再)신체화

지금부터는 레코드 가요의 영역 내에서의 변천을 추적하는 것이 아니라, 일단 실연의 맥락과 단절된 '목소리만의 노래'가 어떻게 신체적 실천과 다시 연결되었는지에 주목하여 몇 가지 주제를 언급해 보고자 한다.

표준적인 본오도리(盆踊り) 발명

1933년 여름, 일본 빅터가 제작한 〈도쿄 춤곡(東京音頭)〉이 전국적으로 유행하였다. 그러면서 음반에 맞춰 북(太鼓)의 라이브 연주를 적절히 가미하고 유카타를 입은 채 안무를 맞춰서 춤을 추는, 즉 현재까지도 많은 지역에서 실천되고 있는 표준적인 본오도리 형태가 발명되었다. 본오도리는 성적인 일탈과도 자주 연관되어 메이지 이후 자주 금지령이 내려졌고, 이에 따라 '개량'의 움직임도 나타났다[*31]. 그러나 '제국'을 축하하는 〈도쿄 춤곡〉의 폭발적인 인기와 만주사변(1931년) 이후 민족주의의 고조와도 맞물려 건전한 공동체적 오락으로 재편된다. 같은 음반에 맞춰, 그것도 레코드 회사가 제정하고 강습회를 통해 보급한 통일된 안무를 추는 것은 공동의 춤추는 신체의 쾌감을 불러일으키는 한편, 그것이 전시 체제를 향해 국가적으로 동원되어 말 그대로 '춤추게 되는' 위험성도 내포하고 있었다[*32].

전후에도 미디어화된 본오도리는 지역 공동체의 변화에 따라 TV 애니메이션의 여름 테마곡을 비롯해 때때로 유행하는 음악을 도입하면서 다양한 형태로 만들어지고 있다. 또한, 아마도 동일본 대지진 이후 진혼(鎮魂)과 공동체의 재생을 목표로 하는 본오도리 실천도 다양하게 이루어지고 있다. 그러나 녹음된 음악에 맞춰 미리 정해진 안무를 추는 〈도쿄 춤곡〉 이래의 기본 형태는 대부분 유지되고 있다.

또한 정해진 춤의 보급을 통해 음반을 판매한다는 선전 방식은 '뉴리듬'이라 불리는 1950년대 후반 이후의 외래 댄스 음악에서도 계승되어 간다[33]. 음반마다 정해진 안무를 익혀 다수가 모여서 추는 춤의 방식은 현대의 아이돌 문화는 물론, 1970년대 디스코에서 추는 춤이나 거기서 파생된 파라파라에도 계승되고 있다. 지금은 학교 교육에 도입된 '현대적 리듬의 춤'이나, 인터넷에서 아마추어가 올리는 댄스 동영상도 기본적으로 그 흐름에 있다고 할 수 있다. 〈도쿄 춤곡〉이후 본오도리 춤의 다양성에 대해서는 최근 문화사적 관심이 집중되고 있지만[34], 춤추는 행위의 자발성이나 신체적 쾌락과 안무의 제도화·산업화 사이의 갈등을 어떻게 볼 것인가 하는 문제는 여전히 남아있다.

전쟁 중과 전쟁 후의 연속

만주사변부터 패전까지의 15년 전쟁은 본오도리 춤의 열광만이 아니라 대중적인 음악 환경 전체에 큰 영향을 미쳤다. 〈바다에 가면(海行かば)〉, 〈애국행진곡(愛国行進曲)〉, 〈기원 2천6백년(紀元二千六百年)〉이나 일련의 '국민가요'가 전시 중 라디오의 보급을 배경으로 전국 방방곡곡에서 들려오기 시작했다. 직장에서의 여가 활동으로 음악 실천을 장려한 후생음악운동도 전후부터 현재까지 이어지는 취주악, 합창 등 아마추어 음악 실천의 번영을 가능하게 했다. 그러한 과정에서 지금까지보다 더 많은 사람들이 서양 근대 예술음악에 준거한 음악 어법에 익숙해져 간 것도 사실일 것이다.

기존의 서양음악 수용사 연구에서는 서양예술음악의 어법과 가치관을 익힌 엘리트 음악가들의 전시체제하 활동에 관심이 집중되어 왔지만, 그것들은 서양음악 수용사의 '암부(어두운 부분)'로 여겨져 왔다[*35]. 그러나 어떤 면에서 전쟁 중 서양음악의 확대는 근대 일본에서 ('가무음곡'이 아닌) '음악'이 국가의 통치기술의 일부이며, 패권적인 '제국의 소리'에 지나지 않았다는 것을 뒷받침하는 것으로 볼 수도 있다.

이러한 '위로부터'의 '진지한' 음악 보급과 구별할 수 있는 '아래로부터의' 오락(가무음곡)과 관련된 움직임으로, 전쟁 중 위문이나 부대 내 또는 동원된 직장에서의 연회 및 그 전쟁 후 전개에 주목하고 싶다. 패전 직후에는 급조된 극장과 거리에서 다양한 아마추어 예능이 넘쳐났고, 그 가운데 소녀가수 미소라 히바리(美空ひばり)가 등장한다[36]. 그것은 '전쟁 후 혼란'으로만 이해되어야 할 사안이 아니다. 그녀의 전기에는 아버지의 출정 때 〈구단[15)]의 어머니(九段の母)〉, 〈출정병을 보내는 노래(出征兵士を送る歌)〉 등을 부른 것이 평판을 얻어 이후 출정병을 위한 행사 및 병사들을 위한 위문에 초청을 받았다는 점이 강조되어 있다.

아마추어의 노래가 인기를 얻는다는 점에서는 1946년 방송을 시작해 순식간에 폭발적인 인기를 끌었던 라디오 '목청자랑(のど自慢)'(당초 프로그램명은 '목청자랑 아마추어 연예회'였다)도 같은 맥락이라고 할 수 있다. 음반 산업의 부흥이 아직 진행되지 않고 구매력도 낮았던 이 시점에서 〈사과의 노래(リンゴの唄)〉, 〈이국의 언덕(異国の丘)〉 등 전후 초기 노래의 유행은 '목청자랑'의 영향력에 힘입은 바가 컸다[*37]. 달인이 아닌 일반인의 노래가 방송된다는 것은 그간 라디오의 상명하복식

---

15) 도쿄의 지명으로 야스쿠니 신사가 위치해있다.

성격이 큰 전환을 맞이했음을 보여준다. 사실 '목청 자랑'은 점령군의 라디오 민주화 지령에 의해 발안된 프로그램이기도 했다. 그러나 지령을 받은 방송 관계자가 아마추어의 노래를 전파에 실어주는 것을 생각하게 된 계기는 출정 중의 연예회 기억이었다[*38].

또한, 주로 농촌에서는 청년단을 중심으로 〈야쿠자 오도리(やくざ踊り)〉라는 무용을 중심으로 한 연극이 인기를 끌고 있었다[*39]. 이는 1935년을 전후한 시점에 유행한 쇼지 타로(東海林太郎)[16]의 〈마타타비모노(股旅物)[17]〉이라는 유행가 레코드에 맞춰 여장 등 화려한 분장을 하고 엉터리로 춤을 추는 것으로, 지금도 이와테현 도노시(遠野市)에서 '마타타비모노 무용전국대회(股旅舞踊全国大会)'가 열리는 등 민속 예능에 가까운 형태로 실천되고 있다. 레코드 가요를 주요 구성요소로 하는 신체문화로서, 1980년대 이후 '대중연극'으로 불리게 되는 여행극의 무용쇼나 이른바 '신무용'(가요무용)과의 연속성을 생각해 볼 때에도 매우 흥미로운 사례이지만, 아직 본격적인 연구는 이루어지지 않고 있다.

좌파의 음악 운동

한편, 전후에 지지를 모은 좌파 세력과 관련된 음악운동도 큰 영향력을 발휘했다. 1948년 일본청년공산동맹(현 일본민주청년동맹) 중앙합창단이 발족하면서 '노래소리 운동(うたごえ運動)'이 개시된다[*40]. 전쟁

---

16) 쇼지 타로(東海林太郎, 1898~1972): 전쟁 전부터 전후까지 활약한 유행가 가수. 로이드 안경을 쓰고 연미복을 입은 채 부동으로 노래하는 것이 특징이었다.
17) 마타타비모노는 도박사의 유랑 생활을 주제로 한 영화나 소설을 의미한다.

전부터 프롤레타리아 예술운동에 참여했던 성악가 세키 아키코(関鑑子)가 지도자가 되고, 역시 프롤레타리아 예술운동 출신으로 시베리아 억류 중 소련의 음악정책에 영향을 받은 첼리스트 이노우에 요리토요(井上賴豊)가 이론적 중심이 되었다.

음악을 통한 평화운동으로 1950년대 중반에 큰 영향력을 발휘하여 노동가, 혁명가, 러시아 민요, 편곡된 일본 민요 등이 불려졌으며, 그중에서도 러시아 민요[41]가 인기를 끌었다. 또한 감상운동으로 노동자 음악협의회가 1949년 오사카에서 발족하여 전국적으로 유사한 단체가 설립되었다[42]. 양자의 차이는 결코 작지 않지만, 적어도 1950년대까지만 해도 양자는 모두 서구 근대 예술음악(및 그 필연적 발전 형태로서의 사회주의권 예술음악)의 가치체계를 전제로 하면서 자기 진영의 음악적 정당성을 주장하고, 기존 유행가의 상업성과 저속성을 명확하게 '적'으로 규정했다. 그러나 초기부터 탱고, 재즈 등 외래 대중음악을 클래식에 준하는 음악(세미클래식이라는 용어가 자주 사용되었다)으로 받아들인 노동자 음악협의회는 1950년대 후반부터 일본 청중을 상대하기 시작한 미군부대 출신 음악가들에게도 연주 기회를 제공했다.

이러한 운동들이 다소 오락화된 형태가 되며 노래방이 젊은이들의 간편하고 건전한 여가활동으로 인기를 얻는다[43]. 이런 자리에서는 기본적으로 '저속'하다고 여겨지는 유행가는 기피되었고, 노래소리 운동의 레퍼토리 외에도 학생가, 산악가(山岳歌) 등이 불려졌다. 1960년 전후부터 이들 노래를 전문으로 하는 다크 닥스 같은 직업적 합창단이 음반을 녹음하거나, 노래방에서 불리우며 정착된 작자 미상의 노래(〈북상야곡(北上夜曲)〉, 〈북귀행(北帰行)〉 등)가 음반화되면서 상업적 음반 제작과 연결되는 회로가 형성되어 간다. '민요'의 익명성과 민중성을 겸비한 건전한 노동가요라는 의미는 미하시 미치야(三橋美智也)를 필두로 1950년대 후반에 융성했던 '민요풍'의 레코드 가요에도 공통점이 있다[44]. 1960년을 전후해서 큰 인기를 누렸던 미하시는 홋카이도에서 태어나 어린 시절부터 민요 가수로 순회 공연단에 들어가 가계를 꾸려나갔다. 19세에 상경해 정규 고등학교에 다니면서도 목욕탕에서 보일러공으로 일하거나 민요를 가르치러 다니는 '근로 청년'이었다. 인기 가수가 된 이후에도 이런 경력이 그의 가수로서의 이미지의 핵심이었다.

텔레비전과 냉전

기존 레코드 가요를 '저속하다'고 여기는 경향은 전후 미국 음악의 영향과 맞닿아 있는 부분도 있었다. 미군 캠프에서 커리어를 시작한 음악가들은 당연히 미국계 대중음악[45]만을 레퍼토리로 삼았지만, 점령이 끝나고 한국전쟁이 휴전된 이후에는 일본 청중을 상대하게 되었다[46]. 재즈 콘서트의 붐과 컨트리&웨스턴에서 파생된(그리고 일본에서 자리매김한) 로커빌리[47]의 붐은 눈앞에 있는 미군 장병들을 즐겁게 하는데 주력해 온 연주자들의 실연 능력에 기인한다. 앞서 언급했듯이 이들 음악가들은 노동자 음악협의회의 무대와도 친숙했지만, 결국 TV를 주요 활동 무대로 삼게 된다. 미군 캠프의 음악가 매니지먼트에서 출발한 와타나베 프로덕션(渡辺プロダクション)은 TV 프로그램 제작에도 관여하며 영어권의 새로운 유행 음악을 소개하는 주요 매개체가 되었다.

방송작가 에이 로쿠스케(永六輔)가 작사하고 미군 캠프의 인기 재즈 피아니스트였던 나카무라 하치다이(中村八大)가 작곡했으며 로커빌리 가수 사카모토 큐가 부른 〈위를 향해 걸어가자(上を向いて歩こう)〉[48]는

TV 버라이어티 프로그램 〈꿈에서 만나요(夢であいましょう)〉의 '이 달의 노래'로 만들어졌지만, TV 프로그램이 기존의 유행가와는 다른 노래를 제작한다는 지향점은 말할 것도 없이 '국민가요'로부터 전후 '라디오 가요'로 이어지는 계보 위에 있다. 에이는 이 프로그램에 참여하기 전부터 오사카 노동자 음악협의회에서 뮤지컬 제작에 열중하고 있었는데, 뮤지컬 주제곡 중 하나인 〈올려다봐요 밤의 별을(見上げてごらん夜の星を)〉은 후에 사카모토 큐(坂本九)[18])에 의해 레코드화되어 그가 출연하는 TV에서 자주 불려졌다. 이 곡의 작곡가 이즈미타쿠(いずみたく)는 산촌공작대(山村工作隊)[19]) 출신의 좌파 음악 엘리트였으나, 노래 작곡가로 전향해 노동자 음악협의회에도 관여했다. 좌파적인 음악운동과 냉전 시기 미국의 문화정책의 영향을 크게 받은 텔레비전은 '저속한' 레코드 가요와는 다른 음악을 지향한다는 점에서 상생을 이룰 수 있었다고 할 수 있다[*49].

　1960년대 후반에 나타난 포크송도 미디어를 통한 미국 최신 유행 음악의 수용이라는 측면과 그것과 구분되는 종종 반미적인 좌파적 문화운동으로서의 측면을 함께 포함하고 있었다. 당시 떠오르던 청소년 패션잡지에서 미국 동부 해안가 명문대생들의 평상복을 모방한 '아이비 패션'과 함께 '미국 엘리트 대학생들의 유행'으로 소개되었고, LP 레코드라는 새로운 미디어의 영향도 받으면서 부유한 학생층의 모방 실천을 불러일으켰다.

18) 사카모토 큐(坂本九, 1941~1985): 일본의 가수, 배우, 연기자, 사회자. 본명은 사카모토 히사시이지만 '구 짱(일본발음으로는 큐 짱)'이라는 애칭으로 불렸다.
19) 1950년대 전반에 일본 국내의 무장토쟁을 지향한 일본공산당의 비합법 극좌테러조직.

한편[*50], 베트남 반전을 비롯한 정치적 주장을 담고 청중과의 직접적인 소통을 지향하는 음악으로 노동자 음악협의회와도 매우 친밀하며, 잘 알려진 나카츠가와(中津川) 포크 잼버리를 주최한 것은 나카츠가와 노동자 음악협의회였다[*51]. 참고로 포크와도 관련이 깊은 영어권 젊은이들의 음악인 록은 1966년 비틀즈의 일본 공연 이후 텔레비전을 통해 'GS(그룹사운드)'라는 일본식 영어 명칭으로 대중에게 받아들여졌다. 하지만 이와 다른 한편으로 애호가층에서는 음반을 통한 서양음악 숭배가 강해져 일본인에 의한 실천을 경시하는 경향이 두드러졌다. 음반을 통해 서양음악을 좋아하는 부유한 젊은이들의 취미 동아리 활동을 넘어, 록이 독자적인 문화적 실천으로서의 맥락을 갖기 시작한 것은 이른바 '라이브하우스'가 증가하고 '인디'라 불리는 자체 제작 음반이 주목받기 시작한 1980년대 이후부터라고 할 수 있다.

전속 제도의 해체

1960년대를 통해 음반 가요의 전속 제도 밖에서 외국곡의 커버, GS, 포크 등 젊은 층을 겨냥한 외래 음악 스타일의 음반 제작이 진행된다. 그 주체는 레코드사의 서양음악부나 연예기획사, 음악출판사나 방송국이었다[*52]. 특히 1960년대 후반의 GS 붐으로 전속제도를 벗어나며 국내 제작 음반이 번성하였다. 작사에서는 아키유(阿久悠, 전 방송작가), 나카니시 레이(なかにし礼, 전 샹송곡 번역가), 작곡에서는 스기야마 고우이치(すぎやまこういち, 전 방송국 디렉터), 쓰쓰미 교헤이(筒美京平, 전 레코드사 서양음악 디렉터) 등이 음반사와 전속계약을 맺지 않은 채 직업적 작곡가로서 1970년대 이후 음반 가요 제작의 중심이 되어간다. 이를 담당한 스튜디오 뮤지션이나 레코드 디렉터는 GS나 포크

출신의 젊은 연주자가 전향한 경우도 많았다.

전속 제도 밖에서 제작되는 청소년 음악 중 전문 작곡가의 곡을 부르는 젊은 가수는 '아이돌'이라 불렸고, 자작곡은 '뉴 뮤직'이라 불렸다. 아이돌은 텔레비전을 주 활동무대로 삼고, 뉴 뮤직은 텔레비전을 기피하고 라디오와 콘서트를 활동의 중심으로 삼았지만, 뉴 뮤직의 자작곡가들은 종종 아이돌에게 곡을 제공하는 작곡가이며, 뉴 뮤직의 음악가들이 텔레비전의 CM송으로 상업적으로 성공하는 경우도 많았고[53], 당시 의식된 만큼의 대립이 있었던 것은 아니었다. 뉴뮤직이라 불리는 자작 자작적인 음악의 융성에는 야마하 음악 진흥회나 악기점이 주최한 아마추어 대상 콘테스트가 전국적으로 확대된 것도 관련이 있다. 아마추어의 음악 활동이 활발해진 반면, 활동의 '본보기'이자 '목표'로서 레코드의 규범성은 더욱 강화된 것으로 보인다.

엔카의 탄생

GS 붐 이후 전속제도를 벗어난 젊은 층의 음악 제작이 활발해지면서 기존 레코드 가요의 곡조가 상대적으로 고루하고 장년층을 위한 것으로 여겨지게 된다. 그래서 구식 레코드 가요를 특징짓기 위해 만들어진 새로운 호칭이 '엔카(演歌)'이다[54]. 레코드 회사 입장에서는 낡은 양식을 '전통적', '일본적'으로 바꿔 부르는 것이 수명을 연장하는 데 유리했고, 새로이 주류가 된 젊은층 음악 쪽에서도 이를 대비시킴으로써 자신들의 새로움이나 젊음, 서양풍의 분위기를 강조할 수 있었다.

흥미로운 것은 여기서 '엔카(演歌)'(초기에는 다이쇼 말기 이후 사용되기 시작한 '艶歌'라는 표기가 우세했다)라는 호칭이 소환되었다는 점이다. 1960년대 중반까지 이 단어는 떠돌이 연가사(流しの演歌師)를 가리키는 맥락에서 사용되었으며, 고마도리 자매(こまどり姉妹)나 키타지마 사부로(北島三郎) 등 연가사 출신 가수를 '연가조((演[艶]歌調)'라고 부르거나 '오시자키코우타(お座敷小唄)' '마츠노키코우타(まつのき小唄)' 등 밤거리에서 자연 발생적으로 유행하는 속된 노래를 가리키는 데 사용되었다[*55]. 이 말을 '술집의 수세미가 부르는 듯한 구태의연한 유행가'라는 의미로 전용한 것은 소설가 이쓰키 히로유키(五木寬之)다. 그 배경에는 유행가의 저속성을 비난하는 구좌파–진보파에 대한 신좌파적 사고방식을 가진 신흥 문화인들의 도전이 있었다. 그 당시 구식이 되어가는 레코드 가요의 소리에 풀뿌리적인 민중성을 담으려 할 때, '밤의 유흥가'라는 구체적인 장소와 실천가의 이미지가 소환되면서 '엔카'의 윤곽이 잡혔다고 할 수 있다.

　또한 이쓰키 등의 담론에서는 '울부짖음(うなり)'이나 '주먹(こぶし)'을 피억압자의 목소리로 해석하는 경우가 많았지만, 이러한 기법은 나니와부시에서 유래한 것으로 1950년대 말 이후 나니와부시의 인기가 쇠퇴하면서 미나미 하루오(三波春夫), 무라타 히데오(村田英雄), 후타바 유리코(二葉百合子) 등 로쿄쿠시(浪曲師)[20]에서 유행가 가수로 전향하는 이들이 등장했다. 이들은 부분적으로 레코드 가요에 편입되었는데, 이들에게는 그들의 출신인 주변인으로서의 나니와부시의 이미지도 들어가 있었다. 상술한 데닝의 논의를 끌어오면, 전기 녹음에 매개된 반어적 '소음'에 저항적 의미를 읽어내려는 지적 담론이 약 40

20) 로쿄쿠는 나니와부시라고도 한다. 로쿄쿠부시는 샤미센을 반주하며 독특한 절과 이야기를 읊는 예능인으로, 본문에서는 나니와부시의 인기가 시들해지면서 이들이 유행가 가수가 되었다고 한다.

여 년의 세월을 거쳐서야 비로소 형성된 것이다. 그러나 그 시점에 이미 나니와부시는 쇠퇴했고, 밤 번화가의 연가사 및 떠돌이 가수도 주크박스와 유선방송의 보급으로 쇠퇴해가고 있었다.

　이렇게 장르화된 '엔카'는 1970년대 말 이후 가라오케라는 설비가 급속히 보급된 것과 '일본인론(日本人論)'이라는 문화민족주의 담론의 융성과 맞물려 종종 '국민적인' 음악 형태로까지 여겨지게 되었다. 가라오케에서 불려짐으로써 과거의 레코드 가요와 새롭게 제작되는 '엔카'와의 연속성이 상상적으로 만들어진다. 레코드 가요는 앞서 말했듯이 신체와 분리된 '음 분열증적'인 뉴미디어였지만, 가라오케에서 부르는 것을 전제로 만들어진 신곡 '엔카'와 같은 맥락에서 불려짐으로써 그 연속성이 신체적으로 의식된다.[21] 이로써 가라오케라는 장치가 일본 '노래'의 역사를 체현하고, 거기서 '엔카적'인 것이 마치 일관되게 주류였던 것처럼 생각하게 된다.

　가라오케는 고베의 술집에서 노래를 부르는 것을 생업으로 하는 이노우에 다이스케(井上大佑)라는 인물이 발명했다고 알려져 있지만[*56], 아이러니하게도 '엔카'라는 단어에 구체적인 윤곽을 부여한 '떠돌이 연가사(流しの演歌師)'라는 직업 자체가 가라오케의 보급에 의해 쇠퇴를 맞이하게 되었다.

　현재의 엔카는 가라오케 카페나 교실, 발표회나 경연대회 등 아마추어의 적극적인 참여와 경제활동으로 유지되는 장르로서 명맥을 유

---

21) 청음 위주의 레코드 가요가 가라오케와 엔카의 범주에서 '노래를 부른다'라는 신체성으로 연결된다. 이는 그 이전의 레코드 가요, 녹음되고 불리는 엔카와 가라오케의 연속성이라는 환상을 신체적으로 환기시키며, 이 환상이 엔카와 가라오케를 이전부터 있었던 전통으로 여기게 만든다.

지하고 있다. 가라오케 스낵에서의 '영업'부터 각종 대회의 게스트나 심사위원 파견, '프로'의 레슨, 가수가 제작비를 부담해 레코드사에서 발매하는 '개인 음반' 제작까지, 레코드사의 이익으로 연결되는 구조가 아마추어 활동의 구석구석에 스며들어 있다.

가라오케의 전개

처음에는 중장년층이 공공의 사교장에서 엔카를 부르던 가라오케는 1980년대 말부터 가라오케 박스라는 형태로 개인화되어 보급되어 갔다. 그 속에서 젊은이들이 가라오케에서 부르기에 적합한 노래 스타일이 형성되었다. 1990년대 중반부터 'J-POP'으로 불리게 되는 주류 레코드 가요군은 그 명칭 자체의 유래나 의미는 차치하더라도 기본적으로 가라오케에서 불리는 것을 통해 유행했고, 가라오케에서 부르는 '모범'으로서 CD가 팔리고 있었다고 봐도 무방할 것이다. 한편, 대중적 침투에도 불구하고 음반 가요의 영역에서 주변화되어 온 애니메이션 관련 노래(이른바 '애니송')나 아마추어가 제작하여 인터넷을 통해 확산되는 보컬로이드 곡들도 가라오케에서 불림으로써 공유되고, 또한 통신 가라오케를 통해 그 인기가 데이터로 가시화되면서 그 중요성을 재인식하게 되었다고 할 수 있다. 이처럼 가라오케가 현대 음악 문화에서 차지하는 역할은 크다.

가라오케는 한편으로는 사람들의 능동적이고 참여적인 음악적 실천으로서 '음 분열증적' 매체로 형성된 레코드 가요를 다시 신체화하여 종종 술자리와 연결되는 '가무악곡'의 맥락으로 되돌려 놓았다고 할 수 있다. 세계 각지에서 각기 다른 방식으로 가라오케가 수용되고 토착화되는 과정도 매우 흥미롭다[57]. 그러나 일본 가라오케의 가창을 특징짓는 레코드와 같은 반주에 마이크를 들고 혼자 노래하고 싶은 욕망은 특정 가수와 특정 곡과 특정 사운드의 결합을 전제로 하는 레코드 가요의 관습에 규정되어 있다. 또한 최근 노래방에서는 채점 기능이 필수로 자리 잡았고, 이를 이용해 프로 가수들이 점수를 겨루는 TV 프로그램도 활발하게 제작되고 있다. 이는 어떤 '본보기'를 전제로 그 숙련도를 누군가에게(그것이 AI라 할지라도) 평가받아야 하고, 그것을 겨루는 것이 곧 '음악하는 것'이라는 메이지 이래의 저주가 아직 풀리지 않았다는 것을 보여주는 것일지도 모른다.

연결고리

본 장에서는 근대 일본의 대중음악에 대해 쇼와 초기의 레코드 가요(유행가/가요)의 형성을 분수령으로 삼아 개괄했다.

일본은 적어도 1960년대 후반부터 미국에 이어 세계 제2의 레코드 산업 규모를 가지고 있으며, 1990년대에는 시부야가 세계에서 가장 많은 아날로그 레코드가 모이는 도시로 불렸고[58], 2012년에는 음악 소프트웨어의 판매량이 미국을 넘어 세계 최대가 되었다[59]. 이러한 점에서도 알 수 있듯이, 일본은 레코드 음악의 애호나 소비에 대해서는 매우 적극적이라고 할 수 있다. 반면 음반 음악을 '음악 그 자체'로 간주하는 경향, 혹은 라이브 연주를 음반 음악의 재현으로 간주하는 경향이 유난히 강한 것 같아 필자는 음악학자로서 그 점에 의문을 느껴왔다.

본 장에서는 그러한 입장에서 실연의 맥락을 특히 중시하고, 일상적이고 오락적인 실천이며 종종 '저속한' 것으로 간주되는 '노래하고 춤추는 행위'로서의 '가무악곡'과 완제품으로 수입되는 권위적인 '음악'이라는 다소 소박해 보일 수 있는 이분법을 강조하고, 명확하게 전자에 어깨를 나란히 했다. 그것은 '대중음악이란 상품화된 오락음 악, 즉 레코드 가요를 말한다'는 입장을 취하는 것이 아니라, 근대 일 본 문화사의 흐름 속에서 '외자계 레코드사에 의한 레코드 가요의 성 립'이라는 사건의 의의와 영향력의 크기를 비판적으로 검토하기 위함 이었다.

　본 장 집필 시점에서 신종 코로나 바이러스 감염증의 영향으로 사람 들이 모여서 노래하고 춤추는 것은 생업으로 하든 취미로 하든 사실상 금지되어 있다. 이번 사태를 거치면서 음악 문화에서 '공연'의 의미가 어떤 형태로든 변모할 것임은 분명하다. 그것이 어떤 변화인지는 누구 도 알 수 없지만, 목소리와 소리를 동반한 사교라는 가무악곡의 의미 가 다시 한 번 재조명되기를 은근히 바란다.

원저자 주

*1　細川周平, 『近代日本の音楽百年第三巻レコード歌謡の誕生』(岩波書店, 二〇二〇年).

*2　細川周平, 『近代日本の音楽百年第一巻洋楽の衝撃』(岩波書店, 二〇二〇年), 鈴木聖 子『〈雅楽〉の誕生——田辺尚雄が見た大東亜の響き』(春秋社, 二〇一九年), 奥中康 人『国家と音楽——伊澤修二がめざした日本近代』(春秋社, 二〇〇八年).

*3　野村あらえびす, 『音樂は愉し——黎明期音盤収集家随想』(音楽之友社, 二〇一四年).

*4　민족음악학자인 토마스 투리노는 음악을 실연과 녹음으로 나누어 전자를 '참여형'과 '상연형'으로, 후자를 '상연형' 음악을 충실하게 기록하고자 하는 '하이파이형'과 녹음 물 자체를 작품으로 구성하고자 하는 '스튜디오 아트형'으로 분류한다. '하이파이형' 이 준거하는 실연의 맥락이 희박한 일본에서 음반을 통한 음악 수용은 필연적으로 '스튜디오 아트형'에 가까워지는 경향을 띠게 되었다고 볼 수 있다. トマス・トゥリノ 『ミュージック・アズ・ソーシャルライフ——歌い踊ることをめぐる政治』(野澤豊一・ 西島千尋訳, 水声社, 二〇一五年).

*5　寺内直子, 「東京音楽学校邦楽調査掛『雅楽記譜法扣』」(『日本文化論年報』三, 二〇〇

〇年)、大久保真利子「邦楽調査掛による長唄の五線譜化―事業の実態と再評価―」(『日本伝統音楽研究』九、二〇一二年).

*6　兵藤裕己、『〈声〉の国民国家――浪花節が創る日本近代』(講談社学術文庫、二〇〇九年)、真鍋昌賢『浪花節　流動する語り芸――演者と聴衆の近代』(せりか書房、二〇一七年)、真鍋昌賢編著『浪花節の生成と展開――語り芸の動態史にむけて』(せりか書房、二〇二〇年).

*7　細川周平による全四巻の大著、『近代日本の音楽百年』(岩波書店、二〇二〇年)はその間隙を埋めようとする重要な仕事だが、西洋音楽の受容と大衆的な文脈での土着化という観点からの歴史記述であり、在来の歌舞音曲の近代的変容については未だ十分な研究が進められていない。

*8　嶺隆、『帝国劇場開幕――「今日は帝劇明日は三越」』(中公新書、一九九六年).

*9　杉山千鶴・中野正昭編、『浅草オペラ――舞台芸術と娯楽の近代』(森話社、二〇一七年)、小針侑起『あゝ浅草オペラ――写真でたどる魅惑の「インチキ」歌劇』(えにし書房、二〇一六年).

*10　渡辺裕、『宝塚歌劇の変容と日本近代』(新書館、一九九九年).

*11　倉橋滋樹・辻則彦、『少女歌劇の光芒――ひとときの夢の跡』(青弓社、二〇〇五年).

*12　瀬川昌久、『舶来音楽芸能史――ジャズで踊って増補決定版』(清流出版、二〇〇五年)、瀬川昌久・大谷能生『日本ジャズの誕生』(青土社、二〇〇八年).

*13　生明俊雄、『タンゴと日本人』(集英社新書、二〇一八年).

*14　永井良和、『社交ダンスと日本人』(晶文社、一九九一年).

*15　服部良一、『ぼくの音楽人生――エピソードでつづる和製ジャズ・ソング史』(日本文芸社、一九九三年).

*16　大嶌徹、「日本のモダンジャズ受容における＝名盤＝の形成――ジャズ専門誌『スイング・ジャーナル』によるカノン設定に注目して」(『ポピュラー音楽研究』一八、二〇一四年)、麻場友姫胡『20世紀日本におけるタンゴの受容と＝本場＝意識の形成――内面化されたモダニティという視点からの一考察』(『ポピュラー音楽研究』二四、二〇二一年).

*17　永嶺重敏、『流行歌の誕生――「カチューシャの唄」とその時代』(吉川弘文館、二〇一〇年).

*18　兵藤裕己、『演じられた近代――〈国民〉の身体とパフォーマンス』(岩波書店、二〇〇五年).

*19　周東美材、『童謡の近代――メディアの変容と子ども文化』(岩波書店、二〇一五年)、中野敏男『詩歌と戦争――白秋と民衆、総力戦への「道」』(NHK出版、二〇一二年).

*20　今田健太郎、「無声映画の音」(『東洋音楽研究』六五、二〇〇〇年)、柴田康太郎「一九二〇年代後半の時代劇映画における音楽伴奏の折衷性――和洋合奏・選曲・新作曲」

(『音楽学』六四-一、二〇一八年).

*21 笹川慶子、「小唄映画に関する基礎調査——明治末期から昭和初期を中心に」(『演劇研究センター紀要：早稲田大学21世紀COEプログラム——演劇の総合的研究と演劇学の確立』、二〇〇三年)、永嶺重敏『歌う大衆と関東大震災——「船頭小唄」「籠の鳥」はなぜ流行したのか』(青弓社、二〇一九年).

*22 만자이(漫才)도 나니와부시(浪花節)와 함께 음악과 가무악곡의 근대를 횡단적으로 생각하는 데 있어 매우 중요한 예능이지만, 이를 상연문화로 자리매김하는 연구는 아직 진행되지 않고 있다.

*23 生明俊雄、『ポピュラー音楽は誰が作るのか——音楽産業の政治学』(勁草書房、二〇〇四年)、生明俊雄『二〇世紀日本レコード産業史——グローバル企業の進攻と市場の発展』.

*24 細川周平、『近代日本の音楽百年第四巻ジャズの時代』(岩波書店、二〇二〇年)、毛利眞人『ニッポン・スウィングタイム』(講談社、二〇一〇年).

*25 모毛利眞人、『沙漠に日が落ちて——二村定一伝』(講談社、二〇一二年).

*26 輪島裕介、「《東京行進曲》《こんにちは赤ちゃん》《アカシアの雨がやむとき》——日本レコード歌謡言説史序説」(『別冊「本」ラチオ SPECIAL ISSUE 思想としての音楽』、講談社、二〇一〇年).

*27 戸ノ下達也、『「国民歌」を唱和した時代——昭和の大衆歌謡』(吉川弘文館、二〇一〇年)、辻田真佐憲『日本の軍歌——国民的音楽の歴史』(幻冬舎新書、二〇一四年).

*28 Michael Denning, Noise Uprising: The Audiopolitics of a World Musical Revolution (Verso, 2015). 참고로 데닝이 '대중음악'이라는 호칭을 사용하는 것은 영어권의 popular music이라는 단어가 전적으로 대중시장을 겨냥해 상품화된 음악을 지칭하기 때문에 그것과 구별하기 위해서이기도 하다.

*29 마리・셰퍼、『世界の調律——サウンドスケープとはなにか』(鳥越けい子訳、平凡社ライブラリー、二〇〇六年).

*30 다른 지역의 대중음악에서는, 유행처럼 번져나간 새로운 스타일이나 이를 바탕으로 한 곡의 녹음에 있어서 그것을 실제로 만들어낸 사람들의 권리가 무시되거나 경시되는 경우가 종종 있었다. 전게 주 28 Denning 저서, 제5장 참조.

*31 長尾洋子、『越中おわら風の盆の空間誌——〈うたの町〉からみた近代』(ミネルヴァ書房、二〇一九年).

*32 이러한 양의성은 최근 발매된 컴필레이션 책『모두가 하나가 되어라 - 군국 음율의 세계(みんな輪になれ~軍国音頭の世界~)』(ぐらもくらぶ、2015년)에 훌륭하게 담겨 있다.

*33 輪島裕介、『踊る昭和歌謡——リズムからみる大衆音楽』(NHK出版新書、二〇一五年).

*34 大石始、『ニッポン大音頭時代——「東京音頭」から始まる流行音楽のかたち』(河出書房新社、二〇一五年)、大石始『盆踊りの戦後史——「ふるさと」の喪失と創造』(筑摩

書房、二〇二〇年)、柴台弘毅「日本のポピュラー音楽におけるスタンダード生成過程の類型化──「ダンシング・ヒーロー(Eat you up)」盆踊りを事例に」(『関西大学大学院人間科学──社会学・心理学研究』八四、二〇一六年)など。

*35 예를 들어 도노시타 다쓰야(戸ノ下達也)『음악을 동원하라 – 통제와 오락의 15년 전쟁(音楽を動員せよ──統制と娯楽の十五年戦争)』(青弓社、2008년)의 출판사 웹사이트(https://www.seikyusha.co.jp/bd/isbn/9784787220240/[2011년 8월 2일 참조])에서는 '음악사의 어두운 부분을 밝히는 노력'이라는 음악사의 어두운 부분에 빛을 비추는 노력'이라는 표현이 사용되고 있다.

*36 輪島裕介、「美空ひばり──生きられた神話」(『ひとびとの精神史7終焉する昭和1980年代』、岩波書店、二〇一六年).

*37 永嶺重敏、『「リンゴの唄」の真実──戦後初めての流行歌を追う』(青弓社、二〇一八年).

*38 尾原宏之、『娯楽番組を創った男──丸山鐵雄と〈サラリーマン表現者〉の誕生』(白水社、二〇一六年).

*39 高木護編、『やくざ踊り』(たいまつ新書、一九七八年).

*40 河西秀哉、『うたごえの戦後史』(人文書院、二〇一六年).

*41 일본에서 '러시아 민요'로 불리며 인기를 얻은 곡 중에는 소련 가곡, 즉 러시아 혁명 이후에 만들어진 정치적인 내용을 포함한 신작 가곡도 적지 않았다. 이노우에 요리토요(井上頼豊)、『러시아 민요(ロシアの民謡)』(筑摩書房、1951).

*42 長﨑励朗、『「つながり」の戦後文化誌──労音、そして宝塚、万博』(河出書房新社、二〇一三年).

*43 丸山明日果、『歌声喫茶「灯」の青春』(集英社新書、二〇〇二年).

*44 輪島裕介、「三橋美智也とうたごえ運動──昭和三十年代における「民謡」の地位」(細川周平編著『民謡からみた世界音楽──うたの地脈を探る』、ミネルヴァ書房、二〇一二年).

*45 외래의 대중음악은 '포퓰러'라고 불리며 국산 '유행가'와 구별되었다. '포퓰러' '팝스' 등 용어법에 대해서는 三井徹『戦後洋楽ポピュラー史1945-1975──資料が語る受容熱』(NTT出版、二〇一八年)를 참조할 것.

*46 東谷護、『進駐軍クラブから歌謡曲へ──戦後日本ポピュラー音楽の黎明期』(みすず書房、二〇〇五年).

*47 미국에서 '로커빌리'는 '로큰롤' 중에서도 특히 컨트리&웨스턴(힐빌리)의 영향이 강한 것을 가리키는 용어였으나, 일본에서는 '로커빌리'라는 단어가 미국에서 말하는 '로큰롤' 전체를 가리키는 것으로 사용되는 경우가 많았다.

*48 佐藤剛、『上を向いて歩こう──奇跡の歌をめぐるノンフィクション』(小学館文庫、二〇一五年).

*49 輪島裕介, 「大阪の永六輔」(『ユリイカ特集＝永六輔——上を向いて歩こう』2016年10月号、青土社、二〇一六年).

*50 デーヴィッド・マークス, 『AMETORA——日本がアメリカンスタイルを救った物語日本人はどのようにメンズファッション文化を創造したのか?』(奥田祐士訳、DU　BOOKS、二〇一七年).

*51 前掲注42、東谷護編著『復刻資料「中津川労音」——1960年代における地域の文化実践の足跡を辿る』(風媒社、二〇二一年).

*52 전게 주 23, 『ポピュラー音楽は誰が作るのか』.

*53 速水健朗, 『タイアップの歌謡史』(洋泉社、二〇〇七年)、田家秀樹『みんなCM音楽を歌っていた——大森昭男ともうひとつのJ-POP』(スタジオジブリ、二〇〇七年).

*54 輪島裕介, 『創られた「日本の心」神話——「演歌」をめぐる戦後大衆音楽史』(光文社新書、二〇一〇年).

*55 항구에서 자연발생적으로 생겨난 노래의 음반화라는 흐름은 노래방에서 탄생한 〈북상야곡(北上夜曲)〉이나 〈북귀행(北帰行)〉과도 연속성을 가진다. 사상적으로는 대립적이라고 할 수 있는 이러한 경향의 연속에 대해서는 익명의 실연을 지향한다는 관점에서 더 검토할 여지가 있다.

*56 鳥賀陽弘道, 『カラオケ秘史——創意工夫の世界革命』(新潮新書、二〇〇八年).

*57 Tōru Mitsui & Shūhei Hosokawa, eds., Karaoke Around the World: Global Technology, Local Singing (Routledge, 1998).

*58 加藤賢, 「渋谷に召還される〈渋谷系〉——ポピュラー音楽におけるローカリティの構築と変容」(『ポピュラー音楽研究』二四、二〇二〇年).

*59 「音楽ソフト市場、日本が米抜く12年世界最大に」(「日本経済新聞」二〇一三年四月九日).

퀴어적 신체의 가능성

- 오타쿠·미디어·만화적 표현 -

에드몽 에르네스토 디 알반(Edmond Ernest Dit Alban)

1. 들어가며

애니메이션 팬이 '오타쿠'라고 불리기 시작한 것은 80년대 초부터이며, 40년 동안 '오타쿠'라는 단어는 일본 서브컬처의 특징으로 논의되어 왔다. 그 대부분은 오타쿠를 이성애자, 신체와 자신의 성정체성이 일치하는 시스젠더의 남성으로 간주해 왔다. 지금까지 만화와 애니메이션 문화에서 트랜스젠더의 수용이 논의된 적은 많지 않았다. 따라서 본 장은 '퀴어론'과 오타쿠 문화의 융합을 목적으로 한다. 퀴어란 동성애자, 트랜스젠더, 젠더전환자 등 이성애 사회의 기준에서 벗어난 젠더와 섹슈얼리티를 가진 사람들을 가리키는 표현이며, 퀴어론은 소수자의 관점에서 지식을 창출하는 것을 목표로 하고 있다.

2. '퀴어한 신체'와 일본의 서브컬처

퀴어론의 유래와 사용법

퀴어 문화라고 하면 볼 룸[*1], 드랙, 가수 레이디 가가 등 미국 출신의 트랜스젠더와 동성애 문화를 떠올릴 수 있다. '퀴어'라는 영어 단어는 원래 '변태', '괴짜'라는 뜻으로 성소수자를 비하하는 표현이기도 했다.

하지만 미셸 푸코와 주디스 버틀러의 철학에 영향을 받은 '퀴어' 개념은 '신체'와 '정체성'의 관계를 비판하는 데 사용되기 시작했다[*2]. 특히 타고난 몸에서 발생하는 '젠더 정체성'과 사회가 요구하는 '남성다움'과 '여성다움'을 구분하는 것이 퀴어 이론의 핵심 중 하나이다[*3].

퀴어 이론은 젠더와 섹슈얼리티의 연구에서 발생했지만, 그 목적은 LGBT의 삶을 연구하는 것만이 아니다. 특히 90년대 이후 하나의 학문 분야로 독립하고 있으며, 사회가 상정하고 있는 '보통의 삶'에 대한 가치관을 해체시키고, 사회의 규칙이 만들어지는 메커니즘을 비판하고 그로 인한 '억압'을 밝히려는, 사회의 기준으로 볼 때 '상정되지 않은 삶'을 논하는 분야이다. 현재의 퀴어론은 페미니즘의 변용, 인종차별, 동성결혼 등의 사회현상에 자극을 받아 다양성과 다문화를 주제로 다루는 경우가 많다.

그렇다면 왜 일본 팝 컬처를 대표하는 만화·애니메이션에 퀴어 이론이 개입할 필요가 있는 것일까? 일본에서는 전후와 90년대의 게이 붐, 80년대의 뉴하프 붐, 그리고 2010년대 중반부터 LGBT 붐이라는 사회운동이 일어났다. 그러나 일본 언론과 학계에서는 당사자들의 작품이나 표현을 기피하는 경향이 있다. 한편, 대중매체를 떠들썩하게 했던 퀴어적 사회운동은 사실 보이즈 러브와 같은 만화·애니메이션의 인기 장르와 함께 성장해 온 것으로 밝혀지고 있다[*4].

따라서 동성애자나 트랜스젠더적인 캐릭터가 많이 등장하는 '오타쿠 문화'를 생각함으로써 일본의 퀴어 이론을 발전시킬 수 있지 않을까. 예를 들어, 인류학자 패트릭 갤브레이스와 일본학자인 샤론 킨세라에 따르면, 로리콘과 '남자 딸(男の娘)'[1)] 문화는 이성애를 재고하는 퀴어적 표현이다[*5].

퀴어적 표현, 즉 젠더와 섹슈얼리티에 관한 사회적 가치와 질서에 의문을 제기하는 표현은 다양한 만화와 애니메이션에서 나타났다고 할 수 있다. 다시 말해, 퀴어학자 잭 할버스탐이 『The Queer Art of Failure』나 『Gaga Feminism』에서 지적했듯이, 퀴어론은 여러 문화 중에서도 하위문화에 의해 가장 쉽게 표현되는 사상일지도 모른다.

개인과 사회의 갈등은 복잡한 개념으로 논하기보다 친숙한 미디어를 통해 전달되기 쉽다. 그리고 일본 고유의 퀴어론도 일본의 서브컬처 속에서 성장해 왔다고 할 수 있지 않을까[*6].

퀴어론에서 일본 문화로

최근 들어 퀴어적 표현이 일본의 만화, 게임 등 다양한 서브컬처로 확산되고 있지만, 성소수자 작품의 영향을 서브컬처 역사에서 배제하고 있는 것은 아닌지 주의할 필요가 있다. 간단한 예를 들자면, 2000년 전후부터 인터넷을 뜨겁게 달군 '하지 않을래?(やらないか)'와 '음몽(淫夢)' 밈이 있다. 밈이란 영화, 애니메이션, SNS에 올라온 사진 등의 이미지에서 소재적 요소를 가져와서 인터넷에서 유행시키는 것을 말

---

1) 남자이면서 여성적인 용모와 내면을 가진 사람.

한다.

'하지 않을래?'는 야마가와 준이치(山川純一)라는 게이 만화가의 작품에서, '음몽'은 일본 스포츠계를 떠들썩하게 했던 게이 포르노「한여름 밤의 야한 꿈(真夏の夜の淫夢)」에서 따온 밈이다. 요컨대, 게이 남성이 게이 남성을 위해 만든 포르노그래픽한 미디어(주로 화면과 음성)를 2차 이용함으로써 소재를 즐기는 밈 문화를 말한다. 2차 이용은 오타쿠 문화의 핵심 중 하나로, 만화나 애니메이션에서의 미디어 전개를 비롯해 팬들이 만드는 동인지나 코스프레까지 포함된다.

그런데 '음몽' 등의 2차 이용의 밈 문화는 게이 포르노를 '웃을 수 있는' 소재로 삼을 때 다양한 인터넷 속어를 낳은 것으로도 알려져 있다. '웃음'을 키보드의 약자로 이모티콘화 한 'w'가 풀을 닮았다는 이유로 '草'로 2000년대 이후 일본 인터넷 속어에서 자주 사용되어 이제는 일반인들에게도 널리 알려지게 되었다. 한편, 게이 포르노를 즐기는 밈 문화가 '풀'을 자신들의 아이디어로 취급해 왔다. '풀'은 일본에서 일반 문화와 퀴어 미디어가 공유하고 있다고 할 수 있다. 즉, 오타쿠 문화에서 시작되었다고 하는 일본 인터넷 문화 전문용어의 상당수가 이러한 퀴어 미디어의 n차 창작과 무관하지 않다.

다만, 일본의 인터넷 문화가 퀴어한 이미지와 친숙해졌다고 해서 반드시 성소수자에 대한 존중을 나타내는 것은 아니다. 왜냐하면 당사자의 목소리가 소홀히 다루어지고 있기 때문이다. '음몽' 등 밈의 문제점은 '신체'와 '주체'의 관계 묘사에 있다. 일본 서브컬처에서 '퀴어한 표현'은 주로 여성과 성소수자 당사자들의 만화 간 텍스트성(문장이나 작품을 이어주는 인용)에 의해 형성되어 왔다.

그 가장 중요한 요소는 젠더와 섹슈얼리티의 고정관념을 무너뜨리

기 위한 '신체'이다. 70년대 소년만화에서 90년대 게이 만화를 잇는
표현방식은 '주체성을 드러내는 신체'라고 할 수 있다. 그것은 곧 '여자'
나 '남자'이기 전에 '인간'임을 보여주는 만화를 만드는 방법이라고도
할 수 있다.

　'전달되기 쉬움'을 지향하는 밈 문화라 할지라도, 일본의 인터넷 문
화에서는 '당사자의 신체와 내용을 표현하는 표현'을 찾아보기 힘들
다. 이 장에서는 일본 서브컬처에 깊숙이 파급된 '퀴어적 만화 표현'의
유래와 목적, 그리고 그 변화에 대해 알아본다. 이는 만화를 주제로
한 퀴어론 입문서이기도 하다.

3. '신체를 넘어선 존재'를 그리는 방법으로서의 퀴어론

쿠이아 묘사와 쿠이아 표현의 차이

　퀴어적인 캐릭터란 무엇일까? 〈에반게리온(エヴァンゲリオン)〉 시리
즈, 〈미소녀 전사 세일러문(美少女戦士セーラームーン)〉, 〈마법소녀 마
도카☆마기카(魔法少女まどか☆マギカ)〉에 등장하는 등장인물 중에도
LGBT에 가까운 개성(個性)을 가진 캐릭터를 볼 수 있다. 그러나 여기
서 분명히 하고 싶은 것은 '동성애'나 '트랜스젠더' 캐릭터가 등장하는
작품이 반드시 '퀴어'는 아니라는 점이다. 과거 보이즈 러브 만화가
호모포비아적 발언을 반복했던 것처럼[7], 단지 '호모 캐릭터'가 등장한
다고 해서 사회의 구성과 그 가치관이 전복되는 것은 아니다. 앞의
절에서 다룬 '음몽' 밈처럼 고정된 정체성의 묘사에 너무 집중하면 오
히려 고정관념을 강화할 가능성이 높기 때문이다. 즉, 만화를 포함한

오타쿠 미디어의 퀴어적 가능성은 LGBT적인 개성의 묘사가 아닌, '젠
더와 섹슈얼리티에 대한 고정관념을 무너뜨리는 표현'에 있다.

여기서 조금 데즈카 오사무(手塚治虫)를 언급하고 싶다. 전후 만화
의 '신'으로 알려진 데즈카는 1976년부터 78년까지 쇼가쿠칸(小学館)
의 빅코믹에 연재한 『MW』에서 도덕성을 상실한 지능범이자 변장술을
구사하는 미치오(美知夫)와 전 불량소년이자 신부인 이와오(巌)의 사랑
을 그렸다. 여장을 한 범죄자와 그 협력자인 신부의 이야기는 사회
질서를 뒤흔들 듯이 그려진다. 『MW』의 만화적 표현에서의 퀴어한 가
능성은 아직은 미흡하다고 할 수 있다.

그러나 여기서 '이야기', '캐릭터'와 '표현'의 궁합에 대해 생각해볼
필요가 있다. 이야기에서 동성애가 충격적인 전개로 사용되어 이성애
자 및 '정상적인' 삶의 방식을 위협하고 있는 것은 분명하다. 『MW』의
경우, 다양한 변장을 하는 미치오가 '성별'로 결정된 역할도 뛰어넘으
려 한다. 데즈카의 퀴어 표현은 상징적 위험과 상징적 형태에 머물러
있다. 캐릭터의 묘사가 그 신체의 비주얼로부터 전개되기 때문에, 퀴
어적 퍼포먼스를 시도하는 미치오의 개성조차도 그 결정된 신체에서
벗어날 수 없다. 따라서 오쓰카 에이지(大塚英志)가 지적했듯이, 영화
를 동경하여 '살아있는 영화'를 지향한 데즈카는 '캐릭터=그것을 표현
하는 몸'이라는 표현의 저주에 갇혀 오히려 성소수자에 대한 고정관념
을 강화하는 데 일조하고 있다고 할 수 있다[8]. 몸을 묘사하는 비주얼
요소가 생략되고, 스테레오타입화된 동성애자의 개성으로 미치오와
겐고를 그려내고 있기 때문이다.

기호가 표현할 수 없는 '무언가'

'캐릭터=기호적 신체'라는 생각이 오타쿠 사상에 퍼져 있는 현재, 캐릭터가 신체를 가지고 있는 것이 뭐가 문제냐고 생각하는 사람이 있을 수 있다. '캐릭터=기호적 신체'의 문제점은 만화가 '주체'를 표현하는 방식에 있다. 즉 캐릭터가 인간이라는 것, 그리고 내면을 가지고 있다는 것을 표현하는 방식이야말로 만화 표현론과 퀴어 이론을 일치시키는 계기가 된다.

캐릭터는 당연히 인간과 마찬가지로 몸이 없으면 존재할 수 없다. 퀴어 이론에서 '몸'이 개성의 원천이 되는 것은 부정되지 않지만, '몸=아이덴티티의 전부'라는 사고방식에 숨어 있는 편견은 비판받는다.

퀴어 이론에서 '퀴어'는 '직선적이지 않은 삶', '복잡하고 끊임없이 변화하는 주체'라는 개념을 나타낸다. 애니메이션 캐릭터도 끊임없이 새로운 형태로 소비된다는 점에서 퀴어적인 존재라고 할 수 있을 것이다. 즉, 캐릭터(혹은 인간)는 단지 상징적인(혹은 현실적인) 몸일 뿐이라는 것, 즉 캐릭터의 개성을 몸으로만 형성한다는 '생략'이 문제가 되고 있다.

실제로 당사자들에 의한 일본의 퀴어 표현에는 몸을 넘어서는 방법을 찾는 경향이 보인다. 데즈카는 하기오 모토(萩尾望都), 다케미야 게이코(竹宮惠子) 등 '24년 그룹[2]'으로 불리는 인기 소녀 만화가들의 표현을 자주 '인용'했다고 알려져 있지만, 그가 표현할 수 있는 퀴어적 표현은 '몸'뿐이었다. 즉, '남자끼리의 키스'나 '여장과 남장'이라는 시각적 퍼포먼스로 젠더와 섹슈얼리티를 그리는 것을 선택했다.

---

2) 쇼와 24년(1949년)생 소녀만화 작가들의 집단을 가리킨다.

『MW』주인공들의 사랑을 극적으로 연출하기 위해 히치콕의 영화 〈사이코〉에서 볼 수 있는 콘티와 스토리보드의 취향을 흉내 낸 '영화 같은' 표현도 사용한다. 그 결과 스토리에 퀴어적 요소를 찾아볼 수 있다. 그러나 애초에 퀴어 이론의 핵심은 성격의 불안정성이며, '개인'은 미리 정해진 것이 아니라 인생과 함께 성장하거나 퇴행하는 것으로 간주된다. 퀴어 이론이 상정하는 '복잡하고 끊임없이 변화하는' 정체성은 데즈카의 '캐릭터=기호적 신체'에서 비롯된 개성의 스테레오타입화와는 정반대의 방향이다. 신체의 특징에 한정되는 캐릭터의 개성은 오히려 고정관념으로 향하게 될 것이다.

신체와 퀴어론 입문

그렇다면 만화에서 '퀴어한 표현'은 가능할까? '복잡하고 끊임없이 변화하는' 캐릭터를 그리는 방법은 무엇일까?

일본의 만화는 영화나 애니메이션 등 영상 매체의 영향을 받아 왔다. 시각적 미디어인 만큼 상징적인 신체가 그려지기 쉬운 것은 당연할 것이다. 또한 '몸의 움직임'을 중심으로 그리는 『소년점프(少年ジャンプ)』연재 만화와 같은 표현은 캐릭터의 기호성을 강조한다. 이는 캐릭터를 스테레오타입화시킴으로써 보다 알기 쉽게 만들고 상업적 성과를 내기 쉽기 때문이다. 미디어 믹스의 용이성도 캐릭터의 '알기 쉬움'에 있는 것은 틀림없고 이러한 인기를 부정할 생각도 없다.

다만 오타쿠적 가능성을 고찰할 때 이러한 전개는 '사람이나 캐릭터는 오직 신체에 의해서만 형성된다'는 위험한 사상에 가까워지게 한다. 특히 만화사나 오타쿠론에서 '캐릭터=인간이 될 수밖에 없는 기호'라는 개념이 강조되어 온 것은 여성과 성소수자의 표현이 별로 평가받지 못했기 때문일지도 모른다. 기호성과 허구성이 높은 로봇, 전투하는 미소녀 등의 개성과 주체성은 그 몸의 움직임에 반비례하는 것처럼 작다. 반면 같은 만화 표현이라도 여성과 성소수자의 표현은 그려진 신체를 넘어서는 경우가 많다.

따라서 만화에서 퀴어론을 가능케 하려면, 고정관념화되는 캐릭터의 '몸'에서 한 번 떨어져서 그 '주체성'의 표현 자체를 고찰할 필요가 있을 것이다. 퀴어론은 아무래도 푸코의 『성의 역사』의 영향을 받았기 때문에 사람을 '몸'으로 논하고 비판하는 경우가 많다. 또한 타고난 몸과 성이 다르면서도 사회의 필요에 따라 고정관념화시키는 행위를 논하기도 한다.

요컨대 몸이 있기에 인간으로 존재하지만, '사람'이나 '개인'이 아닌 '사회가 이용하는 몸'이라는 현상이야말로 퀴어론에서 비판되는 것이기에 스테레오타입을 넘어선 만화 표현은 퀴어적 표현이 될 수 있다. 개성의 기호화, 즉 고정관념화가 만화와 오타쿠 문화의 주류이기 때문에 고정관념의 형성과 붕괴를 둘러싼 논의는 분명 도움이 될 것이다. 중요한 것은 '몸과 주체'의 관계를 어떻게 표현했는지, 그 이유와 결과다.

그리고 퀴어 만화로

만화 표현의 기호성과 스테레오타입화를 극복하는 수단에 대해서는 모리 나오코(守如子)와 오쓰카의 논문이 흥미로운 방향을 제시해주고 있다. 에로 만화와 페미니즘의 간극을 논하는 모리는 '신체'와 그 속에 숨어있는 '주체성'의 관계를 90년대 하드BL(보이즈 러브)을 통해 살펴보았다. 결론적으로 에로 만화의 페미니즘 가능성은 '주체가 있는 에로틱한 몸'에 있다고 주장한다[*9]. 즉 에로 만화의 특징인 성묘사가

주를 이루면서도 캐릭터의 내면에 집중하는 묘사에는 '몸'과 '보이지
않는 내면'의 공존을 볼 수 있다는 것이다. 이는 '몸'을 중시하는 성행
위 묘사는 결코 캐릭터의 '사람으로서의 자질'을 훼손하지 않는 표현
이라는 것을 의미한다.

　모리가 보여준 사례 중 특히 내면을 드러내는 소녀만화의 독백 기법
이 인상적이다. 에로만화라는 장르임에도 불구하고 '신체와 그 내면'
을 동시에 그려냄으로써 고정관념화를 피할 수 있다는 결론을 내리고
있다. 또한 오쓰카는 고정관념에 반하는 소녀만화의 순문학적인 표현
을 지적하고 있다.

　순문학은 자연주의 리얼리즘으로 사람의 '내면'을 언어로 묘사한다
고 한다. 따라서 순문학이 고정관념에 기대는 경우는 적다.

　따라서 기호성이 높은 만화에서 '리얼한 주체'의 가능성은 '몸'을
움직이는 '영화적 기법'에서 벗어나 문학적 표현을 지향하는 소녀만화
에 있다고 오쓰카는 논했다[10]. 또한 필자 역시 모리와 오쓰카와 같은
접근으로 야마카와 준이치의 게이 만화 표현의 특징으로 포르노그래
피를 통한 '주체를 가진 몸'의 모색을 논한 바 있다[11]. 그 결과 『MW』에
서 데즈카의 '퀴어'적 캐릭터 표현은 소녀만화나 게이 만화와는 거리
가 멀다는 것을 밝혀냈다.

　일본 서브컬처의 '퀴어적 가능성'은 현재 대략 두 가지 접근이 가능
하다. 하나는 주류인 『소년 점프』와 같은 매체에 나타나는 '몸'에만
머무는 묘사이다. 이는 데즈카나 소년만화 중심의 문화에 의해 '몸'과
'스테레오타입'으로 성소수자를 표현하는 방식이다. 다른 하나는 '마
음의 목소리'나 '눈에 보이지 않는 내면·주체·인권'과 캐릭터의 '몸'을
연결하는 방식이다. 소녀만화를 비롯해, 드라마나 영화 등 '캐릭터'를

구성하는 몸과 주체성을 다양한 방식으로 표현하는 묘사를 말한다.

　이상, 두 가지 접근법을 다소 스테레오타입화시켜 버렸지만, 아래에서는 만화에서의 퀴어 표현이 게이 만화와 소녀만화의 교류에서 다른 서브컬처로 퍼져나갔다는 것을 서술한다. 그리고 여성과 성소수자들이 내면=주체성이 있는 몸을 강조하는 만화 방식을 자주 선택하는 이유에 대해 언급한 후, '몸'에만 주목하는 주류 표현의 단점을 재조명한다.

4. 열린 퀴어 만화사로

일본의 퀴어론이 남긴 방침

　퀴어 만화란 무엇인가. 퀴어 만화사는 언제부터 시작된 것일까. 그 하나의 기원은 전후의 에로잡지에 있다고 생각된다. 섹슈얼리티를 연구하는 이시다 히토시(石田仁), 마크 맥클레랜드(マーク・マクレランド), 무라카미 다카노리(村上隆則)가 지적했듯이, 전후 '변태' 문화는 BDSM= '기학적 성향(嗜虐的性向)'을 비롯해 이성애와 동성애의 언더그라운드적인 콘텐츠를 같은 잡지에 싣고 있었다고 한다[*12]. 60년대 이후 서브컬처의 보급에 힘입어 에로잡지가 틈새시장을 형성해가는 가운데, 퀴어한 표현도 세분화되어 그라비아, 일러스트 소설 등 만화를 둘러싸고 키워온 다양한 표현 방식이 속속 등장했다. 예를 들어『장미족(薔薇族)』,『사부(さぶ)』,『SAMSON』,『The Gay』,『Badi』,『G-men』 등의 게이 잡지에서는 그림과 글의 구성 형식이 다양화되는 것을 볼 수 있다. 퀴어 만화의 표현은 아마도 다양한 표현방식을 인용하며 변화해 나갔을 것으로 보인다.

참고로 '퀴어'라는 단어가 서구에서 수입되어 당사자의 전문용어로 추가된 것은 90년대 후반 이후이다. 따라서 자신의 표현을 '퀴어'라고 부르는 작가는 당시에 아무도 없었다. 하지만 '퀴어'를 '변태'에 가까운 의미의 단어로 간주하고 서브컬처의 미디어 역사에서 논하는 것은 문제가 되지 않을 것이다.

퀴어 만화 역사의 대략적인 '시작'을 생각해보면 두 가지 선택지가 있다. 하나는 성소수자 묘사와 그로부터 탄생한 '사회의 젠더와 섹슈얼리티의 질서를 재고하는' 『MW』와 같은 만화로부터 생각하는 것이다. 다른 하나는 성소수자 당사자의 만화를 통해 생각하는 것이다.

정답은 두 가지를 함께 생각하는 것이다. 성소수자 만화사가 외면받고 있는 현 상황에서는 퀴어 만화를 '이성애자가 아닌 캐릭터가 등장하는 만화'로 치부해버릴 우려가 있다. 또한 보이즈 러브라는 여성향 장르의 독자와 작가들이 게이 잡지에서도 활동하고 있다는 것을 잊지 말고, 당사자들의 표현의 특징도 관찰해야 할 것이다[13].

소녀만화에서 시작하는 퀴어 만화사

만드는 쪽과 수용하는 쪽 외에 또 하나의 '표현'을 기반으로 한 정의를 찾아보자. 다소 추상적인 이야기가 되겠지만, 애초에 만화 표현에서 젠더와 섹슈얼리티를 표현하는 것이 왜 퀴어적인 가능성에 도달하는 것일까. '몸'만을 표현할 수 있었던 데즈카의 전후 만화 캐논(규범)과 데즈카 이후 소년만화의 캐논이 '보이는 것'에 집중하는 것과 달리, 60년대 이후 소녀 만화는 내면의 묘사를 통해 점차 소녀의 몸에서 멀어지려 했다.

즉 캐릭터의 '겉모습'보다 '내면'을 중심으로 한 소녀 만화는 이야기
와 캐릭터의 표현 면에서 퀴어적 가능성에 가까워졌다고 볼 수 있다.
대표적인 예로, 남자아이들 간의 사랑을 그린 70년대 소년애 만화에서
는 성별의 경계를 헤매는 미소년 캐릭터가 등장한다. 미소년은 사춘기
전의 몸을 가진 '아직 남자가 아닌' 캐릭터로 여성과 남성의 특징을
동시에 가지고 있다.

사회학자 우에노 치즈코(上野千鶴子)가 젠더리스라고 부른 미소년
캐릭터의 표현 방식은 '몸'을 넘어선 '목소리'이다[14]. 스포츠나 격투
등 '몸의 움직임'을 중시하는 소년 만화와 달리 소년애 만화는 캐릭터
의 정신적인 움직임을 그린다. 그 결과, 소년애 만화의 퀴어 표현은
대략 두 가지 기법을 사용한다. 하나는 일러스트레이션과 포엠(시),
즉 페이지의 컷 배치를 캐릭터의 내면과 일치시키는 표현 기법이다.
다른 하나는 모노로그, 즉 말풍선을 사용하지 않고 캐릭터의 내면을
직접 문장으로 쓰는 기법이다. 야오이와 BL 전사(前史)를 연구한 이시
다 미노리(石田美紀)는 이러한 '내면의 목소리'를 중심으로 한 만화 표
현을 '내면의 음몰(內面の淫没)'이라고 이름 붙였다[15].

성욕, 심리, 내면 등 '투명한 체험'을 가시화하는 소녀만화 표현은
이렇게 캐릭터를 스테레오타입화하지 않고 신체와 내면을 모두 가진
'주체'를 만들어 왔다. 또한 스토리상으로도 소년만화 주인공은 사회
로부터 소외되어 차별을 극복하려고 노력하는 경우가 많다. 즉 미소년
의 몸은 그 주체성을 찾아내는 도구이기도 하다. 사회가 인식하는 신
체에 맞춰 고정관념으로 부여된 정체성이 아닌, '자신의 몸과 그 안에
숨어 있는 내면'에서 비롯된 정체성을 깨닫는다.

그 결과 젠더와 섹슈얼리티를 모티브로 삼아 정체성의 다양한 측면

을 드러내는 소녀 만화는 몸의 필연성을 넘어선 기이한 가능성까지
도달한다. 몸의 움직임만으로 정체성을 유지하는 소년만화의 캐릭터
와 달리, 소년애 만화 혹은 야오이 동인지와 BL만화의 캐릭터는 '주체
의 변화'를 '내면과 신체'의 싱크로니시티(synchronicity, 공시성, 동시성,
우연의 일치)로 전개하며 아이덴티티를 구축해간다. 여성향 동인지의
역사를 논한 니시무라 마리(西村マリ)에 따르면, 심리 묘사가 부족한
소년만화 캐릭터를 커플링하는 여성='여자 오타쿠(腐女子)'는 이야기
의 '이면'을 상상하고 있다고 한다*16. 예를 들어『소년 점프』에서 그려
지는 것처럼 주인공과 라이벌의 관계를 생각할 때, 캐릭터의 심리 속
성욕을 가시화시키면 '그 이면'이 합리적으로 보일지도 모른다.

즉 '신체'로 축약된 캐릭터에 '내면'을 부여할 때, 여성적인 만화 표
현은 성욕을 화두로 삼는 경우가 많은데, 그 이유 중 하나는 성을 통해
꼭두각시(操り人形)의 '보이지 않는 주체성'과 '행동을 설명할 수 있는
심리'를 상상하고 있기 때문이다. 다르게 말하면, 소녀만화의 '발견'은
주체성을 갖지 못한 신체에 인간으로 인정받기 위한 요소를 불어넣는
것일지도 모른다. 즉 소녀만화에서 시작된 퀴어 만화사는 동성애 테마
뿐만 아니라 성을 통해 주체성의 묘사를 뒤집는 표현에도 손을 대고
있는 것이다.

게이 만화와 퀴어 표현

그러나 소년애 만화에서 발전한 야오이와 BL은 여성 만화가들에
의한 새로운 창작물에 한정되지 않는다. 게이 잡지『장미족』이나『사
부』등의 표현이 어느 정도 섞여 있을 가능성이 높다. 그 증거로 전설
적인 24년 그룹이 모였던 오이즈미 살롱(大泉サロン)의 파티에서 성소

수자 미디어가 유통되고 있었다는 점이 지적되고 있다[17].

　당시 게이 소설이나 사진, 영화가 소녀만화의 소재로 거론된 적은 있었지만, 실제로 게이 그라비아나 만화가 70년대 소녀만화에 영향을 미쳤다는 것은 잘 알려져 있지 않았다. 다음 절에서 야마카와 준이치의 작품을 다루면서 논의하겠지만, 그 관계가 드러나는 것은 80년대 무렵이다. 게이 코믹스와 소녀만화의 사이에는 야마구치 마사지(山口正児)나 보네 카부라기(ボネ鏑木)의 만화가 잘 알려져 있다. 에로 극화라는 장르에 가까운 야마구치와 보네의 표현 방식은 남성의 신체 묘사에 집착하면서 그 정신도 동시에 묘사한다는 점에서 '소년애'와 유사하다. 게이를 위한 포르노로서의 높은 퀄리티는 물론, 동성애자의 '몸'과 '주체'를 연결시키는 퀴어적인 표현도 찾아볼 수 있다.

　그리고 이성애를 중심으로 돌아가는 사회에서 '그저 몸'으로 여겨지지 않기 위한 표현은 90년대 게이 붐이 일면서 이치카와 가즈히데(市川和秀), 다가메 겐고로(田亀源五郎), 지라이야(児雷也) 등 근육에 집착하는 '근육계(ガチムチ系)' 표현이 주를 이루게 된다. LGBT 운동의 변화와 '게이'라는 아이덴티티의 변용에 의해, '몸'으로의 주체 귀환이 이루어진 90년대는 뱌쿠야 쇼보(白夜書房)의 보이즈 러브 소설에서 인용된 보이즈 러브 만화라는 장르의 황금기이기도 했다.

　이 시기에 어느 정도 '주체성 있는 신체'를 획득한 퀴어한 만화 표현은 '내면'을 직접적으로 표현하기보다 '몸'을 통해 '사회로부터 부정당하는 주체성'의 표현을 모색한다. 이렇게 70년대와 80년대의 내면 독백 방식보다 육체적 사랑과 섹스에서 비롯된 인간관계에 집중하는 경향이 90년대부터 2010년까지 이어진다. 게이 문화 연구자 사이토 타쿠야(西藤巧弥)에 따르면, 이러한 표현의 변화는 당시 동성애자들이

순애보적 표현의 가능성을 발견한 연애 상황의 변화와 관련이 있는 것으로 보인다[*18].

그리고 게이 만화가 '신체'로 회귀하는 또 다른 이유는 야오이 논쟁이라는 사건일지도 모른다. 야오이 논란은 야오이 동인지에서 미화되는 동성애 묘사를 기분 나쁘게 생각한 사토 마사키(佐藤雅樹)가 『CHOISIR』라는 페미니스트 미니코미(フェミニスト・ミニコミ)[3] 상에서 발표한 기사를 바탕으로 일어났다. 90년대 게이 붐은 게이가 여성잡지 등에서 상품화되어 있던 시대인 만큼, 게이 아이덴티티를 공고히 하기 위해서는 여성과의 거리두기가 필요했을지도 모른다. 그러나 여성과 게이가 그리는 퀴어 만화의 변용이 동시에 일어나고 있으며, 페미니즘과 LGBT 운동 사이의 논의가 퀴어와 게이 만화의 표현 방식과 생산에 큰 영향을 끼친 것도 분명하다. 그리고 둘 다 '내면을 강조하여 동성애자의 몸에 숨어있는 주체성을 보여주는' 표현에서 '자기다운 주체성을 가진 몸의 섹슈얼리티와 연애 사정'을 표현하는 것으로 변화하고 있다.

요컨대 퀴어 표현은 사회와 함께 진화하고 있는 것이다. 퀴어 만화를 논할 때 여성과 성소수자 인권의 변천이 중요한 맥락이 되고 있다. 퀴어 만화는 스테레오타입화되는 위험성과 동시에 주체성을 가진 몸의 개성을 모험하는 표현이기도 하다. 따라서 여자 오타쿠나 LGBT 작가 이외에도 퀴어 표현은 가능하다.

1절에서 언급한 갈브레이스와 킨세라의 논문이 로리콘 만화와 '남자 딸' 만화의 퀴어성을 논했던 것처럼, 코믹마켓을 비롯한 일본의 다양한 서브컬처가 소년애의 표현 방식에 영향을 받은 것은 사실이다.

---

3) 미니커뮤니케이션. 소수의 사람들 간의 정보전달.

따라서 캐릭터의 신체 변형을 '퀴어적 가능성'을 가진 표현으로 논할 수도 있을 것이다. 미디어마다 새로운 몸을 얻는 캐릭터도 항상 개성의 안정성을 시험하는 것이기 때문이다.

하지만 대부분의 연구가 캐릭터의 몸에만 집착하는 남성 오타쿠 문화를 '당연한' 사례로 다루며 성소수자의 목소리를 무시한 채 논의를 진행하는 경향이 지속되고 있다. 마치 허구의 몸을 재생하는 캐릭터처럼 인간으로서의 주체성을 잃고 새로운 인간성을 탐구하는 주류 오타쿠 사상과 현대 사회에서도 동등하게 대우받지 못하는 퀴어 표현 사이에는 벽이 있는 것 같다.

입장에 따라 '퀴어적인 것', 즉 자신의 '몸'과 '젠더·섹슈얼 아이덴티티'의 관계를 재고하기 위한 표현이 다르다. 문제는 그것을 다른 표현과 비교하지 않고 이성애자 남성의 표현을 중심으로 고찰해 온 만화사와 오타쿠 문화 연구에 의한 퀴어한 표현에 대한 잘못된 '일반화'에 있다. 일본의 퀴어 표현의 다양성을 생각하기 위해서는 여성과 성소수자에 의한 만화사는 대안이 아니라 만화사와 서브컬처사의 일부라는 점을 강조할 필요가 있을 것이다.

5. '나답게 살기 위한 퀴어한 신체'에서 밈 문화로

당사자에 의한 퀴어 표현의 분석으로

추상적인 주제에서 잠시 벗어나 게이 당사자에 의한 퀴어 만화의 구체적인 사례를 들어보자. 여기서는 게이 만화계의 유명한 작품들을 다루며 당사자에 의한 퀴어 표현과 그 가능성을 살펴볼 것이다. 요컨대, 퀴어의 만화적 표현이 '몸'과 '주체성'을 연결하고 있는 것은 자신을 인정하지 않는 사회 속에서 자신으로 살아갈 수 있는 길을 그려내고자 하기 때문이다. 그러나 같은 소수자라도 그 '몸'과 '주체성'의 관계를 그리는 방식은 동일하지 않다.

그래서 80년대 게이 만화가로 잘 알려진 야마카와 준이치와 90년대 게이 잡지 창간자 중 한 명인 다가메 겐고로(田亀源五郎)의 표현방식을 비교한다. 야마카와와 다가메는 입장과 시대는 다르지만 '몸을 넘어 혹은 깨뜨리며 게이로 살아가는 길을 찾는다'는 점에서는 일치한다. 그리고 '퀴어적인 것'이 사람의 입장에 따라 다르듯, 야마카와 다가메의 '게이로 사는 길'의 요소와 초점은 각각 특정 테크닉과 비주얼에 집착하는 경향이 있다.

80년대를 살았던 야마카와는 사회와의 갈등, 에이즈 유행 속에서 그저 변태로 여겨졌던 동성애자의 주체성을 보여주기 위한 표현을 만들었다. 야마카와는 수수께끼 같은 인물로, 『장미족』의 편집자였던 이토 분가쿠(伊藤文學)의 서술 외에는 흔적을 남기지 않고 사라진 만화가다. 80년대에 30개 이상의 작품을 남긴 야마카와에 대한 정보는 매우 적지만, 그의 소녀만화 같은 스타일로 보아 여성이었던 것이 아니냐는 설도 있다. 다만 야마카와의 작풍이 '여성스럽다'는 이유로 『장미족』의 편집팀에서 싫어했다는 점에서 야마카와 소년만화 표현의 비교가 가능하게 되었다.

퀴어한 삶을 그릴 때, 소년애 만화는 주인공의 '몸의 움직임'보다 '내면의 움직임'을 더 많이 사용한다. 몸이 멈출 것 같으면 영혼이 먼저 움직이기 때문이다. 특히 트라우마, 성욕, 말할 수 없는 감정 등의 묘사가 풍부한 소년애 만화는 몸을 알몸으로 드러내면서 정지된 주인

공에게서 분출하는 내면의 공간을 보여준다. 그리고 내면에서 비롯된 누드로 인티메이트(インティメート, 情交)적인 공간이 페이지에 펼쳐지면서 캐릭터의 '몸'과 '주체성'을 연결시키는 것도 특징이다.

몸과 영혼이 벗겨졌을 때 비로소 진정한 자신이 보인다는 소년만화적 모티브를 통해 야마카와의 만화는 새로운 단계에 도달한다. 순문학의 독백과 만화의 비주얼을 결합함으로써 만화의 신체적 상징성을 어느 정도 넘어설 수 있다는 오쓰카의 이론에 따르면, 마음의 목소리를 해방시키는 표현으로 만화에 의한 신체의 스테레오타입화에서 벗어날 수 있을 것이다[19]. 그러나 야마카와의 만화 표현은 소년만화 주인공보다 더 '리얼한' 동성애자 묘사에 도달한다. 그 이유는 '몸'과 '주체성'의 연결 방식에 있다. 내면의 독백이 알몸의 '속살'을 드러낸다는 점은 같지만, 야마카와의 캐릭터는 유럽 출신의 모범생 캐릭터가 아니라 일본에 '실제로 있을 법한' 학생, 교사, 사회인 등이다.

순문학의 영역을 벗어난 게이 포르노 잡지이기에 동성애의 미화보다는 그 (상상된) 성적 일상을 그린다. 따라서 야마카와 만화의 이야기와 캐릭터의 표현 방식은 이러한 동성애의 일상 속에서 '사회가 부정하는 몸'에 '주체성'을 부여하고자 한다. 소년만화에서는 볼 수 없는 극화적 생동감을 사용하는 야마카와는 동성애자 남성의 신체에 대한 에로스적 묘사에 그치지 않고 성행위 이면의 정신적 과정에 주목한다. 야마카와의 많은 작품에서 섹스 장면은 포르노가 아니라 몸과 정신이 동성애자의 길과 직접적으로 마주하는 과정을 그린다.

주체성과 폭력의 연쇄

『장미족』의 1982년 10월호에 발표된 야마카와의 데뷔작 『형사를

범하라(刑事を犯れ)』는 바로 이 접근법을 상징한다. 영화관에서 해외 에로영화를 보던 동성애자 스나무라가 동성애자 행세를 하는 형사의 덫에 걸려 체포될 위기에 처하지만 그 형사에게 복수를 하는 이야기다. 작품의 특징 중 하나는 이야기의 중요한 장면에서 스나무라의 내면을 표현하는 독백을 강조하고 있다는 점이다. 또한 서른 살 무렵의 사건을 회상하는 스나무라의 모습과 당시 그의 마음의 목소리를 섞어 그려내고 있다. 과거, 현재, 미래의 혼돈이 '주체의 변화'를 表現하며 퀴어한 공간과 시간을 만들어내고 있다고 할 수 있다. 섹스 장면이 두 번 있지만 에로티시즘이 주된 주제는 아니다. 본래 주인공의 나체는 성욕을 표현하는 포르노그래피에 불과할 텐데, 성행위 묘사는 그래픽적인 요소가 많은 반면 몸의 쾌락과 내면의 불안한 목소리가 성묘사를 넘어선 문제로 논의되고 있다.

이를 이해할 수 있는 단서는 그림을 둘러싸고 쓰여진 독백이다. 마지막 페이지에서 형사에게 복수를 하는(범하는) 스나무라는 섹스의 쾌락이 아닌 무언가를 깨닫는다. "이 젊은 형사는 호모인 나를 괴롭힘으로써 우월감을 느끼려고 했다. 소위 형사라는 우월적 지위를 이용해 약자를 괴롭힌 것이다. 그렇다면 지금 내가 하고 있는 행위도 이 녀석과 같은 약자 괴롭힘이 아닌가? 범하는 것으로 우월감을 느끼고 있는 것은 아닐까"[*20]

이 만화는 형사를 강간해야 한다는 메시지의 이야기가 아니라, 동성애자이기 때문에 체포되거나 성정체성이 발각되어 평생 괴롭힘을 당할 것 같은 두려움에서 벗어날 방법을 찾는 이야기이다. 하지만 동성애를 힘으로라도 부정하려는, 사회 질서를 지키는 형사와의 섹스 장면은 사회와의 갈등을 극복한 상징이 아니다.

스나무라도 자신의 행위가 얼마나 폭력적인지 알고 있고, 아직 갈등의 연쇄를 끊어낼 방법을 찾지 못했다. 야마카와의 포르노가 서양의 퀴어 이론을 뛰어넘은 것처럼, 에로를 통해 사회 시스템을 고찰하는 철학을 그렸다. 자신을 괴롭히는 이성애자에게 복수한다고 해서 그를 둘러싼 사회가 바뀌는 것도 아니다. 『형사를 범하라』에서 찾은 해답은 사회의 '정상'을 규정하는 룰을 뒤집기 위한 힌트다. 퀴어 이론에서도 이성애자의 스테레오타입화와 사회의 억압을 비판하는 경우가 있듯이, 『형사를 범하라』의 주인공은 형사의 주체성을 빼앗음으로써 자신이 억압을 그저 반복하고 있다는 것을 알게 된다. 현대 퀴어 이론의 주류에 다가선 내용이었지만, 야마카와는 일부러 아이러니한 결말을 선택했을 것이다. 그것은 자신이 그리고 싶었던 '게이 주체성'이 이런 복수가 아니었기 때문일지도 모른다.

사회의 가치관을 받아들인 몸을 부숴라

야마카와의 에로만화에서 퀴어 표현은 몸과 정신의 연계를 통한 싱크로니시티로 '동성애자로서 자기답게 사는 길'을 보여주려 하지만, 캐릭터의 변화를 표현하는 이야기와 표현의 선택을 스테레오타입화하기 쉬운 설정을 사용해 아이러니한 시선으로 그려내고 있다. 그리고 공개적으로 말할 수 없는 성욕과 동성애의 아이덴티티를 주장하는 방법으로 직접적인 표현이 아니라, 내면의 독백과 격렬한 섹스 장면의 조합으로 몸과 정신이 '솔직해지는' 과정을 그린다.

반면, 내면보다 왜곡된 몸이 자기답게 사는 길을 보여주는 것이 다가메 겐고로의 SM만화이다. 다가메는 2000년대에 세계적으로 히트한 만화 『동생의 남편(弟の夫)』의 작가이지만, 90년대에는 수많은 게

이 잡지의 창간에 관련한다. 당시만 해도 LGBT를 대표하는 일본 연예인이 거의 없어 미래를 상상하기조차 어려웠던 상황을 타파하기 위해 '일반인용' 만화의 영역에도 발을 들인 다가메는 자신의 예술을 "자신의 성욕을 진지하게 받아들이게 하려고 한다. 타인에 의해 정의되는 것이 아니라 자신의 욕망의 해방이다"라고 말한다[*21].

두 사람의 목적은 비슷할 것 같지만, 다가메는 야마카와의 '직설적인 몸과 내면', 즉 몸과 그 내면의 독백을 결합하는 표현 방식과는 정반대의 아름다움을 추구한다. 예컨대 『PRIDE』(2004년)의 주인공 오하시(大橋)는 사회의 기대에 의해 형성된 정체성을 버리고 '성노예'가 되면서도 '게이로서 자유롭게 사는' 길을 선택한다. '성노예'의 '자유'라는 것이 모순적으로 들리지만, 작품의 메시지는 자신의 욕망을 있는 그대로 받아들이고 자신만의 행복을 추구하자는 것이다. 90년대 레이디스 코믹(여성만화)과 비슷한 전개지만, 그로테스크하면서도 리얼한 SM 묘사가 작품의 매력이기도 하다.

오하시의 변화에는 정신적인 면이 있음에도 불구하고 내면의 독백이 그려지는 것은 몇 번뿐이다. 시나리오의 전개와 캐릭터의 성장이 모두 몸과 몸의 거친 성관계로만 표현된다.

해외 게이 포르노 잡지의 영향일 수도 있지만, 다가메의 만화가 고문 등으로 일그러지는 신체 묘사에 집착하는 것은 신체에 깃든 개성의 한계를 시험하기 위함이라고 생각된다. 퀴어 이론에서 '몸=아이덴티티'라는 단선적 이해가 비판받듯이, 다가메의 SM 만화는 '사나이(漢)의 몸=사나이(漢)의 자존심'이라는 이해를 뒤집고 있다. 다가메의 기괴한 표현은 말 그대로 '일그러진 몸', '변태의 변체(変態の変体)', '정상적이라고 여겨지는 섹슈얼리티를 따르지 않는 몸'의 표현이다. 『PRIDE』의

오하시는 SM 섹슈얼리티와의 만남을 계기로 '자신이 변태라는 것=정상적이지 않은 것'을 받아들이게 되고, 사회가 부여한 '게이 남성=비정상'의 이미지를 자신의 것으로 만든다. 그리고 평범하지 않음을 자랑할 수 있게 된 오오하시는 마지막 회에서 사랑에 빠진 심리학 교사 시바자키(柴崎)와 해피엔딩을 맞이한다.

몸으로의 귀환

야마카와의 '몸과 내면의 싱크로니시티'에 비하면, 에로 극화의 그로테스크한 스타일을 마스터한 다가메의 만화는 급진적인 퀴어론에 이르렀다고 할 수 있다. 사회가 인정하는 순문학이나 소녀만화에서 '주체성'을 나타내는 '내면'의 묘사를 소홀히 하고, 부정당하는 몸에서 새로운 주체성을, 사회가 상정하는 정상과는 다른 아이덴티티를 만들어내려 했기 때문이다. 참고로 90년대 LGBT 인권의 맥락에서 몸으로만 '동성애의 주체성'을 표현한 것과 『PRIDE』에서 시바자키를 심리학 교사로 설정한 것은 우연이 아닐지도 모른다.

LGBT 운동과 액티비즘도 그렇지만, 게이 문화가 여성잡지에서 인기를 끌던 시절, 앞서 말한 대로 야오이 논쟁이 일어나면서 미디어에서 미화되는 동성애자의 인권 없음이 이슈화되었다. 그 결과 심리학과 소설 같은 미학을 어느 정도 인용한 BL 표현에서 어느 정도 거리를 둘 필요가 있었을 것이다. 내면을 몸과 함께 무너뜨리고 처음부터 다시 시작하는 '성교육'이 성공하고, 해외로 건너가 자신만의 삶을 살아가는 오하시도 해외와의 교류로 성장한 일본의 LGBT운동에 대한 메타포일지도 모른다. 국제관계 속에서 자신의 몸을 자랑하고 자신의 섹슈얼리티를 긍정하는 포르노적인 내용과 일본 특유의 로컬한 액티

제10장 퀴어적 신체의 가능성 **351**

비즘이 초창기 게이 잡지에는 있었기 때문이다.

사회 갈등에 대한 생각과 묘사는 다르지만, 야마카와 다가메의 게이 만화에서 발견할 수 있는 공통점은 '퀴어한 몸과 거기서 생겨나는 주체성'에 있음에 틀림없다. 고정관념화될 수 있는 몸에 주체성을 부여할 것인지, 사회가 원하는 마초적인 몸을 깨고 새로운 주체성을 획득할 것인지, 그 외에도 다양한 선택지가 존재한다고 할 수 있다.

6. 정리: 다양성 사회, 대중매체, 성소수자를 연결하는 '몸'

일본의 서브컬처에도 고유한 퀴어 표현이 있다. 그리고 만화 표현의 퀴어한 가능성을 알아봄으로써 일본 미디어 역사에 숨어 있는 다양성을 발견할 수 있다. 야오이 동인지, 로리콘 만화, 게이 만화 등에서 볼 수 있는 퀴어 표현은 다양한 독자 간의 소통을 가능케 했다는 점에서 앞으로의 만화 연구는 다양한 표현의 비교를 통해 이루어져야 할 것이다. 중요한 것은 다양성을 이야기할 때 특정 집단의 목소리를 지우지 않는 것이다. 사회적 기준에서 동등한 주체성을 갖지 못하는 여성과 성소수자의 퀴어 표현도, 반대로 남자로서의 역할을 가지고 주체성도 가지고 있지만, 그 권리의 틀 밖에서 새로운 주체성을 꿈꾸는 남성 오타쿠의 퀴어 표현도 동시에 논의할 필요가 있을 것이다.

예를 들어 여성과 LGBT 당사자의 표현으로부터 탄생한 미디어믹스가 있다. BL과 2000년 이후 게이 코믹스가 '몸과 연애'와 '간주관성(間主觀性)'으로 전환하면서 서로를 (연애 또는 섹스를 통한) 주체로 인정하는 캐릭터의 목소리를 기반으로 한 미디어믹스가 만들어져 왔다. 몸과 주체성을 표현하는 목소리의 싱크로니시티에 의한 에로티시즘이 소년애를 테마로 한 카세트테이프나 BL 드라마 CD 등의 시장을 만들었듯이, 현재의 성우 문화와 퀴어 표현의 관계 또한 목소리가 영혼의 거울이라는 것을 보여주는 단서가 될 것이다.

또 다른 중요한 포인트는 이성애자 남성이 만든 '하지 않을래?' 밈과 같은 퀴어 표현에 숨어있는 차별을 넘어서기 위한 고찰이다. 현재도 니코니코 동화(ニコニコ動画) 등에서 게이 미디어를 n차 이용하는 문맥이 남아있고, 당사자의 관점을 이해하지 못한 채 그 '몸과 주체성'을 잇는 표현을 지우고, 프라이드를 갖고 자기답게 살아가는 동성애 캐릭터를 '웃음거리'로 만드는 문화가 있다. 그러나 n차 이용 자체가 문제인 것은 아니다.

그들이 호모포빅한 행동에 접근하게 되는 것은 LGBT 당사자들이 만든 '자기다운 섹슈얼리티를 살아가는' 묘사에 담긴 다른 주체성에 대한 희망, 사회에 대한 아이러니 등을 좋아하면서도 일부러 당사자들과 떨어진 공간에서 자신이 경험하고 있는 사회와의 갈등을 위해 이용하기 때문이다. 일본 인터넷 문화의 자칭 '음몽'은 퀴어적 표현의 가능성과 그 힘을 인식하면서도 이미 존재하는 커뮤니티의 스테레오타입화를 더욱 부추기고 있다. 이런 맥락에서, 특히 야마카와의 만화를 활용한 밈이 많다는 점을 감안하면 '몸과 내면의 동일성에서 비롯된 주체성' 문제는 게이 독자의 범위를 넘어선 것일 수도 있다. 하지만 '하지 않을래?'와 같은 밈에서 사용되는 퀴어 만화는 여성이나 LGBT 당사자의 사회와의 갈등에서 나온 표현인 만큼, 당사자의 퀴어 표현의 특징과 그 이면을 지탱해 온 사회운동을 제거하려 한다면 내용없는 '사회에 대한 반역'이 될 것이다. 앞으로는 일본 고유의 퀴어 표현의 역사를 존중하면서도 그 표현에 담긴 다양성을 논의할 필요가 있을 것이다.

원저자 주

*1 볼룸 문화란 댄스, 패션 등 다양한 콘테스트를 중심으로 발전해 온 무브먼트를 말한다. 탄생한 1920년경에는 주로 여장을 하고 경쟁하는 커뮤니티였으나, 금세기에 들어서면서 LGBT 커뮤니티와 그 주변을 수용하는 씬이 되었다.

*2 Foucault, M. Histoire de la Sexualité (Gallimard, 1974). Butler, J. Gender Trouble (Routledge, 1990).

*3 河口和也, 『クイア・スタディーズ』(岩波書店、二〇〇三年).

*4 McLelland, M. "Japan's original gay boom", In M. Allen & R. Sakamoto, eds., Popular Culture, Globalization and Japan (Routledge, 2006) p.173.

*5 Galbraith, P. Otaku and the struggle for imagination in Japan (Duke University Press, 2019). 참고로 로리콘 만화는 80년대 무렵의 에로 만화 장르 중 하나이며, '남장여자'는 여장을 중심으로 한 문화를 뜻한다. 로리콘과 남장여자의 공통점으로 젠더와 성묘사를 재고하는 경향이 있다고 한다.
Kinsella,S. "Cuteness, josō, and the need to appeal: otokonoko in male subculture in 2010s Japan", Japan Forum, 32:3 (2019).

*6 Halberstam, J. Gaga Feminism: Sex, Gender and the End of Normal (Beacon Press, 2013). Halberstam, J. The Queer Art of Failure (Duke University Press, 2011).

*7 溝口彰子, 『BL進化論ボーイズラブが社会を動かす』(太田出版、2015).

*8 大塚英志, 「まんがはいかにして文学であろうとし文学はいかにしてまんがたり得なかったか」(『サブカルチャー文学論』、朝日新聞出版、二〇〇七).

*9 守如子, 『女はポルノを読む女性の性欲とフェミニズム』(青弓社、二〇一〇).

*10 大塚英志, 『「おたく」の精神史一九八〇年代論』(星海社新書、二〇一六).

*11 Ernest dit Alban, "Towards a Queer Perspective on Manga History: Sexy Stillness in the Gay Art of Yamakawa Junichi", Dōjin Journal, 1 (2020).

*12 Ishida Hitoshi, McLelland, Mark, Murakami Takanori, "The origins of queer studies in postwar Japan", Genders, Transgenders and Sexualities in Japan (Routledge, 2005).

*13 Baudinette, T. "Japanese gay men's attitudes towards 'gay manga' and the problem of genre", East Asian Journal of Popular Culture, 3 (1) (2017) pp.59~72. Baudinette, T. "'Finding the law' through creating and consuming gay manga in Japan: from heteronormativity to queer activism", In A. Pearson, T. Giddens, & K. Tranter, eds., Law and justice in Japanese popular culture: From crime fighting robots to duelling Pocket monsters (Routledge, 2018) pp.155~167.

*14 上野千鶴子, 『〈私〉探しゲーム欲望私民社会論』(筑摩書房、一九八七年)、同『発情装置──エロスのシナリオ』(筑摩書房、一九九八年).

*15 石田美紀, 『密やかな教育〈やおい・ボーイズラブ〉前史』(洛北出版、二〇〇八年).

*16 西村マリ, 『アニパロとヤオイ』(太田出版、二〇〇一年).

*17 竹宮惠子, 『少年の名はジルベール』(小学館、二〇一六年).

*18 Saito, T. "Editorial focus of the gay magazine Badi and its attempt of reshaping gay male identity in Japan", The Annual Review of Sociology: Official Journal of the Kantoh Sociological Society, 31 (2018) pp.24~35. Saito, T. "Love story and gay men's identity: Depiction of suffering and society in gay manga", The Journal of International Media, Communication, and Tourism Studies, 29 (2019) pp.37~53.

*19 전게 주 8.

*20 山川純一, 『ウホッ!!いい男たちヤマジュン・パーフェクト』(第二書房、二〇〇三年)一一八頁.

*21 田亀源五郎, 『ゲイ・カルチャーの未来へ』(Pヴァイン、二〇一七年)一二八頁.

집필자 소개

야스이 마나미(安井眞奈美)

서장 「신체와 미디어를 둘러싼 대중문화론」

제7장 「소망을 그림에 담다: 근현대의 작은 그림자」

1967년생. 국제일본문화연구센터 교수. 민속학, 문화인류학 전공. 저서로는 『출산환경의 민속학─〈제3차출산혁명〉을 맞이하여(出産環境の民俗学─〈第三次お産革命〉にむけて)』(昭和堂), 『괴이와 신체의 민속학─괴이로부터 출산과 육아를 다시 묻는다(怪異と身体の民俗学─怪異から出産と子育てを問い直す)』(せりか書房), 편저로는 『그리프 케어를 몸 가까이에─소중한 아이를 잃어버린 슬픔을 끌어안고(グリーフケアを身近に一大切な子どもを失った哀しみを抱いて)』(勉誠出版) 등.

에르난데스 알바로 다비드(エルナンデス·エルナンデス·アルバロ·ダビド)

서장 「신체와 미디어를 둘러싼 대중문화론」

제6장 「코스프레 활동과 이미지를 재현하는 즐거움」

1983년생. 간사이학원대학(関西学院大学) 언어교육연구센터(言語教育研究センター) 강사. 문화사회학 전공. 논문으로 「교육 이스토리에타의 역사 그리는 법─1950~70년대의 멕시코문화 마켓을 중심으로(教育イストリエタの歴史の描き方─一九五〇~七〇年代におけるメキシコ文化マーケットを中心に)」, 「동원의 미디어믹스─"창작하는 대중"의 전시하·전후(動員のメディアミックス─"創作する大衆"の戦時下·戦後)」(思文閣出版) 등.

기마타 사토시(木股知史)

제1장 「근대의 삽화책: 〈책의 그림〉과 〈판(版)의 표현〉 시점에서」

1951년생. 고난대학 명예교수(甲南大学名誉教授). 일본근대문학 전공. 저서로는 『〈이미지〉의 근대일본문학지(〈イメージ〉の近代日本文学誌)』(双文社出版), 『이미지의 도상학─반전하는 시선(イメージ図像学─反転する視線)』(白地者), 『화문공명─『흐트러진 머리』로부터 『달에 짖다』(画文共鳴─『みだれ髪』から『月に吠える』へ)』(岩波書店) 등.

야마모토 유카리(山本ゆかり)
제2장「춘화를 둘러싼 신체성: 즐기다, 숨기다, 휴식하다」
1961년생. 다마미술대학(多摩美術大学)·와코대학(和光大学)·호세이대학(法政大学)
강사. 일본근세회화사 전공. 저서로는『가미가타 풍속화 연구―니시카와 스케노부·
쓰키오카 셋테이를 중심으로(上方風俗画の研究―西川祐信·月岡雪鼎を中心に)』(藝
華書院),『춘화를 여행하다(春画を旅する)』(柏書房) 등.

기바 다카토시(木場貴俊)
제3장「'무서운 것 보고 싶음'의 근세문화사」
1979년생. 교토첨단과학대학 인문학부(京都先端科学大学人文学部) 준교수. 일본근
세문화사 전공. 저서로는『괴이를 만들다―일본근세 괴이문화사(怪異をつくる―日本
近世怪異文化史)』(文学通信) 등.

이토 료헤이(伊藤龍平)
제4장「요괴는 어디에서 느껴져 온 것인가: 미즈키(水木) '요괴'의 원풍경」
1972년생. 난타이과기대학(南台科技大学) 조교수. 전승문학 전공. 저서로는『미치노
코의 민속학―요괴에서 미확인동물로(ツチノコの民俗学―妖怪から未確認動物へ)』,
『무언가가 뒤를 쫓아온다―요괴와 신체감각(何かが後をついてくる―妖怪と身体感覚)』
(青弓社),『누시―신인가 요괴인가(ヌシ―神か妖怪か)』(笠間書院) 등.

요코타 나오미(横田尚美)
제5장「옷과 살다, 패션과 생활하다」
1961년생. 시가현립대학(滋賀県立大学) 교수. 복식문화사 전공. 저서로는『20세기
부터의 패션사―리바이벌과 리스타일(20世紀からのファッション史―リバイバルとリ
スタイル)』(原書房), 편저『패션을 생각하다(ファッションを考える)』(丸善) 등.

기노시타 도모타케(木下知威)
제8장「휠체어의 탄생」
1977년생. 일본사회사업대학(日本社会事業大学) 사회복지학부(社会福祉学部) 강사.
건축계획학, 건축사, 장애사 전공. 편저로「점자 이전(点字以前)」,「손가락 문자의
침투(指文字の浸透)」등.

와지마 유스케(木下知威)

제9장「음반과 신체: 근대 일본의 음악과 가무음곡」

1974년생. 오사카대학(大阪大学) 문학연구과(文学硏究科) 준교수. 대중음악 전공. 저서로는『만들어진 '일본의 마음' 신화 – '엔카'를 둘러싼 전후대중음악사(創られた「日本の心」神話-「演歌」をめぐる戦後大衆音楽史)』(光文社新書),『춤추는 쇼와 가요–리듬으로 본 대중음악(踊る昭和歌謡-リズムからみる大衆音楽)』(NHK出版新書) 등.

에드몽 에르네스토 디 알반(Edmond Ernest Dit Alban)

제10장「퀴어적 신체의 가능성: 오타쿠·미디어·만화적 표현」

1989년생. 투란대학(チュラン大学, 미국) 조교수. 영화론, 정보론 젠더론 전공. 저서로는「Otaku Pedestrians」(Wiley),「Pedestrian Media mix: The birth of Otaku Sanctuaries in Tokyo」(Mechademia, University of Minnoseta press) 등.

옮긴이 소개

정병호(鄭炳浩)

고려대학교 일어일문학과 교수. 일본근현대문학 전공.

주요한 저서에 『일본문학으로 보는 3·1 운동』(고려대출판문화원, 2020), 『조선의 미를 찾다: 아사카와 노리타카의 재조명』(아연출판부, 2018) 등이 있고 논문으로는 「テキストマイニングを活用した韓国人の日本文化コンテンツの認識」(『跨境／日本語文学研究』17, 2023) 등이 있다.

이상혁(李相赫)

충남대학교 인문과학연구소 연구원. 고려대학교 일문과 및 동대학원 석사 졸업. 일본 나고야대학교 인문학 일본문화학 전공 박사과정 졸업.

주요 논문으로는 「이토 게이카쿠의 형식실험과 픽션의 가능성」, 「포스트 휴먼적 주체의 언어·감각·정동」, 「수행적 주체의 현기증 – 무라타 사야카 『편의점 인간』, 『소멸세계』, 『살인출산』」 등이 있다.

일문연 대중문화연구 프로젝트란?

국제일본문화연구센터(国際日本文化研究センター, 일문연)가 2016년도부터 2021년도에 걸쳐 인간문화연구기구·기관 거점형 기간 연구 프로젝트로서 착수한 프로젝트(정식 명칭은 '대중문화의 통시적·국제적 연구에 의한 새로운 일본상 창출')이다. 이 프로젝트는 일본 문화 전체를 구조적·종합적으로 다시 파악하기 위해 대중문화의 통시적·국제적 고찰을 시작하여 새로운 일본상과 문화관 창출에 공헌하는 것을 목적으로 한다.

일본대중문화총서 07

신체의 대중문화
그리다·입다·노래하다

2024년 2월 5일 초판 1쇄 펴냄

엮은이 야스이 마나미·에르난데스 알바로
옮긴이 정병호·이상혁
펴낸이 김흥국
펴낸곳 보고사

책임편집 이순민
표지디자인 김규범

등록 1990년 12월 13일 제6-0429호
주소 경기도 파주시 회동길 337-15 보고사
전화 031-955-9797
팩스 02-922-6990
메일 bogosabooks@naver.com
http://www.bogosabooks.co.kr

ISBN 979-11-6587-669-2 94300
    979-11-6587-555-8 94080 (set)
ⓒ 정병호·이상혁, 2024

정가 26,000원
사전 동의 없는 무단 전재 및 복제를 금합니다.
잘못 만들어진 책은 바꾸어 드립니다.

(公財) 関西·大阪21世紀協会